中小学教育管理与课堂提问的有效性

胡淑英　马　勇　杨艳华　主编

江苏凤凰美术出版社
全国百佳图书出版单位

图书在版编目（CIP）数据

中小学教育管理与课堂提问的有效性 / 胡淑英，马勇，杨艳华主编. -- 南京：江苏凤凰美术出版社，2018.6
　　ISBN 978-7-5580-4897-5

　　Ⅰ.①中… Ⅱ.①胡… ②马… ③杨… Ⅲ.①中小学教育－教育管理 ②中小学－课堂教学－教学研究 Ⅳ.①G630②G632.421

中国版本图书馆 CIP 数据核字（2018）第 134006 号

责任编辑　贲　炜
　　　　　朱　岩
责任监印　徐　屹

书　　名	中小学教育管理与课堂提问的有效性	
主　　编	胡淑英　马　勇　杨艳华	
出版发行	凤凰出版传媒股份有限公司	
	江苏凤凰美术出版社　（南京中央路165号　邮编210009）	
出版网址	http://www.jsmschs.com.cn	
经　　销	凤凰出版传媒股份有限公司	
制　　版	江苏凤凰制版有限公司	
印　　刷	江苏圣师印刷有限公司	
开　　本	880mm×1240mm　1/16	
印　　张	26	
版　　次	2018年6月第1版　2018年6月第1次印刷	
标准书号	ISBN 978-7-5580-4897-5	
定　　价	66.00元	

营销部电话　025-6855713　营销部地址　南京市中央路165号5楼
江苏凤凰美术出版社图书凡印装错误可向承印厂调换

中小学教育管理与课堂提问的有效性
编委会成员

主　编：胡淑英　　马　勇　　杨艳华

副主编：徐　丰

前　言

在当前我国信息化社会的发展、素质教育的不断推行下，中小学的整体教育管理也需要进行相对应的改革和创新，这样才能够满足现代学生的整体需求，与当前社会发展的状态接轨。只有不断地强化和监督当前的中小学教育管理机制，才能够保证其自身整体的发展。

课堂提问是一种古老的教学方式，自古代以来，我国的教育家就十分重视课堂提问在实际教学中的运用，课堂提问的相关研究也是十分丰富的。作为一种重要的教学组织形式的课堂提问在教学双边活动中占有着极其重要的地位，它不仅仅是整个教学过程中的重要环节；也是调动学生主动性和积极性，启发引导学生思维活动的一种最经常、最普遍的教学策略；更是促进师生交流，增进师生关系的重要纽带，对课堂教学活动的组织、调控和掌控，以及对课堂教学实际效果的及时反馈等反面发挥着杠杆作用。

作为课堂教学的一种基本方法的课堂提问，贯穿于课堂教学的始终，是教师组织开展教学活动的重要手段，在教学实践中扮演着不可替代的重要作用，具有深刻的实践指导意义。有效的课堂提问可以活跃课堂教学气氛，激发学生的学习兴趣，保证教学目标的实现，是对新课程改革背景下学生主体性的体现，是对动态性、生成性课堂的诠释。一言以蔽之，有效性的课堂提问是新课程改革的必然要求。

本书共十七章，合计36万字。由来自重庆市秀山高级中学的胡淑英担任第一主编，负责第一章至第四章的内容，合计10万字以上。由来自山东省邹城市张庄镇仙桥小学的马勇担任第二主编，负责第十一章至第十七章的内容，合计10万字以上。由来自黑龙江省依兰县教育科学研究所的杨艳华担任第三主编，负责第五章至第十章的内容，合计10万字以上。由来自山东省胶州市实验中学的徐丰担任第一副主编，对本书的编写作出了贡献。

在本书的编写过程中，我们参阅并引用了国内外学者的有关著作和论述，并从中受到了启迪，特向他们表示诚挚的敬意。由于我们知识与经验的局限性，书中的错误和疏漏之处在所难免，恳请广大读者提出宝贵意见和建议，以使我们的学术水平能不断提升。

目 录

第一章 教育与教育学 ... 1
  第一节 教育的本质 ... 1
  第二节 教育的起源与发展 ... 13
  第三节 教育学的产生与发展 ... 20

第二章 中学教师与学生 ... 31
  第一节 中学教师 ... 31
  第二节 中学学生 ... 44
  第三节 师生关系 ... 55

第三章 中学课程 ... 64
  第一节 课程相关概念 ... 64
  第二节 课程流派及其主要观点 ... 72
  第三节 课程类型及其主要特征 ... 79

第四章 中学教学 ... 85
  第一节 教学概述 ... 85
  第二节 教学过程 ... 89
  第三节 教学工作的基本环节 ... 98
  第四节 教学原则 ... 105
  第五节 教学方法 ... 118
  第六节 教学组织形式 ... 126

第五章 教学心理 ... 131
  第一节 教学设计 ... 131
  第二节 教学实施 ... 135
  第三节 教学评价 ... 140

第六章 班级群体心理与管理 ... 143
  第一节 班级群体心理 ... 143
  第二节 班集体的建立与成长 ... 146

第三节　班级纪律管理 151

第七章　心理健康 156
第一节　心理健康概述 156
第二节　小学生的心理健康问题 160
第三节　小学教师的心理健康问题 164

第八章　学生管理心理 172
第一节　学生的心理矛盾与调试 172
第二节　学生的素质教育与学校管理 180
第三节　学生群体管理与自我管理 187

第九章　学校中的人际关系与人际沟通 194
第一节　人际关系概述 194
第二节　学校人际关系 199
第三节　学校人际沟通 210

第十章　学校心理卫生 225
第一节　学校心理卫生与学校管理效能 225
第二节　学校中的心理健康问题及防治 232
第三节　学校心理辅导 242

第十一章　课堂提问的理论阐释 246
第一节　课堂提问的概念 246
第二节　课堂提问的相关理论 255
第三节　课堂提问的几种类型 258
第四节　课堂提问的生成过程 261
第五节　课堂提问的实践意义 263

第十二章　对课堂提问有效性的审视 266
第一节　课堂提问有效性的缺失 266
第二节　影响课堂提问有效性的原因 271

第十三章　课堂提问有效性的积极构建与应对 278
第一节　课堂提问有效性的相关概念界定 278

第二节　课堂提问有效性的分析维度 …………………………… 281
　　第三节　有效的课堂提问 ………………………………………… 285
　　第四节　衡量课堂提问有效性的标准 …………………………… 286
　　第五节　有效课堂提问的特征 …………………………………… 288
　　第六节　课堂有效性提问的原则 ………………………………… 291
　　第七节　课堂有效性提问的策略 ………………………………… 298

第十四章　课堂提问有效性的案例分析 …………………………… 305
　　第一节　相关概念界说 …………………………………………… 305
　　第二节　课堂提问有效性的理论分析框架 ……………………… 308
　　第三节　语文课堂提问的理论依据 ……………………………… 313
　　第四节　新授课课堂提问有效性案例分析 ……………………… 319
　　第五节　巩固课课堂提问有效性案例分析 ……………………… 338
　　第六节　复习课课堂提问有效性案例分析 ……………………… 345

第十五章　课堂提问有效性研究的反思 …………………………… 351
　　第一节　有效课堂提问的教学论解读 …………………………… 351
　　第二节　关于"有效课堂提问"向"高校课堂提问"转化的思考 …… 356
　　第三节　课堂有效提问的基本理论 ……………………………… 358

第十六章　课堂提问中教师的角色 ………………………………… 360
　　第一节　教师是提问的主导者 …………………………………… 360
　　第二节　教师对学生回答的评判 ………………………………… 365
　　第三节　应鼓励学生多多质疑 …………………………………… 368
　　第四节　钻研教材提高提问质量 ………………………………… 373
　　第五节　教师应作学生回答的倾听者 …………………………… 382

第十七章　课堂提问中学生的角色 ………………………………… 392
　　第一节　学生使课堂提问中的被动者 …………………………… 392
　　第二节　学生回答问题的积极性 ………………………………… 394
　　第三节　学生是"老师"，老师是"助教" ………………………… 398
　　第四节　学生应主动纠正错误 …………………………………… 400

第一章 教育与教育学

第一节 教育的本质

教育在人类生活中的重要性越来越为人们所认识。随着当今世界国际竞争日趋激烈以及科学技术迅速发展，综合国力和经济实力的竞争实际上成为科学技术的竞争。从这个意义上来说，谁掌握了 21 世纪的教育，谁就能在 21 世纪的国际竞争中处于战略主导地位。

我们都经历了十多年的学校教育，并且一直都在接受家庭教育，应当说对学校教育、家庭教育是不陌生的。同学们对教育有什么要说的吗?对教育的概念有深刻的理解吗?理解教育的历史发展轨迹吗?……

一、教育的概念

（一）"教育"的词源

在我国，一段认为"教育"一词最早见于《孟子·尽心上》中的"得天下英才而教育之，三乐也"。但由于 20 世纪前，人们很少把这两个字合起来作为一个词使用，所以这里的"教育"主要指"教"或"育"。按东汉许慎所著《说文解字》的解释，即"教，上所施，下所效也"，"育，养子使作善也"。在我国古代思想家的教育论说中，与"教"相伴出现的字多为"学"。这是因为，古代的"教"主要指"教学生学有关的知识"，"学"主要指"儿童在房子里学习有关的知识"，"教"与"学"只是从不同角度描述同一种活动。

在现代英语中，教育是"education"；在法语中，教育是"éducation"；在德语中，教育是"erziehung"，三词都来源于拉丁文"educare"。"educare"是名词，它是从动词"educěre"转换来的。"educěre"是由前缀"e"与词根"ducěre"合成的。前缀"e"有"出"的意思，词根"ducěre"有"引导"的意思，合起来即为"引出"。意思是借助一定的办法，把潜藏于儿童内心的东西（知识、智慧等）引导出来。

"教育"一词逐渐被中国人认识、传播，并成为使用频繁的名词，与西方教育传入中国有关。明清之际，来华的耶稣会士在为传教服务的宗旨下，翻译介绍了各种科学文化知识，同时也为中国带来了与传统的封建教育不同的西方新教育。如高一志（A.vagnoni）的《童幼教育》（1620）、艾儒略（J. Aleni）的《西学凡》（1623）和《职方外纪》（1623）等。19世纪中叶，传教士加强了对西方学制的介绍，如丁韪良（W.A.P.Martin）的《西学考略》、李提摩太（T.Richord）的《七国兴学备要》等。这时期的传入，虽然数量很少，但已经激起了一部分人对新"教育"的兴趣。甲午战争以后，借助日本这个媒介，中国真正开始大量引介西方教育思想、学说和理论著作。当时去日本留学的一些人开始翻译日文教育学书籍。由于日文中有"教育"和"教育学"一词，故翻译过来的有关"兴学"活动和理论就称为"教育"和"教育学"。正是在我国最早创办的教育杂志《教育世界》以及教育著作的影响下，"教育"一同频繁出现，逐渐代替了原先使用的"教"和"学"的单音词。

（二）"教育"的定义

教育界里里外外的许多人不仅喜欢谈论教育，而且非常愿意界说教育。同时，教育领域在历史长河中不断地拓宽，教育与社会发展和个体发展的关系也处于不断地变化之中，"教育"的定义类型和基本词义也因此而多种多样。

美国分析哲学家谢弗勒（I Scheffler）在其《教育的语言》（the Language of Education, 1960）一书中，探讨了三种定义，即规定性定义（the stipulative）、描述性定义（the descriptive）和纲领性定义（the programmatic）。所谓规定

性定义就是作者所下（创制）的定义，其内涵在作者的某种话语情境中保持同一。也就是说，"不管其他人所用的'教育'一词是什么意思，我所用的'教育'一词就是这个意思"。所谓描述性定义就是适当地描述被界说的对象或使用该术语的方法。实际上，词典就是试图罗列描述性定义。所谓纲领性定义就是明确地或隐含地告诉人们，事物应该（should）怎样。"教育"一词的纲领性定义，往往包含是（is）和应当（ought）两种成分，是描述性定义和规定性定义的混合。教育毕竟是人类的一项复杂事业，人们不应该对教育的定义经常外显地或内隐地包含某些纲领、规范、规定或价值观而感到惊奇。

法国米亚拉雷（G.Mialaret）在《"教育"一词的多种含义》（The Many Meanings of the Word 'Education'，1985）一文中指出，摆在我们面前的"教育"一词至少有四种基本的含义：①作为一种机构的教育（education as an institution）；②作为活动的教育（eduction as action）；③作为内容的教育（education as content）；④作为一种结果的教育（eduction as aproduct）。作为一种机构的教育是指一种总体的组织结构，这种机构的目的是教育学生，这种机构的运行要遵守具有一定精确性的各种规则，并在一定历史阶段表现出相当稳定的特点。作为活动的教育，大约在1950年以前，是最常见的一种用法，由涂尔干在1911年提出："教育是年长的几代人对社会生活方面尚未成熟的几代人所施加的影响。其目的在于，使儿童的身体、智力和道德状况都得到某些激励与发展，以适应整个社会在总体上对儿童的要求，并适应儿童将来所处的特定环境的要求。"作为内容的教育包括知识以及产生和形成一定数量的知识结构和心理过程及影响。作为一种结果的教育强调的是，在作为机构的教育背景下，通过运用作为内容的教育，使作为活动的教育产生的结果。

一般来说，人们从两个角度给"教育"下定义，一是社会的角度，一是个体的角度。

从社会的角度来定义"教育"，代表性的观点有涂尔干的"教育在于使年轻一代系统地社会化"，巴格莱的"教育是传递人类积累的知识中具有永久不朽价值的那部分的过程"。不少学者根据"教育"一词外延的大小作了进一步区分。

广义的教育，泛指影响人们知识、技能、身心健康、思想品德的形成和发展的各种活动。它包括人们在家庭中、学校里、亲友间、社会上所受到的各种有目的的影响。

狭义的教育，主要指学校教育，即根据一定的社会要求和受教育者的发展需要，有目的、有计划、有组织地对受教育者施加影响，以培养一定社会（或阶级）所需要的人的活动。

特狭义的教育，指有计划地形成学生一定的思想政治观点和道德品质的活动，与德育同义。在此类定义中，教育是社会进化的一个基本因素，强调社会政治、经济和文化等因素对个体发展的影响，强调发挥教育在促进个体履行社会功能方面的作用。

从个体的角度来定义"教育"，往往把"教育"等同于个体的学习或发展过程。代表性的观点有特朗里的"教育即成功地学习知识、技能与正确态度的过程"。李特的"教育就是对人性的改造"。在此类定义中，教育是个体发展与完善的一个基本因素，强调个体的价值以及个体发展对社会的发展与进步的积极作用。

这些"教育"定义从不同角度揭示了教育活动的某些属性，展示了教育活动在范围、内容、层次、过程或结果等方面的不同状况，有助于人们更加全面地认识教育活动。但这些定义对教育活动的层次性普遍重视不够，缺乏立体感，从而影响人们对教育活动的深入理解。

根据对"教育"概念的分析，我们尝试将"教育"区分为三个层次，并分别定义为：低限"教育"，即使人免受伤害的人际交往活动；现实"教育"，即使人掌握谋生本领的人际交往活动；理想"教育"，即发展人的自由人格的人际交往活动。

教育从来都是具体的，低限（原初、底线）教育和现实教育是非常具体的教育，教育要有理想，但教育的理想和理想的教育也应该是具体的。使人免受伤害，是人类社会或个体办教育、个体或群体接受教育的原初动力来源。

办教育，提高民众（哪怕只是少数人）的文明程度，目的是使这些受教育民众不因无知和无能受到或带给自己、他人、自然及社会的伤害。虽然最初阶段的专门教育可能只是为了使（少数人）自己少受或不受伤害，与此同时，甚至还会对他人及社会造成一定伤害。但人们接受教育的初始动力没有因此发生改变，教育能够满足人的初始需求的功能没有因此发生改变。人们看到今天的教育更加人性化，更加体现人与人、人与自然之间的和谐，已经是使人少受伤害的教育。而人类正在积极倡导的"生命教育""健康心灵教育""全纳教育""关注弱势群体权利的教育"，争取教育平等、民主，合理处理教育中的各种关系等也都是为了使人免受伤害，它是人类发展阶段更高的教育，和当下的教育一样，它们都是先人的教育理想。

"使人掌握谋生本领"是现实教育的真实追求，也是衡量现实教育价值大小的主要砝码。斯宾塞的"教育为未来生活做准备"，揭示了教育的继时谋生价值，忽视了教育的即时谋生价值，现实的教育应该争取这两种价值的有机结合。教育，哪怕是以公共性为根本特征的基础教育，都应该建立起与谋生的实质性联系。教育目的的确立，课程计划的制订，课程目标、内容的选择，教学活动的安排，教育活动的管理与评价等都应该体现谋生要求。

发展人的自由人格是教育目的的理想形态，是人成为"人"的真正标尺。自由人格的人是一个完整的人，是全人教育和自由活动相融合促成个性充分发展的人。

首先，全人教育是基础。近代教育思想史上的"人的全面和谐发展"基本上是以抽象的人性观为理论基础的。马克思主义经典作家，从考察分工入手，揭示人的片面发展的根源，指出社会化大工业生产和资本主义的高速度发展为人的全面发展提供了物质基础，"用那种把不同的社会职能当作相互交替的活动方式的全面发展的个人，来代替只是承担一种社会局部职能的局部个人"，是资本主义生产发展的必然要求。这样就导致"能够适应极其不同的劳动需求并且在交替变换的职能中只是使自己先天的和后天的各种能力得到自由的发展"。这种发展的核心是"个人能力（体力和智力）的多方面的、充分的发展"（这个意思与我们今天讲的"全人教育"不完全相同）。

人是实践的存在物。人有自然生命（种生命）和自为生命（类生命）；人有物质生命本质（种本质）和社会文化本质（类本质）。"自由自觉的活动"就是人的类生命、类本质。而衡量"自由自觉"的尺度是真善美。"真"是一种外在的科学的尺度，衡量活动客体的运动是否合规律；"善"是一种内在的价值的尺度，衡量活动主体的价值追求和目的意向是否合社会准则；只有既合科学规律又合社会准则，才是"美"的。

其次，以自由活动为主线。体现为：认识活动的自由（多些"内发"，少些"外铄"；多些"思考"，少些"静听"；多些"主动"，少些"被动"）和交往的自由，即人格意义上的交往（平等）和教育意义上的交往（不完全平等，不平等）。

最后，以个性发展为落脚点。《学会生存》（2010－2016）提出要正视人格分裂的现状与原因：社会分成各个阶级；人与工作的脱离以及工作的零星杂乱；体力劳动与脑力劳动之间人为的对立；意识形态上的危机；人们所信仰的神话的崩溃；身心之间或物质价值与精神价值之间分为两端——人们周围的这些情况看来都在促使一个人的人格产生分裂。对于青年人的训练（理智、知识、技术、科学研究及其他专门技艺），使人变得"支离破碎"。

总之，教育是发生在人与人之间的实践交往活动，无论从历史的还是现实的角度，也无论从群体的或是个体的角度，它都应该是抽象概括性与具体层次性的交融。站在个体发展的角度将教育作三个层次的划分，有助于澄清教育功能上的递进关系，便于人们理解教育的阶段性地位与作用，同时有利于人们更好地分析、把握教育与个体成长、教育与社会发展之间教育过程的复杂关系。

二、教育过程的基本要素

教育是一种复杂的社会现象，发展到今天，已形成一个多因素、多层次、多类别、多领域、多形态的整体系统。但任何教育活动，都是有三个基本要素构成的，即教育者、受教育者和教育中介要素。

（一）教育者

凡是对受教育者在知识、技能、思想、品德等方面起到教育影响作用的人，都可称为教育者。家庭是一个人受教育的重要场所，父母是子女最初和最经常的教育者。社会教育中的师傅以及起到教育作用的其他人员，都是教育者。但从教育成为社会的独立形式以后，特别是近代教育制度确立之后，教育者主要是指学校的教师以及其他形式的教育机构的教育工作者。教育是教育者有目的、有意识地向受教育者传授或引导他们学习人类生产活动经验和社会生产经验的活动，教育者是教育活动的主导者，对整个教育活动的方向和进程有着决定性的影响。教育者除了有明确的教育意图或教育目的之外，还必须理解其在实践活动中所肩负的促进个体发展及社会发展的任务或使命，他（她）是社会的代盲人、文化的传播者，也是学生的领路人。

（二）受教育者

凡是在教育活动中承担学习责任和接受教育的人都是受教育者。广义来看，几乎任何人都可能成为受教育者，只要他是因为缺少点什么在向别人学习着。在学校教育中，受教育者指学生。随着科学技术在生产上的广泛应用，终身教育时代的来临，受教育者逐渐扩展到成人乃至所有的社会公民。教育活动是教育者与受教育者双向互动的活动，受教育者是教育的对象，也是构成教育活动的基本要素。在教育活动中，相对于教育者，受教育者处于被领导和受教的地位。但受教育者也是社会的现实的活生生的人，他们不是教育者可以任意涂抹的白板或加工的素树，而是学习活动的主体，具有能动性、独立性、选择性和创造性。受教育者的这些主体性特征，影响和制约着教育活动的质量。受教育者的身心发展水平和个性特点既是教育活动的起点，也是他们自身进一步发展的基础。只有受教育者把外部要求转化为自己的学习、成长需求时，他才能成为自己学习的主人。随着受教育者学习能力的增长，其主观能动性在教育活动中表现得更为明显，起的作用也更大。

（三）教育中介要素

教育中介要素就是与教育相关联的精神性客体（相当于素材性教育资源）和/或物质性客体（相当于条件性教育资源）。"精神性客体"或"素材性教育资源（教育者和受教育者不包括在内）"指与教育活动中教育者与受教育者共同认识、掌握、运用的对象——合教育性文化（资源）。它是教育活动中的客体。"精神性客体"或"素材性教育资源"的构成大致可分为四种成分：①取之于符号文化的教育工具文化；②取之于人类智慧结晶的教育材料文化；③取之于"行为——作用体系"文化的教育手段文化；④取之于制度文化的教育组织形式与活动方式形态文化。它具有发展人的道德、情感、态度、智慧、体力、审美能力和综合实践能力等方面的作用。"物质性客体"或"条件性教育资源（即教育活动展开所必要的物质条件）"指进入教育活动过程的各种物质资源。根据这些物质资源在教育中的不同作用，可以把它们分为教育的活动场所与设施、教育媒体以及教育辅助手段三大类。如果没有最低限度的条件性教育资源，教育活动就不能开展下去。从这个意义上可以说物质性客体对教育活动起着决定性作用。

教育的活动场所与设施在学校中主要指校舍、教室、操场、实验室、综合活动室等的外部与内部的设备装置。

教育媒体是教育活动中教育者与受教育者之间传递信息的工具，如口头语言、图片、印刷物、影碟、电子文本等。它是教育"精神性客体"或"素材性教育资源"的载体。同样的

精神性客体可以使用不同的载体，不同的载体对不同的受教育者的学习也会产生不同的作用，从而影响教育的最终效果。

教育辅助手段是那些帮助教育者和受教育者开展教育活动的物质工具与技术手段。它与媒体的区别在于它本身并不是教育中需要传递的信息的载体，而是某些信息载体传递时必须有的工具或手段，如录音机、计算机以及其他教育工具。不同教育媒体往往需要不同的教育辅助手段。

如果没有最低限度的条件性教育资源，教育活动就不能开展下去。从这个意义上可以说物质性客体对教育活动起着决定性作用。但具备基本教育教

学条件之后,对教育活动质量产生决定性作用的因素是一组动态因素构成的,它们依次是教育者、受教育者、教育管理和教育观念。教育管理和教育观念似乎不是独立的因素,但它们是最特别的具有决定人行为意义的复合因素,复合因素与它的载体之间相互影响,但复合因素因载体而"水涨船高"。后一个(些)动态因素功能大小取决于前一个(些)因素的状况,前一个(些)因素的质量决定后一个(些)因素的质量,也决定教育的整体质量。此即教育的"五层塔理论"。

三、教育过程的关系结构

教育者、受教育者和教育中介要素是构成教育过程的基本要素,三者有机结合,共同推动教育活动的发展变化、在发展变化的过程中形成三者之间复杂的关系。

传统的实践教育观认为,教育就是教育者通过对受教育者的一种有目的、有计划、有组织的改造(影响),以达到教育者期望的目的的活动。在这种教育观中,教育者是教育活动的主体,受教育者是被动接受的客体。虽然这种教师中心的现象在今天还大量存在,但在理论上已经不再有市场,理论上使用得多的是"教师主导,学生主体"说或"双主体"说,但由于它把教育或教学分割为"教"与"学"两个过程,或者用"教的过程主导学的过程",因而解释不清楚基本要素之间的复杂关系。

(一)教育活动中的"主—客"关系

从教育发生发展总过程或现实存在的总体状况来看,教师是主体,学生是客体。教育活动是一变革受教育者身心(包括使人免受伤害、使人获得谋生本领、发展人的自由人格)为目标的人际交往实践活动。受教育者是变革的对象,教育者总体上承担着启动、引导和调控的职责,是教育活动的主体。受教育者作为接受教育影响的人,是教育活动的作用对象和承受者,是教育活动的客体。

（二）教育者与受教育者、教育中介客体之间对象性的关系

这种对象性关系实际包括三要素之间因教育活动或课堂教学情景不断变化而形成的关系群：①教育者是主体，教育中介要素和受教育者是认识客体；②受教育者是主体，教育者和教育中介要素是认识或实践的客体；③教育者是主体，受教育者与教育中介要素紧密结合构成复合主体（不是纯粹意义上的客体或主体，而是具备主体能力的潜在主体）；④受教育者是主体，教育者与教育中介要素紧密结合构成复合主体；⑤在教育者和受教育者共同面对教育中介要素时，教育者和受教育者都作为主体结成一定的主体间关系。在这些关系中，教育中介要素是作为"僵死的、令人窒息的"物质存在和精神存在，还是表现为"有灵性的、有价值生命的"物质运动和精神运动，与教育者和受教育者觉悟到的自己的地位和作用相关。

主体我与客体我之间的关系。根据上述分析，教育者和受教育者都是既作为主体，又作为客体，是主客体的对立和统一体。主体我与客体我的地位变更和作用变化是教育者和受教育者角色扮演能力的一个重要方面，也是教育活动得以开展的基本要求。教师仅有主体意识，容易把自己当作教育中心，目中无学生，不能向学习者／学生学习，不能富有成效地完成促进受教育者发展的根本任务；教师缺乏主体意识，容易把学生/学习者估计过高，不对受教育者进行必要的指导、容易使学生错过发展的大好时机，有害于学生的成长。学习者缺乏主体意识，容易养成被动学习的习惯，学习的主动性、积极性和创造性的发展受阻，不利于促进教师教育教学水平的提高，不利于自身的健康成长；学习者仅有主体意识，容易把自己当作教育的中心，目中无教师，不能虚心向别人学习，容易养成浮躁心态，也不利于自身发展。

四、教育的质的规定性

在中外教育史上，关于什么是教育本质，有过许多表述。如中国儒家经典《中庸》上说"修道之谓教"；捷克著名教育家夸美纽斯认为"教育在发展健全的个人"；法国18世纪启蒙思想家卢梭指出，"植物是由培栽而成，

人是教育而成";美国实用主义教育家杜威则认为"教育即生活""教育即生长"等。尽管这些表述各异,但都存在一个根本的共同点,那就是都把教育看作是培养人的活动,其目的在于促使一个新生个体社会化,促使受教育者的身心得到发展,在知识、品格等方面都能适应社会的需要。

因此,教育的质的规定性,简言之,就是根据一定社会的需要进行的培养人的活动,或者说是有目的地培养人的过程。这一质的规定性贯穿于从古至今的一切教育之中。无论社会如何发展、时代如何变迁、教育自身如何完善,教育都是一种有意识地以影响人的身心发展为直接目的的社会实践活动。其活动的具体形式也处处体现这一本质,体现着教育与其他社会活动的根本区别。

教育作为一种培养人的活动,细分起来应有三层含义:第一,人是人,人不是动物,人生下来就带了人在进化、在历史进程中沉淀下来的历史的烙印。人的生理素质为人类所特有,而不为其他动物所具有。教育的重要内容之一,就是"引发"人的生理心理素质得以发展,使人的原始的丰富的素质呈现出来。这可以称为人的本质的"外化"。第二,人不仅是自然实体,还是社会的实体。人作为社会的实体,必然是在后天生活中,获得了人类在历史进程中所形成的并构成人们共同生活的共同的文化。人总是在一定的文化环境中生活,而所处的环境中的文化,给人的心理以潜移默化的影响,这种影响完全是一种不自觉的过程,即"文化无意识"的作用。广义的教育,实际就是"文化化"的过程。第三,人在其现实性上,又是社会关系的总和。人是具体的人,而不是抽象的人。教育的特定职能,就是按照社会要求造就一定社会所要求的人。这一过程,也就是将一定的社会本质内化于个体的过程,这可以叫作社会本质的"内化"。

人的本质的"外化"、后天社会生活的"文化化"、社会本质的"内化",都是相对意义上的用语。没有"内化""文化化",也就谈不上"外化"。"内化""文化化"与"外化"是矛盾的运动,矛盾的发展,矛盾的转化。教育过程就是教师凭借一定的手段,将特定的内容转化于受教育者的主体之中的过程。教育过程以动态的形式表现出来,而结果则以静态的形态存在于受教育者的主体内部，教育对象化了，而对象被加工了。教育者的教育结果就是社会所需要的社会成员。"教"使受教育者转化，内化表现为外化，完成一个教育过程，一个教育活动。一个个的教育活动，构成了一个个的受教育阶段，完成了一个个阶段的教育，人的发展就达到了各个不同的发展水平。教育就是在这样一个个的内化、外化的序列活动中进行着，实现着人的发展。

第二节 教育的起源与发展

教育的起源问题和教育的历史发展问题,正如教育上其他重大的理论课题一样,都有其发生发展的历史过程,科学地阐明教育的起源和发展对于理解什么是教育具有重大的意义。

一、教育的起源

近现代教育史上,关于教育的起源问题,有四种主张:生物起源说、心理起源说、劳动起源说和需要起源说。

(一)生物起源说

教育生物起源说的倡始人是法国社会学家、哲学家利托尔诺(C. Letourneau,1831—1902)。他在《各种人种的教育演化》一书中认为,教育活动不仅存在于人类社会之中,而且存在于人类社会生活之外,不仅为人类社会所特有,而且早就存在于人类产生之前的动物界了。他把老动物对小动物的爱护照顾都说成是一种教育,连昆虫界也有教育。他认为人类教育是在动物教育活动的基础上的改善与发展、而生物生存竞争的本能是教育起源和存在的基础。动物为了自己的物种的保存与发展,出自一个"自然和自发"的本能,要把肖己的"知识"和"技能"传授给小的动物,这就是教育。

后来,英国教育学家沛西·能(P. Nunn,1870——1944)在其主要教育著作《教育原理》一书中,进一步地阐发了教育生物学化的理论观点。他曾在 1923 年的不列颠协会教育科学组的大会上所作的报告中明确地说明:"教育从它的起源来说,是一个生物学的过程,不仅一切人类社会——不管这个社会如何原始——有教育,甚至高等动物中间,也有低级形式的教育。我所以把教育称之为生物学的过程,意思就是说,教育是与种族需要相适应的种族生活的天生的而不是获得的表现形式;教育既无待周密的考虑供它产生,也无需科学予以指导,它是扎根于本能的不可避免的行为。"

教育的生物起源说肯定了动物本能活动和人类教育之间的联系,这是正确的,较之古代社会认为的教育起源于神意无疑是一种进步。但这种观点把教育仅仅归结为本能而抹杀了教育的社会性,因而没能科学地解决达一问题。

(二)心理起源说

美国教育史学家孟禄(P.Monroe,1869—1947)从心理学观点出发,认为生物起源论者忽视了人的心理与动物心理的本质区别,提出了教育的心理起源说。他根据原始社会尚无传授各种知识的教材和相应的教育方法,断定教育起源于儿童对成人的无意识的摹仿。

孟禄对教育的生物起源说的批判和肯定模仿与人类教育之间的联系是正确的,但他把无意识的摹仿视为教育的基础则是不正确的,这是因为人之所以成为人是有意识的,人的活动是在意识支配下的目的性行为,而无意识的摹仿仍然只是一种本能活动。

(三)劳动起源说

教育起源于劳动的学说,主要是苏联一些教育史学家和教育学家在十月革命后提出的观点。他们认为,教育作为一种社会历史现象,是人类祖先发展和进化到一定阶段的产物。这就是说,当人类祖先已进化到了相当的水平,即当自然界给了人类祖先发展为人的可能性(亦即当自然界的作用使基因突变而携有发展为人的某种物质)时,当生存迫使人类祖先必须利用自然工具进行劳动使上肢发展为手并进一步制造工只时,当生存迫使人类祖先的劳动和生活必须采取集体的形式而过着共同的社会生活时,当上述这些活动促使人类祖先的大脑得到进一步发展并由于共同劳动和共同生活必须进行交流而产生语言,进而促进思维的发展和产生意识时,正是在上述辩证发展的过程中和在这个时候,人类已创造了人类经验(劳动知识和社会生活知识)。为了自身的生存和延续，人类必须把这些生产劳动经验和社会生活经验传递给新生一代。因此教育就是基于生产的需求，基于人类生存的需求而产生的。他们同时认为，教育是人类社会所特有的一种自觉有意识的活动。这种意识性表现为教育者头脑中已经获得了生产知识，教育者已经意识到传递经验的必要性，教育者还意识到了要追求和达到的目标是什么。而教育产生于劳动又是以人类的语言发展为条件的。语言和教育同时都是在劳动中产生和发展起来的。

教育的劳动起源说认识到了社会性问题是教育起源的关键性问题，把握了人类的生存与物质生产的关系并把工具的制造作为一个显著标志。然而，"按遗传学观点，不是劳动创造了人，而是劳动选择了人，保留了人。而且人也创造了劳动本身"。劳动是人的属性，人猿的分化，劳动并非唯一的因素。据此，只能说：人"选择""保留"或"创造"了教育。事实上，在劳动、人和教育这三者之中，几乎不可能作出源流之分。

（四）需要起源说

新中同成立以后，我国教育学界、教青史研究者，赞同并发展了苏联教育学家关于教育起源于劳动的观点。同时也和苏联教育学界一样，对"生物起源说""心理起源说"持批判和否定的态度。20世纪80年代以来，针对劳动起源说对教育起源问题的简单推论以及理论建构方面的明显不足，我国教育理论界又有了一些新的争论。争论的焦点是对"劳动创造了人本身"这一命题的再认识。在此基础上，有人提出了"作为人类社会持有的教育活动是起源于适应和满足人类社会生活和人类自身发展的需要"。教育是以人为对象的人类社会的实践活动，从宏观方面讲，教育的产生"出于人类营谋社会生活的需要"；而从微观角度看，教育的产生"出于发展个体的需要"。显然、这种观点包容了上述的三种假说，甚至可认作是无所不包。但是，无所不包的实质几乎等于一无所包。除了教育之外，政治、文化、科学、艺术、宗教的起源，似乎都可以用同一答案来回答。

关于教育起源问题的争议还远远没有结束，历史上每一种观点的提出都有其一定的理论依据和思考角度。而对教育的起源问题作出令人信服的结论，不仅需要展开百家争鸣，以期得出较为一致的共识，更期待着古人类学家、考古学家为我们提供更多、更有说服力、足可为证的资料、化石和实物。

二、教育实体的产生与教育系统的形成

教育随着人类社会的产生而产生，但最初的教育没有固定的教育者和受教育者。学习的内容与生产和生活联系在一起，教育的形式是不定型的，是一种非形式化教育。教育的进一步发展，出现了承担教育职能的机构（教育职能可能只是该机构的职能之一），我们把它们称为教育实体。伴随教育实体的产生出现了固定的教育者和受教育者，出现了相对独立于生产和生活的教育内容，教育形式日益定型，于是产生了形式化教育。在形式化教育的发展过程中，教育实体本身还经历着"非制度化教育实体"到"制度化教育实体"的演变过程。制度化的教育实体以近代学校的出现为标志。

从学校兴起的那时起，教育便步入系统化、制度化、正规化的发展道路之中。各级各类教育系统正是在这过程中建立和完善起来的。教育系统的产生是制度化教育形成的前提。在历史发展过程中，随着教育系统组织化程度的不断提高，各级各类教育实体内部及实体之间，在关系处理以及活动开展等方面越来越形成了彼此遵循的标准和规范，即教育活动日益制度化。

制度化教育在数百年的发展过程中，其本身的正规化、封闭化和划一化特征不仅造就了不计其数的各级各类人才，促进了社会的进步与繁荣，而且巩固了它自身的社会地位和内在结构，形成了相对稳定的运行规则。但是随着人类社会不断进步，这种以杰出人才论为标准的精英教育，自然也是一种不民主的教育，因而难以适应现代社会的需要。对制度化教育进行改革已不可避免。一方面，改进现行的学校教育系统：把教育的空间从学校扩大到社会，构建一个学习化社会；用开放的教育系统代替封闭的系统；提高教育的个人选择性；推行现代教育技术背景下的个别化教育。另一方面，发展去制度化、非正规化教育。"去制度化教育"与"非制度化教育"不同，非制度

化教育是教育发展的低级形式,是发展不足的教育;"去制度化教育"则是在对制度化教育缺陷反思基础上确立起来的新型教育,是对"制度化教育"的超越,它的根本追求是避免制度化教育所产生的消极影响,使人摆脱不合理教育制度的束缚。非正规教育的发展,打破制度化教育、正规教育对整个教育系统的垄断,形成对正规教育系统十分重要的补充。

三、学校教育制度的形成

（一）学校教育在形式上的发展

从形式上看,教育经过了从非形式化教育到形式化教育再到制度化教育的过程。

非形式化教育是指与生活过程、生产过程浑然一体的教育,没有固定的教育者,也没有固定的受教育者;形式化教育的教育者和受教育者相对稳定,有稳定的教育场所和设施,教育内容也相对规范化。随着学校教育的独立程度越来越高,教育的育人功能和筛选功能越来越重要,学校制度、课程设置、考试制度也越来越完备,制度化的教育逐渐形成。学校教育制度（简称学制）的建立,是制度化教育的典型表征。

（二）学校教育制度的演进

学校教育制度的生成受到生产力发展水平和政治经济制度的制约,其演进同样反映了生产力和政治经济制度及教育自身发展的要求。20世纪以后,随着民主化思潮的兴起,教育机会均等的理念建立起来。人们普遍要求享有平等的受教育权利,认为双轨制是阻挡社会发展和社会公平的障碍。统治阶级为了减少社会矛盾,同时需要为经济和社会发展培养各级各类人才。为此,欧洲各国在"民主化"和"现代化"理念的引领下。对原有的学校教育制度进行了重构。由过去的双轨制逐渐向单轨制发展,发展成为中间型学制。

根据1919午《魏玛宪法》和1920年《基础教育法》,德国建立了统一的基础学校。凡6—10岁的儿童,无论贫富贵贱,都必须进人基础学校。完成基础学校教育之后，经过考试，少数成绩优异的学生进入中学，为升入大学做准备。大多数学生则进入高等国民小学继续学习4年，完成义务教育。由于中学学费昂贵，能够进入中学的，大多是上层社会和有产阶级的子女，反映了德国在中学和大学阶段依然实行双轨制度。但是，双轨制的初等教育已不复存在。1923年，在德国的影响下，法国将原来的中学预科与小学教育逐步衔接起来。两年之后，在小学阶段建立"统一学校"，把义务教育延长至八年。在英国，1924年，新上台的工党首次提出"人人接受中等教育"的主张。1944年，英国国会通过《巴特勒法案》、在共同初等教育基础之上，设立文法中学、技术中学和现代中学三类中等学校，并使之与统一的初等学校相衔接。第二次世界大战之后，社会的产业结构、劳动者的智能结构以及人们的生活方式发生了巨大的变化，从而对教育提出了更高的要求。同时，随着世界范围内的民主主义高潮，民主化进一步成为社会发展的主旋律。为此，欧洲各国纷纷延长义务教育年限，在初中或者初中部分时段设立观察指导期，有的则开展综合中学运动，使原来的双轨制度在初中阶段，甚至整个中等教育阶段统一起来。例如，1959年，德国教育委员会公布了《改组和统一公立普通学校教育的总纲要计划》，建议在4年制基础学校之上，加设2年的观察与指导阶段。学生可用这2年的时间确定自己未来的发展，然后经过考试，分别进入适合其发展的各类中等学校。观察与指导阶段的确立，推迟了学生分流的时间，完善了升学的选择机制。1975年，法国议会通过《法国学校体制现代化建议》将"观察期"和"方向指导期"正式确定下来。初中前2年为"观察期"，所有学生学习共同的基础知识，但对每个儿童的能力和性向进行观察，以确定其升学和就业的方向；后2年为"方向指导期"，根据学生的能力、成绩及性向将学生分为A、B两组，A组毕业生进入国立高中继续深造，而B组毕业生则进入职业技术学校。这种做法实质上在初中阶段向统一学校更迈进一步。1965年，英国掀起了中等教育综合化运动，将文法、技术和现代中学"三分制"中等学校改组为综合中学。20世纪初，美国的六三三制在阶段性方面较前有所改进，但是随着中等教育职能的不断分化，中等教育不仅为大学输送毕业生，同时还要为人们的职业生活做准备，以及为公民提供普通文化教育，而原来纯粹的单轨制学校体系难以满足人们对于中等教育的多样化需求。于是在 1918 年，美国中等教育改组委员会发表了《中等教育基本原则》的报告，提出了创设综合中学的建议。综合中学的创设，为多样化中等教育提供了制度保障。20 世纪 60 年代后期，为了更好地帮助学生度过青春发育期，美国又创设了"中间学校"。中间学校与四年制小学衔接，修业四或三年，包括五或六年制至八年级，在其之上是四年制高中。于是，美国出现了"四四四制"和"五三四制"。目前，美国学校教育制度呈现出多样化的特征。从纵向看，美国有"六三三制""六六制""八四制""四四四制""七四制"，甚至还有十二年一贯制；从横向来看，综合小学为学生分别提供 3 种不同性质的教育，从而在纵横两个方向满足了美国社会的多样化需求。

（三）我国现代学校教育制度的建立

在我国，1904 年清政府以日本学制为蓝本，颁布了《奏定学堂章程》，这是我国第一个实际执行的现代学制，因该年为旧历癸卯年，故称"癸卯学制"。该学制规定学堂的办学宗旨，还规定了各级各类学堂的性质、任务、入学条件、修业年限及相互衔接的关系。这个学制 1911 年后废止。1922 年，全国教育联合会以美国学制为蓝本，提出了改革学制的方案——壬戌学制，即通称的"六三三"学制，这一学制虽然后来几经修改，但基本上是民国时期的学制模式。

1949 年，新中国成立后，中央人民政府政务院于 1951 午颁布了《关于此革学制的决定》，确定了我国的新学制。我同现行学制以这一学制为基础，根据社会的变化情况有所发展变化，小学和中学有"六三三"制和"五四三"制。1986 年，我国颁布了九年义务教育法以后，基础教育的基础性在学制中得到了强调；高中阶段实行职教与普通教育的分轨；大学教育以四年的本科和二至三年制的专科为主。随着时代的发展，终身教育的学制特征日渐增强。

第三节　教育学的产生与发展

一、教育学的概念

教育学这个词源于希腊语中的"教仆（pedagogue）"一词，"教仆"一般照料年幼男孩的奴隶招任，主要任务是送孩子上学，接他回家，替他携带学习用品，注意他需要些什么，并在必要的时候管束他。因为教育学是从"教仆"这个词派生出来的，很长时间里，人们认为"教育学探讨的是教育的通常被认为是最幼稚、最令人不感兴趣的方面，教育学反映的是与保育员、母亲和教仆有关的生活，因此它几乎没有什么内容博得在心智或意志方面有才干的人去研究"。同时它作为一种应用的艺术，很少受到尊重，所以，教育学这个词从一开始就没有"深奥的科学"这种含义。后来因教育改革家执着的努力，才使教育学有了更丰富的内容，获得了更高的地位。教育学（pedagogy，后改用 education）因此被理解为教的科学和艺术。

1970 年前后，德国教育家朔伊尔（H.Scheuerl）和施密持（G.R. Schmidt）还把教育学作了四种不同意义的区分：作为教育的行为方式和观念。作为教育理论，作为教育科学和作为建立在牢固科学基础上的教育学。这次区分对教育学的定位和分化研究起到了重要的推动和指导作用。现在一般认为，教育学是以教育事实为基础，以教育价值观引导下形成的教育问题为对象，探索和揭示教育活动的规律件联系，并服务于教育实践的一门学问。教育学的基础理论研究的目标是"上天"，即探索和揭示教育知识体系的元件——概念，使之精确化、术语化，使元件与元件之间的联系更为严密，使整个理论体系显示出更强的解释能力和预测能力。因为理论只有深刻才有力量。同时，教育学应用研究的真正目的应该是"着地"，即使人们获得一套把理论研究成果转化为实践行为的指示或工具。因为应用学科只有在应用中才能保持其旺盛的生命力，但它们的共同研究基础是教育事实（历史的、现实的、中国的、外国的）。研究教育问题意识的产生标志着教育学的萌芽，教育问题意识及其能力的发展是推动教育学发展的内在动力，教育问题的深化或转换导致教育学研究传统的绵延或范式的变革，对教育问题的不同回答形成本同的教育思想或派别。

二、教育学的产生和发展

（一）教育学的萌芽

自从有了人类社会就有了教育，教育经验以及教育其他认识成果也在社会发展过程逐步积累起来。但近代之前，人们对教育的认识主要属于教育经验范畴，史称"前教育学时期"。只有把各种教育问题和各种教育思想作为客观存在的研究对象予以研究，并形成关于这些问题的思想的系统的理论体系的时候，才形成了真正意义上的教育学。

从人类社会的产生至奴隶社会、封建社会以至于资本主义社会初期，东西方学者所取得的教育认识成果主要体现在一些哲学家、思想家们的哲学或思想著作中。中国的如孔子（公元前551—前479）弟子们的《论语》、孟子（约公元前372—前289）的《孟子》、老子的《老子》、庄子（约公元前369—前286）的《庄子》、无名氏的《中庸》、朱熹（1130—1200）的《四书章句集注》、王守仁（1472—1528）的《传习录》等。这一时期也出现了一些教育学文献，如《学记》《大学》《师说》等。西方的如毕达哥拉斯（Pythagoras，约公元前580—前500）的《金言》、柏拉图（Plato，公元前427—前347）的《理想国》（The republic）与《美诺篇》（Meno）、亚里士多德（Aristotle，公元前384—前322）的《政治学》（The politics）与《尼各马可伦理学》（The Nichomachean Ethics）、昆体良（M.F.Quintilianus，35—95）的《雄辩术原理》（Institutio oratoria）以及中世纪和文艺复兴时期许多思想家们的哲学、社会学论著。

在早期中外教育认识成果中，《学记》是世界上最早的"为儒家总结教学理论的'教学论'专著"，它"专门研究如何把人培养成才的道理，研究通过教学手段,把学子培养成人才,使其'知类通达、强立而不反',而达到'大成'"。"把人培养成有知识、有毅力的人才"是它提出的教学目的。《学记》全文1229字,分为十二节,第一节谈化民成俗,其必由学;第二节谈建国君民,教学为先;第三节谈教学相长;第四节谈教育实体和考学制度;第五节谈学不躐等和大学之教也时;第六节谈教之不刑、教之兴与教之废;第七节谈教学之十二字法;第八节谈长善救失;第九节谈教之语言;第十节谈择师和尊师;第十一节谈叩问之道;第十二节谈人以学为本及务本之法。《学记》虽然揭示了许多教学之道,有些习语具有规约当代教学的价值,其论述方式主要采用类比、格言、比喻等,但其理论的系统性和深刻性均存在不足。

(二)教育学的独立时期

教育学的独立和其他许多学科的独立一样,首先来源于教育(社会)实践的客观需要。17-19世纪间,随着新航路的开辟,资本文义的产生和发展,一些新型的实科学校产生。为满足培养讲授实科教师的迫切需要,17世纪末开始,欧洲陆续出现了一些教师讲习所,讲习新教师需要的新的教育教学方法。其次,近代以来的学科分化趋势也为教育学从哲学中分化出来提供了契机。最后,教育学的独立与教育理论工作者和教育实践工作者的艰辛努力是分不开的。

近代教育学的奠基人为夸美纽斯(J A Comenius,1592—1670),他所著的《大教学论》(Magna Didactica,1632)的问世是教育学成为一门独立学科的标志。主要原内:第一,从当时整个文化与科学发展的背景来看,这本书产生于近代科学与哲学开始分化的时期;第二,从当时社会的政治经济发展状况来看,这本书也对近代教育学的产生起了直接的推动作用;第三,从当时的教育思想发展来看,文艺复兴以后的教育思想成就,构成了夸美纽斯教育学思想的主要来源;第四,从夸美纽斯的个人生活经验特别是他的教育经验的积累来看,近代教育学的产生,与个人的潜心研究和经验积累有相当深的关系。

夸美纽斯对教育学的建树，概括起来有四个方面：①倡导教育对象普及化，主张"一切城镇乡村的男女儿童，不论富贵贫贱，都应该进学校"；②提出了泛智教育思想，探讨"把一切事物教给一切人类的全部艺术"，系统地提出了关于教育目的、方法、原则以及课程、教学及德育等思想；③他所创立的教育学体系是近代教育理论的基本框架，而以"经验——描述"形式写就的教育学则成了教育学研究的基本范式；④晚年提出终身教育的设想，将人的一生分为胎儿、婴儿、儿童、少年、青年、成年和老年七个发展阶段，并为每个阶段规定具体的教育任务。

后人尽管给予了夸美纽斯很多很高的评价，但他所提出的教育改革方案，直到19世纪才由其他教育革新家重新提出来并得到重视，而在他的同时代人身上只是引起了某些同情和赞誉，并没有得到实施。

在夸美纽斯之后，有许多著名的哲学家、思想家写了专门的教育学著作，为教育学的创立做出了自己的贡献。如英国哲学家洛克（J Locke，1632—1704）于1693年出版的《教育漫话》（Some Thoughts Concerning Education），提出了完整的绅士教育理论体系。法国思想家卢梭（J.J Rousseau，1712—1778）于1762年出版的《爱弥儿》（Emile），深刻地表达了他的资产阶级个人主义教育思想。瑞士教育家裴斯泰洛齐（J.H.Pestalozzi，1746—1827）分别于1781年、1783年、1785年和1787年出版了他的四卷本教育小说《林哈德与葛笃德》（Lienhardund Gertrud），在该书中，他把教育目的规定为全面、和谐地发展人的一切天赋力量和能力。为达到这个目的，教育必须与生产劳动相结合，必须符合学生的本性，必须从最简单的要素开始直到最复杂的事物。他的实践及思想，横跨18、19两个世纪，在经验教育学和哲学教育学之间架起了一座桥梁。

在教育学创立过程中，德国著名哲学家康德（I Kant，1724—1804）功不可没。他在哥尼斯堡大学期间，先后4次讲授教育学。1803年，《康德论教育》（On Education, Immanuel kant）一书出版。康德认为"只有人是需要教育的"，"人只有靠教育才能成人。人完全是教育的结果。更可注意的是只有人能教育人——换言之，即只有是自身受过教育的才能教育人"。强调运用启发方法，注重实践；他开创了哲学教育学时代。

康德之后，对教育学的创立做出重要贡献的是赫尔巴特（J.F. Herbart，1776—1841）。1808年，他前往柯尼斯堡大学接受康德哲学讲座职位，兼讲教育学。他是近代德国著名的心理学家和教育学家，在世界教育史上被认为是"现代教育学之父"或"科学教育学的奠基人"。1806年出版的《普通教育学》（The Science of Education）是公认的第一本现代教育学著作。

赫尔巴特的教育学，是建立在他的心理学基础之上的，或者说他第一次为教育学找到了它的科学基础，由于这是一个划时代的贡献，所以后人将他的教育学视为科学教育学。他的心理学观念与其哲学主张是互相联系的。在哲学上，赫尔巴特从其"实在论"出发，将自己的哲学称为"实践哲学"。他同意康德的主张，即运用一种普遍的道德法则将人类的一切行为都纳入绝对的道德规范之中。这就是他把道德的目的作为教育最普遍的目的的主要依据。在心理学上，赫尔巴特从其认识论出发，把一切心理现象归结为"观念"或"表象"，而观念的来源不外乎两种：一种是经验——从人与自然接触中来，一种是社交——从人与人交往中来，二者的融汇产生各种心理现象。为此，学校应设"科学／自然类"和"历史／社会类"科目。这同时也说明：赫尔巴特不是只崇尚空谈的理论家，更不是坐而论道的学究，而是试图将教育学研究置于较严格的科学条件和实践基础之上。赫尔巴特所发现的有关教育过程的理论，如多方面兴趣的培养，四段教学法——明白、联想、系统和方法，注重教师主导作用和系统知识传授等，对后世教育实践造成了深远的历史影响。

赫尔巴特教育学的基本内容主要体现在《普通教育学》和《教育学讲授纲要》中。主要由"基础理论""教学论""训育论"和"学校管理论"构成。

赫尔巴特教育学的方法论主要具有四个方面的特征：第一，建立科学的教育学必须依赖于科学的心理学，必须运用科学的传播方法；第二，建立在哲学、心理学、逻辑学和伦理学等宽厚的理论基础之上；第三，以丰富的教育实践经验为依托；第四，坚持推陈出新。他不仅给"经验—描述"教育学的发展画上了一个圆满的句号,而且创造了"哲学—思辨"教育学的辉煌成就,开拓了教育学发展的新方向。

(三)教育学的发展时期

赫尔巴特所创立的教育学理论,最初并没有被人们真正理解。直到19世纪60年代以后,由于赫尔巴特学派的宣传和应用,才引起人们的兴趣,并逐渐形成壮观的赫尔巴特运动。这场运动开始不久,便逐渐形成了赫尔巴特教育学的两种研究方法导向,即以思辨、演绎为特征的哲学导向和以观察、归纳为特征的科学导向。最终在赫尔巴特后继者斯托依、莱因、戚勒以及英国教育家斯宾塞的努力下,科学导向的教育学真正占据了上风。

19世纪下半叶,受自然科学迅速发展的影响,自然科学研究中的实验方法被引入教育研究。在改造原有的以赫尔巴特为代表的传统教育学研究范式的过程中,逐渐孕育并形成了"科学—实证"教育学研究范式,教育学进入科学发展时期。

1875—1876年,德国教育家威尔曼在布拉格大学主讲教育学时,首次宣称要建立教育科学。他认为,应把教育学视为一种事实的科学,从社会的、心理的层面加以解释,回答"是什么"的问题,这种以归纳、分析为特征的科学没有规范、指导的功能,只具有解释、说明的性质。

拉伊(W.A.Lay. 1862—1926)与梅伊曼(E. Meuman,1862—1915)是使教育学研究真正具有现代科学性质的关键人物。拉伊的代表作是《实验教育学》(Experimental Pedagogy,1908),梅伊曼的代表作是《实验教育学纲要》(Outline of Experimental pedagogy,1914)。他们的共同信念是必须赋予教育学以真正科学的性质。他们认为,所谓"教育科学",实质上就是把教育学当成"教育技术"加以研究,研究的基本原则是"实验/心理实验/统计"与"观察",研究的结果是形成实验教育学,是理论假设转化为"技术"与"操作模型"。梅伊曼认为,无实验根据的任何思辨都是违背实验教育学的精神的。他们把教育实验分为三个阶段:①就某一问题构成假设;②根据假设制订实验计划,进行实验;③将实验结果应用于实际,以证明其正确性。调查、观察、统计、实验等研究方法的开始运用改变了教育学的形式和内容，也改变了教育理论与教育实践之间的关系，教育学也因此成为一种新的生命存在。实验教育学的方法也有它的局限性，如果过分夸大定量方法的应用范围和程度就错误地走进了教育学研究中"唯科学主义"的泥沼。

教育学发展阶段的第二项成果是具有"规范—综合"性质的文化教育学（Kutur Pädagogik）的诞生。文化教育学又称精神科学教育学（Geisteswissenschaftliche Pädagogik），是19世纪末以来出现在德国的一种教育学说，其代表人物主要有狄尔泰（W. Dilthey，1833—1911）、斯普兰格（E. Spranger，1882—1963）、利特（T. Litt，1880—1962）等人，代表作主要有狄尔泰的《关于普遍妥当的教育学的可能》（1888）、斯普兰格的《教育与文化》（1919）、利特的《职业陶冶、专业教育、人的陶冶》（1958）等。他们认为，人是一种文化存在，人类历史是一种文化历史，教育过程是一种历史文化过程，在这个过程中，"人应该是总体地发展，知情意全生命的活生生生成"。教育活动要建立在学生主观能动件的充分发挥上；教育的研究既不能采用赫尔巴特纯粹的概念思辨来进行，也不能依靠实验教育学的数量统计来进行，而必须采用精神科学或文化科学的方法，亦即理解与解释的方法进行；教育的目的就是要促使社会历史的客观文化向个体的主观文化的转变，并将个体主观世界引导向博大的客观文化世界，从而培养完整的人格，其主要途径是"陶冶"与"唤醒"，发挥教师和学生的积极作用，建构和谐的对话的师生关系。文化教育学的思辨气息浓厚，在教育实践中很难提出有针对性和可操作的建议。

20世纪初，在欧美社会里，随着社会政治、经济的持续变化，科学的发展继续上在时代的前列，多元科学研究传统开始确立，用实用论取代实证论成为时代精神的核心。与时代精神相适应，发生了一场影响波及世界的教育理论与实践的改革运动。对此，杜威（J.Dewey. 1859—1952）写道："我们的社会生活正在经历着一个彻底的和根本的变化。如果我们的教育对于生活必须具有任何意义的话，那么它就必须经历一个相应的完全的变革。这个变革并不是突然出现的，也不是凭着预想的目的在朝夕之间就能完成的。所有这一切，都不是偶然发生的，而是出于广大社会发展的各种需要"。杜威于1899年在《学校与计会》（The School and Society）一书中第一次用"传统教育"对赫尔巴特教育理论进行了定性，同时把自己的教育理论称为"现代教育"。杜威针对赫尔巴特的"教师中心、教科书中心和教室中心"，提出了"儿童中心、经验中心和活动中心"，尤其对"儿童中心"，杜威更是情有独钟，"我们教育中将引起的改变是重心的转移。这里，儿童交成了太阳，而教育的一切措施则围绕着他们转动，儿童是中心，教育的措施便围绕他们而组织起来。"针对传统教育以教科书作为学生主要的知识来源，杜威提出了以经验作为学生的主要学习内容，从经验中学习。他还指出，"经验"作为动词，是学生学习的过程；"经验"作为名词，是学生学习的结果。这两方面对学生而言，都是非常需要的，也是重要的。针对传统教育把课堂和教师讲解作为不变的教学组织形式和方法，杜威主张以儿童的实践经验活动作为主要教学组织形式和方法，强调"从做中学""从活动中学"。此外，杜威还提出了其他一些著名的教育口号，如"教育即生活""教育即生长""学校即社会"等，并非常强调教育对社会和个人的有用性，极力主张弘扬教育的功利价值。以上这些实用主义教育学主张主要是以美国实用主义文化为基础的，是美国资本主义发展的教育学表达，它对世界各国当代教育改革发挥着重要的影响。

教育学发展阶段的第三大成果是马克思主义教育学的产生与发展。马克思主义教育学包括两部分内容：一部分是马克思、恩格斯以及其他马克思主义的经典作家对教育问题的论述；另一部分是教育家们根据马克思主义的基本原理对现代教育一系列问题的研究结果。在马克思主义的思想体系中，揭示了教育与社会关系的本质联系及相互作用的辩证关系，社会发展水平与教育发展水平的一致性，分析了人的全面发展的意义和教育对人的全面发展的重要性，强调无产阶级掌握全人类知识的重要意义，强调教育与生产劳动的有机联系。在马克思主义教育思想的指引下，1939年，苏联教育理论家凯洛夫主编了当时被认为是具有权威性的马克思主义的《教育学》。该书共有16章，大体可分为总论、教学论、德育论和学校管理论四个部分。其主要特点是重视智育在全面发展中的地位和作用，认为"学校的首要任务，就是授予学生以自然、社会和人类思维发展的深刻而确实的普通知识"，形成学生的技能、熟巧，并在此基础上发展学生的认识能力，培养学生的共产主义人生观；强调教师在教育和教学中的主导作用，强调教材的权威性和稳定性，强调学校工作的基本组织形式是课堂教学，强调教育行政管理中的统一性，相对忽视了学校、教师及学生教育中的自主性和创造性。

20世纪70年代，西方教育理论界兴起了批判教育学思潮。代表人物有美国的鲍尔斯（S.Bowles）、金蒂斯（H.Gintis）、阿普尔（M.Apple）、吉鲁克斯（H.Groux）、法国的不厄迪尔（P.Boudieu）等，代表著作有鲍尔斯与金蒂斯的《资本主义美国的学校教育》（Schooling in Capitalist America, 1976）、布厄迪尔的《教育、社会和文化的再生产》（Production in Education, Societ and Culture, 1979）、阿普尔的《教育与权力》（Education and power, 1982）、吉鲁克斯的《批判教育学、国家与文化斗争》（Critical Pedagogy, the State and Cultural struggle, 1989）等。这里仅结合鲍尔斯、金蒂斯的代表作对新马克思主义教育思想作些介绍。新马克思主义教育思想的产生是与教育的发展、教育理论解释功能的丧失和马克思主义在西方的传播分不开的。鲍尔斯和金蒂斯等在亲眼目睹"向贫困开战"令人激动的开局和令人失望的结局后，于1968年在福特基金会的支持下开始对美国教育历史进行考察，试图找到历次教育变革的动因和畏缩不前甚至失败的原因。在考察中，他们认为：美国历史上的教育变革从根本上说都是失败的。教育从来就不是实现经济平等的推动力。人们认识到学校已经越来越不可能实现机会均等和个人圆满发展的神话。同时，他们认为"自由派教育理论"（主要指以杜威为代表的进步主义理论和以涂尔干、帕森斯为代表的功能主义理论）已经丧失了它的解释功能。杜威的进步主义理论主要阐述教育与民主的关系，对教育促进民主持乐观态度。杜威认为教育具有统合、平等化和发展职能。帕森斯等功能主义教育理论主要揭示教育与技术之间的关系（亦称技术决定论）。他们认为，社会变革和教育变革的动力是以技术发展和社会一体化为目的的进步运动，学校是再生产劳动者所需要的技能的工具。自由派教育理论宣扬，教育与社会平等、个人自由之间存在着正相关；社会各要素之间，教育各因素与功能之间，教育与社会化之间是统一的、和谐的，社会变革和教育变革的动力就在于这种统一与和谐。然而，新马克思主义者持相反的观点——变革的动力在于冲突。新马克思主义教育思想的基本观点主要包括以下四个方面：第一，社会变革的动力——（阶级）冲突和意识（觉醒）。他们所强调的只是劳动者个人需要与组织化之间的冲突，是主体与客体的异化，不是马克思主义所说的无产阶级与资产阶级在生产关系与分配关系上的冲突，更不是生产方式与生产力之间的冲突。第二，社会变革的方向——"美国式的社会主义"（包含教育理想）。新马克思主义思想的核心就是反对组织化、机构化。鲍尔斯和金蒂斯提出要建立"美国式的社会主义"。这种社会主义的模式是由一个社会党领导；经济民主制，即每一个人都享有经济上的民主和自由，享有经济参与权，享有劳动选择权；代议制政府；平等的、人道主义的社会主义；人的天性不是利己主义的、地方主义的和竞争的。这种模式只能是小资产阶级式的民主、自由、平等思想的大杂烩。其本身矛盾重重：经济民主制是一种私有制，而又企求人不是自私的、竞争的；经济民主，政治民主，个人参与却又出来一个社会党。第三，教育是上层建筑。鲍尔斯和金蒂斯对教育的社会作用作了如下说明："美国社会在创造和剥夺剩余价值即利润的社会过程中发展了双重作用：一方面，通过传递技术的和社会的技能以及适当的动机，教育提高了劳动者的生产能力；另一方面，教育有助于使可能爆炸的生产过程的阶级关系，变得没有爆炸性和非政治化，因而有助于使这种社会的、政治的和经济的条件得以永存。"教育是再生产科技知识、技能，再生产不平等社会关系，维持统治阶级利益的诸种意识形态的国家机器的一种。他们揭露了教育作为国家及阶级意识统治机器的工具性，揭示了技术、智商、文凭的虚伪，并对教育赖以维持阶级意识的途径和实体作了说明，对于人们理解资本主义教育的阶级性无疑有理论和实践意义。但他们的分析有片面性：它把教育归属于上层建筑，否定教育与生产力、经济生活之间的辩证关系；把教育看成国家意识形态的工具，没有尊重教育作为意识形态的自主性；只看到技术、智商、文凭的虚伪，无视它们在维持平等、合法中的积极作用。第四，教育与社会的对应。鲍尔斯和金蒂斯认为，教育不是一个独立机构，而是国家、统治阶级或者说劳动市场控制下的机构。教育系统是由一套与劳动市场相对应的社会关系和组织形式组成的。"教育系统与其说按照教师和行政管理人员在日常生活中的自觉意图来运转，不如说是通过影响劳动场所个人关系的社会关系与教育系统的社会关系之间的紧密对应来运行。"有什么样的社会政治、经济和文化，就有什么样的学校教育机构，社会的政治形态、文化样态、经济结构强烈池制约着学校的目的、课程、师生关系、评价方式等。他们在"教育与社会对应"问题的阐释过程中，忽视了教育与社会之间的对立和不协调关系，忽视了教育的自身发展规律。除鲍尔斯和金蒂斯对于批判教育学作出杰出贡献外，其他学者的理论观点同样是非常丰富和富有建设性的。

第二章 中学教师与学生

教育活动是人的活动,没有了人的参与,教育活动也就无法进行。教师和学生作为教育活动中最基本的参与者,对教育活动起调节作用。教师作为教育者,学生作为受教育者,与教育影响共同构成了完整的教育活动。教师要树立"以学生为本"的观念,促进学生的全面发展。良好的师生关系是教育活动得以顺利开展的前提,教师要遵循职业道德规范和行为规范,与学生共同构建和谐的师生关系。

第一节 中学教师

教师作为一种职业由来已久。教师,因为传承人类文明的使命,因为培养建设者和接班人的责任,学而不厌,诲人不倦,彬彬有礼又温文尔雅,教师的个人涵养和内在品质时刻都在影响着下一代的成长。

一、教师概述

在中国,原始社会中的部落首领具有丰富的生产劳动经验,他充当着教师的职责,将生产知识、生活经验、风俗习惯、行为准则有意识地传递给部落中的年轻成员。随后长期实行"政教合一,以吏为师"的政策,在统治阶级的安排下,以朝廷中的一些官员来担任教师。在西方,最早的教师是古希腊时期的"智者派",以教授无知的人有知识而生存。中世纪,教师更多的是由憎院学校和教会学校中的憎侣、牧师来担任。可以看出。社会的脑力劳动和体力劳动还没有出现较大分化的背景下，教师不具备独立的身份，所承担的教师的职责更多的是与他的生产劳动、宗教活动、政治活动等结合在一起，教师并不是专职的。当教育活动从生产劳动和日常生活中分离出来，产生了专门的教育机构——学校，教师的承担者多是"以吏为师、僧侣为师"，教师职业也没有成为一种独立的社会职业，更没有进行专业教师训练的机构。

　　随着社会发展的需要，教育教学工作逐渐成为一种越来越重要的专门职业，人们开始意识到。一个具有知识的人可以做教师，但是如果缺乏专业的职业训练，将会直接影响到教育的质量和效果，社会对于专业教师的需要开始迫切起来。在社会发展的推动下，教师职业由兼职慢慢变得独立。20世纪60年代以后，以独立设置的师范院校为主体的师范教育体系开始被师范院校、综合大学等多种教育机构共同参与教师培养的教师教育体系所取代，教师职业专业化的培养模式呈现多元化的趋势。1966年，国际劳工组织、联合国教科文组织发表的联合建议《关于教员地位的建议》中明确提到："教育工作应被视为专门职业。这种职业是一种要求教育具备经过严格而持续不断的训练才能获得并维持专业知识及专门技能的公共业务；它要求对所辖学生的教育和福利具有个人的及共同的责任感。"我国也在1993年10月颁布的《中华人民共和国教师法》中，明确地把教师界定为"履行教育教学职责的专业人员"。"教师"的概念与教育的发展和教师职业的发展联系在一起。

　　教师的概念有广义和狭义之分。广义的教师是指在教育活动中施加影响的人，凡是增加他人技能、影响他人思想品德的人都可以被称为教师。他们既可以是家庭中的父母，也可以是社会中师傅或者其他人。狭义的教师主要是指以学校为其活动背景，接受社会的一定委托，受过专门的教育和训练，对学校中的学生身心施加影响的人。这里所讨论的教师，一般是指狭义的教师，即学校中的教师。

　　可以看出，现代的"教师"与古代的"教师"有着本质意义上的区别。首先，在功能上，现代教师不仅对个体具有教化的功能，还受到社会的约束，具有社会功能；其次，现代教师必须经过专业的培养和培训，取得教师资格证书，才能持证上岗；最后，现代教师要终身学习，只有不断地丰富自己的知识结构和能力结构，提升教师的自我修养，才能更好地教育学生。

二、教师的角色

教师的角色往往是由时代背景决定的。随着知识经济时代的到来和科技突飞猛进的发展，基础教育改革力度空前，新课程改革是对这种改革力度的最大回应。在这种大背景下，教师仅仅作为知识传递者的教育理念遭到了前所未有的质疑和挑战，同时让教师走出传统的知识传递者，走向研究者的呼声也越来越高。对于中学教师而言，其所面对的中学生的身心发展跟小学生有显著的差异，对学生既要树立榜样，又要当好朋友。因此，在知识经济时代、信息化社会、新课程改革与中学生身心发展特征这几个因素的影响下，中学教师需要对角色进行定位，并做好在传统角色基础上进行转型的准备。

（一）教育者的角色

教师的教育者角色是教师角色特征中的核心特征，是所有角色中最为突出的角色。教师在掌握了人类社会长期积累的社会实践所获得的知识和技能的基础上，依据学生的身心发展特征，对知识进行精心选择、加工和整理，帮助学生在短时间内高效率地掌握知识。当学生在学习过程中遇到问题和困难的时候，教师还要及时地答疑解惑，激发学生探索问题的潜力，培养学生的学习能力，这就要求教师具备扎实的理论基础和学科素养。苏霍姆林斯基曾指出："他精通他所教的科目据以建立的那门科学，热爱那门科学，并了解它的发展情况——最新的发现、正在进行的研究以及最近取得的成果。除此之外，本人若能热心于本门科学正在探讨的问题，并具备进行独立研究的能力，这样的教师则可成为学校的骄傲。"。

（二）组织和管理者的角色

教师在承担教学的本职工作的同时，还要承担对班级的组织和管理工作。班级是一个中学生所组织的生活世界。班级承载着中学生在学校中的日常生活，中学生在班级中不断发展着自己的社会性和个性。同时，班级作为学校组织中的基层组织，是学校的有机组成部分，它服从于学校的目标与规范，它的活动要为实现学校规定的目标任务而服务。所以教师面对的不仅仅是单独的学生个体，而且更多的是由学生个体组织的班级群体，即班级。

教师对班级的管理是多方面的，包括确定班级的教育教学目标、建立和培养学生班集体、制定和执行班级规章制度、维持班级日常纪律、组织开展班级活动、协调班级人际关系等，还要对教育教学活动进行评价与检查。

（三）教师作为反思性实践者与研究者

反思是立足于自我之外的批判地考察自己行动及情境的能力。也就是说，教师以自己的实践过程为思考对象，来对自己所做出的行动、决策以及由此产生的结果进行审视和分析。它是一种通过提高参与者的自我觉察水平来促进能力发展的途径，有助于教师向专家型发展。

教师在工作中进行的以自身教育教学实践活动为对象是自我反省性的，旨在解决实际问题的研究，它有利于教师主动建构自己对课程、教学等方面问题的理解，使教师成为"反思性实践者"与"研究者"。教师在实践中应有对教育教学理论进行质疑和检验的意向，成为批判地、系统地考察自己教育教学的实践者，从而可以更好地理解自己的课堂和改善自己的教育实践。长期以来，教师脱离科学研究，只作为教育理论专家成果的消费者和旁观者。教师们在长期的学习和工作实践中，只注重教什么和怎么教，教学工作演绎成毫无新鲜感的简单劳动。教学活动只注重经验，缺少必要的反思和创新。现代教师专业发展的研究认为，经验加反思是专业成长的最有效途径，指导教师在已有经验的基础上结合教学实际，立足于对实际问题的探讨，进行主动建构。

（四）榜样的角色

教师是社会行为规范的代表，他的一言一行是学生学习的榜样。中学生对社会有了自己"敏锐"的洞察，生理上也获得了完成大多数成年人任务的能量，但涉世未深、看问题片面以及激动冒进的缺点也同时存在。因此，教师就要扮演好榜样的角色,让他们顺利度过青春的躁动期与逆反期。

夸美纽斯曾说过,教师的职务是用自己的榜样教育学生。"学高为师,身正为范"就表明了教师的楷模典范作用对学生的身心产生巨大的影响。"其身正,不令而行;其身不正,虽令不从",无论教师的学识如何渊博,如果教师不能向学生展示正确的社会行为规范,甚至做出违背社会道德的一些行为,便会大大降低教师在学生心目中的"榜样力量",破坏教师的权威。同时,中学生由于个体意识不断发展,独立性增强,对于父母的依赖开始减弱,更多的是与从教师和同辈群体中交流中获得支持与肯定。教师的言论、行动和为人处世的态度,对学生具有耳濡目染、潜移默化的影响作用。

（五）朋友的角色

中学生常常把教师视为自己的朋友,希望得到教师在学习、生活、人生等多方面的指导,希望教师表现出对自己的喜爱、友好、理解和宽容,并能够给予积极的心理支持,分享自己的快乐与痛苦、幸福与忧愁。教师"应当成为孩子们的朋友,深入到他的兴趣中去,与他同欢乐、共忧伤,忘记自己是教师。这样,孩子才会向教师敞开他的心灵"。

教师要扮演学生的朋友。不仅要树立正确的学生观,在教育过程中注意倾听学生的心声,同时还要掌握一定的教育心理学和德育方面的知识,利用科学的知识来解决学生在学习、人际交往、职业规划等方面遇到的问题。教师当好学生的朋友,让学生喜欢你,学生往往就会对你的人格尊敬,对你的教学认同。

三、教师职业的特点

中学教师职业既具有教师职业的普适性特点,又具有中学阶段的独特性特点。综合上述两个方面,我们试着对中学教师职业的特点进行分析。

（一）生命性

中学教师教学过程就是中学教师的生命绵延过程,就是中学教师生命创造的过程,就是中学教师不断超越自我的过程。因此,中学教师专业化本质上是一种依靠生命冲动、"自组织"不断体验和不断超越自我的生命过程。中学教师教学历程中这种自我的生命过程,主要表现为中学教师的生命的进化、发展和完善的过程。中学教师教学过程亦是中学教师生命本能的解放,教师职业劳动的解放,是教师生命本身的消遣和自由本身的表现,是快乐原则的充分体现。

（二）长效性

教师要按照社会的要求把学生培养成社会所需要的人,从人的整体发展来看,这是一个漫长的周期,而且从某一具体、局部的身心特点的发展变化来看,也需要花费较长的时间,这其中还不可避免地会出现反复纠正的过程,教师对学生所产生的影响往往会影响他的一生,教师的教育效果在当时不一定能立即显露出来,往往在接受高一级的教育过程甚至在工作岗位中才能得到充分的体现。教师不是因为辉煌或卓越的成就才令人刻骨铭心,而是因为他们日复一日忠实地履行自己的职责——心平气和的谈话、简单的鼓励和巧妙的授课,正是这些使得学生获得了学业上的成绩、个人的自尊和对学习的热爱。

（三）全面性

教师对人的影响更全面。教师通过"传道、授业、解惑",不仅会使学生知识增长、技能熟练、能力提高,而且使学生掌握一定的社会行为规范、行为准则,形成各自的价值观、人生观、世界观和生活方式;教师对学生的影响既有知识技能方面的,又有个性品德方面的,既有生理的,又有心理的,将全方位地影响人的成长、成熟和发展。

（四）潜在性

教师对人的影响具有潜在性。教师对学生的干预不像医生对病人的治疗那样直观立竿见影,教师的干预通过教育和教学内化到学生的身心和行为之中，除了知识技能可以部分地用考分表现以外，品德、性格、能力、创造性等方面尚不能方便、及时、直观、精确地衡量。因而，教师职业劳动的效果总的来说是弥散的、滞后的和内隐的。

（五）不可逆

教师对人的影响具有不可逆性。心理学研究表明：在人的生长、发育过程中，存在着最佳期，又称关键期。意思是说，个体发育具有阶段性，有些行为是在发育的某一时期，在适当的环境刺激下才会出现的，如果这个时期缺少相应的环境刺激，这种行为便永不能产生。这个时期即称为该行为发展的最佳期（关键期），人和动物都是这样。这也就是教育常说的要照顾学生身心发展规律的道理。在最佳期中，学生对某种刺激的变化特别敏感，对相应的某一反应或某一组反应最容易获得，如果错过这个时期，就不容易再出现这样的好时机了。可见，如果教师教育不当，不仅可能耽误学生的发展，而且可能阻碍学生的发展，损害学生的身心健康。因此，我们说教师对人的影响具有不可逆性。

四、教师的权利和义务

为切实保证教师充分发挥其教书育人的作用，顺利开展各项教育教学工作，国家必须以法律的形式明确规定教师的权利与义务。了解教师的权利和义务，熟悉国家有关教育法律法规所规范的教师教育行为，有助于依法从教的深入开展。一方面，可以使教师明确自己所拥有的法定权利及界限，更好地行使权利，抵制各种侵害教师权利的行为；另一方面还可以使教师清晰地认识到自己必须履行的法定义务，增强教育教学的自觉性和责任感。

（一）教师的权利

教师作为一种职业群体，其所享有的权利大致可分为三个方面：一是作为公民而享有的权利；二是《教师法》等教育法律所赋予的职业权利；三是聘用合同中所约定的权利及根据教育行政部门或所在学校的规定而应享有的其他权利。教师所享有的后两个方面的权利统称为"教师权利"。本文主要讨论教师第二个方面的权利。

根据《教师法》第七条的规定，教师依法享有的权利主要包括教育教学权、科学研究权、指导评价权、参与管理权和进修培训权五个方面。本书把科学研究权与进修培训权合在一起称为"科研进修权"，再增加一项教师按时获得报酬的权利，称为获得报酬权。

第一，教育教学权。主要包括教育教学活动权、教育教学改革和实验权、教育教学管理权三个方面。教育教学活动权是指教师在遵守相关规定的前提下，自主地组织和从事教育教学活动的权利，具体包括：可以根据学校的教学计划和培养目标等具体要求，结合自身的教学特点，自主地组织课堂教学活动和处理教学事务；可以按照课程标准、教学大纲的要求，自主决定教学进度、教学内容和教学方法；可以根据教学的需要，自主地选择教学设备和教具。教育教学改革和实验权主要是指教师可以根据课程标准、教学大纲的要求，针对学生的实际情况，独立自主地对其受聘课程的教学内容、讲授方法、教学环节和教学组织形式等进行设计、试验和改革完善。教育教学管理权，是指教师具有维持教育教学秩序，依法对学生进行管教和惩戒的权利。其中，教师惩戒权是其核心内容，即教师有权依法对学生的失范行为施予否定性制裁，从而避免其再次发生，以促进合范行为的产生和巩固。

第二，科研培训权。科学研究权指教师在教育教学活动中可以自由从事科学研究、学术交流、参与专业学术团体并在学术活动中自由表述自己的意见和学术观点。具体包括：在完成教育教学任务的前提下，可以进行科学研究、技术开发、教育理论研究等创造性劳动，并将研究成果进行发表；可以参加合法的学术交流活动，依法成立或参加学术团体并在其中兼任工作；可以在学术研究中自由池表述自己的观点、开展学术争鸣。进修培训权指教师参加进修或者其他方式的培训的权利；主要包括：参加定期进修的权利，参加短期培训班的权利；参加岗位轮训的权利；在参加进修或各种培训期间，有权享受与在岗教师相当的工资福利待遇，等等。

第三，指导评价权指教师指导学生的学习和发展，评定学生品行和学业成绩的权利。具体包括：可以根据学生的身心发展状况及特点，有针对性地指导学生的学习，并在学生的特长、升学、就业等方面给予指导；可以对学生的品德、学习、社会活动、劳动、文体活动、师生关系与同学关系等方面的表现作出客观的评价，并通过平时考查以及学期、学年、毕业考试和其他方式对学生的学业成绩作出客观的评价。

第四，参与管理权主要是指教师有权参与和教师专业有直接关系的学校事务的决策和执行，并就相关事项提出批评和建议，如参与课程规划、参与学校专业人员的评定、参与学校专业组织的建立等。

第五，获取报酬权。教师作为专业技术人员、是国家通过一定的程序，运用相应地考试方式测评并获得的一种专业职位。当教师没有违背教育规律，没有违反法律，而且投入了劳动时，对教师获得相应地报酬是合理合法合情的。

（二）教师的义务

教师的义务是指教师依法应尽的责任。《中华人民共和国教师法》规定，教师应履行下列义务：①遵守宪法、法律和职业道德，为人师表；②贯彻国家的教育方针，遵守规章制度，执行学校的教学计划，履行教师聘约，完成教育教学工作任务；③对学生进行宪法所确定的基本原则的教育和爱国主义、民族团结的教育，法制教育以及思想品德、文化、科学技术教育，组织、带领学生开展有益的社会活动；④关心、爱护全体学生，尊重学生人格，促进学生在品德、智力、体质等方面全面发展；⑤制止有害于学生的行为或者其他侵犯学生合法权益的行为，批评和抵制有害于学生健康成长的现象；⑥不断提高思想政治觉悟和教育教学业务水平。

权利与义务是相辅相成密不可分的整体，任何教师都不能只行使权利而不履行义务，也不能只承担义务而不享受权利。

五、教师的专业发展

教师职业专业化的问题成为近些年我国教育界关注的热点话题。教师的专业发是一个长期发展的复杂过程。从教师的职业生涯来说,教师的专业发展是一个动态的过程;从教师专业成熟来说,教师的专业发展是一个指向专家型教师的过程。

(一)教师专业化的内涵

在国际教师百科全书中,教师专业化被看作是教师个体作为教育的职业人不断表现出独特的教育教学能力、并愈加走向成熟的历程与过程:"教师专业化是职业专业化的一种类型,是指教师个人成为教学专业的成员并且在教学中具有越来越成熟的作用这样一个转变过程"。而也有学者认为教师专业化包括了教师个体专业化和教师职业专业化两个组成部分,"教师专业化包含了教师个体专业水平提高的过程以及教师群体为争取教师职业的专业地位而进行努力的过程,教师个体专业化是指教师在整个专业生涯中,依托专业组织,通过终身专业训练,习得教育专业知识技能,实施专业自主,表现专业道德,逐步提高自身从教素质成为一个良好的教育专业工作者的专业成长过程"。

(二)教师专业化的维度

国内外对于教师专业化的认识在普遍意义上讲是一致的,但是,对于具体维度的划分还有一定的差异。这些差异体现了各国不同的教育理念与教育文化。

1.美国的标准

美国卡耐基基金会的改革委员会组织的"全美教师专业基准委员会"在1989年颁布《教师专业化基准大纲》,提出教师专业化的主要内容:

[命题一]教师接受社会的委托负责教育学生,照料他们的学习。①认识学生的个别差异并采取相应的措施。②理解学生的发展与学习的方法。③公

平对待学生。④教师的使命不停留于学生认知能力的发展。

[命题二]教师了解学科内容与学科的教学方法。①理解学科的知识是如何创造、如何组织、如何向其他领域的知识整合的。②能够运用专业知识把学科内容传递给学生。③形成达于知识的多种途径。

[命题三]教师负有管理学生的学习并作出建议的责任。①探讨适于目标的多种方法。②注意集体化情境中的个别化学习。③鼓励学生的学习作业。④定期评价学生的进步。⑤重视第一位目标。

[命题四]教师系统地反思自身的实践并从自身的经验中学到知识。①验证自身的判断。②不断作出困难的选择。②征求他人的建议以改善自身的实践。④参与教育研究，丰富学识。

[命题五]教师是学习共同体的成员。①同其他专家合作提高学校的教育效果。②同家长合作推进教育工作。③运用社区的资源与人才。

美国 NBPTS（全国教学专业标准委员会，the Nationalal Board of Professional Teaching）为中小学教师设立了优秀标推，既有专业标准即总体标准，也有学科标准。总体的优秀标准是①成功教师对学生及其学习尽职尽责；②成功教师懂得所教学科及如何向学生传授该学科知识；③成功教师对监督和管理学生的学习负责；④成功教师系统的思考实践，并从经验中总结学习；⑤成功教师是学习共同体的成员。

NBPTS 按学生的不同年龄段（4 种年龄段，幼儿类、少年类、青年类、成人类）和执教学科（31 个领域如外语、数学、健康等）制定了不同的标准。

CCSSO（州基础教育首席官员理事会，Counicl of Chief Stule School Offices）为国家年度优秀教师制定了标推。各州的候选人必须来自州承认的或者质量合格的学校，包括 K—12 年级的教师。候选者必须具有高度的奉献精神、知识渊博、教学技巧熟练并且打算继续从事积极的教学活动。具体标准是：①激励不同背景和不同能力的学生学习；②受到学生、家长和同事的尊敬；③在学校和社区中发挥了积极的和有成效的作用；④自信、沉着、发音清晰，精力充沛，能应付繁重的工作。

2.国内的标准

国内学者普遍认为一名优秀教师应该符合下列标准：①稳定而持久的职业动力；②优异的教学能力（教学内容的处理能力、教育机智、与学生交往的能力、教学组织与管理能力、语言表达能力、教学科研能力、运用各科教学方法和手段的能力）；③良好的性格特质；④对教育教学具有高度的自我调节和完善能力。

2012年2月10日，我国教育部为促进中学教师专业发展，建设高素质中学教师队伍，特制定了《中学教师专业标准（试行）》。其基本内容包含"维度""领域"和"基本要求"三个层次，即"三个维度、十四个领域、六十一项基本要求"。"三个维度"是"专业理念与师德""专业知识"和"专业能力"。

（三）教师专业化发展的阶段

教师专业化发展的阶段不同学者从各自的视角进行了划分，兹以有代表性的四段论观点做简要的介绍。教师专业化发展一般要经历四个阶段。

1.学习理论

新课程背景下，中学教师正确个人理论的形成和自身专业化发展要以教师对新课程公共教育理念的深入理解和内化为前提。教师通过新课程教育教学理论的学习，从中发现其与实践的关系，并挖掘其与个人实际教学过程或个人对教学认识相关的东西，并真正影响到自身的教育教学决策，促成合理个人理论的形成。

2.坚定信念

个人理论的形成过程基于个体的理解与信念，真正的个人理论是个性化的具有个人价值信念倾向的理论。教育信念是教师精神世界的统帅和灵魂。教师只有形成自己强烈的教育信念，才会产生内在的专业学习和发展动力。教育信念的集中表现是教师对教育工作高度的责任感和强烈的事业心。只有当教师拥有坚定的教育信念，拥有对理想和目标的坚定追求时，他才会有强烈的责任感和高度的责任心。

3.自主加工

任何真正适宜的个人理论的形成与发展过程都需要教师的主观努力,它是教师能动自主选择并实践公共理论的过程,主体性是教师个人理论形成与发展的内在决定因素。新课程改革要求教师根据教学需要,自主选择最合适的教材、教学形式和教学方法,使学生各方面素质全面提高,使大多数学生都能达到要求并获得成功,促进每一个学生的"个性"发展。要在教学实践中全面贯彻这些理念,教师就要充分发挥自己的创造性,强化研究意识,研究学校的实际,研究教育的发展趋势,研究学生和教材。

4.学习实践

教师个人理论都会随着公共教育理论的变化和具体教学情况的变化而进行调整。在这个更新变化过程中,教师需要进行学习和研究,只有这样,才能不断超越自我,使个人理论更加科学、更加完善并富有生命力。为了不在改革的浪潮中落马,教师要具有强烈的自我提升的意识,成为有效的学习者和研究者,提高自身素养和实践能力。个人的学习实践是促使个体内在理论发展的最富有能动性的实践,由此形成的个体理论也是最具有促进个人实践发展能动性的理论。教学实践蕴含着丰富的哲理,需要教师积极主动地学习探究与投入。教学与研究是相辅相成、不可分割的,只有深入、持久地对教学实践存在的问题进行研究,教师才能拥有自己的教学思想,进而形成一定的操作体系。

第二节 中学学生

学生作为教育活动中的教育对象,既是教育活动的参与者,又是教育活动的成果体现者。作为教师,只有深入地了解学生的本质属性和身心特点,才能选择合适的教育方法,更好地完成教育教学任务。教育活动的成效取决于教师和学生双方合作的结果,离开任何一方,都是不完整的教育。

充分认识学生也是"以人为本""尊重学生"教育理念的充分体现。教育应该以人的发展为出发点和基石,教育要考虑到学生发展的需要,遵循学生身心发展特点和发展规律,设计的课程要适合学生的学习风格,在教学过程中以学生为主体,尊重学生的人格,实现学生的全面和谐发展。

一、学生的本质属性

学生是在教师的指导下从事学习活动的人,主要是指在校的儿童和青少年。他区别于自然状态下的学习者,具有独有的特征。

（一）学生是全面发展的个体

学生大多数是未成年人,是一个从不成熟到成熟、从未定型到定型的不断发展的人。他们在身心发展过程中所展现出来的各种特征都处于不断变化之中,具有很强的可塑性。正如福禄贝尔所说,宇宙万物是在无限发展着的,人也是在连续不断发展的,不能把人及其人性看作"一种已经充分发展的和完全形成的,一种已经固定和静止的东西"。学生的发展,特别是中学生的发展是人生发展最为明显的时期,身体和心理都会发生翻天翻天覆地的变化,发展的速度、广度和深度会达到前所未有的水平。

学生的发展是全面而完整的,不仅体现在认识、情感等精神因素,也体现在身体方面的生理因素;不仅表现在个体的自我意识的发展,也表现在个体与社会互动进而实现社会性的发展。总之,学生的发展是全方位的发展,是德、智、体、美、劳多方面的和谐发展。

(二)学生是具有主动性的个体

学生具有主观能动性,他们并不是消极被动地接受教育影响,而是学习的主体,能自觉地参与到教育过程中去,与教师积极地互动。著名的儿童教育家蒙台梭利认为,儿童从出生伊始就借助自己先天拥有的"有吸收力的心理",开始主动探索周围的世界。德国教育家、被誉为"教师的教师"的第斯多惠也说过,如果使学生习惯于简单地接受或被动的工作,任何方法都是坏的,如果能激发学生的主动性,任何方法都是好的。

所有教师一定要给予学生充分的尊重,让学生充分地与各种环境相互作用、自由、独立、创造性地在各种活动中发展;同时教师还要尽可能地为学生提供体验、对话、操作、交往的机会与环境,让学生的主体性在丰富的环境刺激下获得最大限度的发展。

(三)学生是以学习为主要任务的个体

学生大部分时间都是在学校中度过的,学习是他们的主要任务。学校教育是一种有目的、有计划、有组织的培养人的社会活动。它是以具有迅速发展可能性和发展需要的学生为活动对象,由教师按照一定的教育目的,选择教育内容,采用一定的教育方法与手段展开活动对学生施加影响,以引起学生身心发展的变化。

学生的学习是在教师指导下进行的规范化学习。教师在对学生进行指导的同时,还要培养学生独立、自主的发展意识与能力,发展学生自我教育的能力。

(四)学生是具有差异性的个体

学生发展是具有一定的基本规律的,也会表现出一些共同的特点,但更应该看到具体的学生是丰富多彩的,因此也是富有差异性的存在。正如世界上没有两片完全相同的树叶一样，由于遗传、环境、教育等多方面的影响，每个学生身心发展的速度和水平都是不同的。学生之间具有明显的差异性，他们之间的共性其实是从差异性中表现和归纳出来的。

教育要尊重学生的个体差异，重视个别化教育，坚持以多元的观点看待学生，认识到每个学生的优秀之处和不足之处，发现每个学生的独特之处和闪光点。教师不能以统一的标准来衡量所有的学生，要避免陷入以偏概全的错误。

二、中学生的身心发展特点

中学阶段分为初中阶段和高中阶段，大约从十一二岁开始到十七八岁结束，历时 6 年时间，这个阶段也叫做青少年时期。青少年时期是从童年走向独立的人生道路的转折期，这个时期包括两个心理发展阶段：少年期（相当于初中阶段），大约是十二三岁到十五六岁；青年初期（相当于高中阶段），大约十五六岁到十八九岁。

（一）生理特点

初中生与高中生分属于青春期的两个阶段，每个阶段具有各自的特点

1.初中生生理特征

初中生正处于青春发育期，身体和生理机能都发生了急剧的变化，主要表现在身体外形的改变、内脏机能的成熟及性的成熟三个方面，这就是青春期生理发育的三大巨变。在身体外形上，初中生身高迅速增长，体重增加较快，开始出现第二性征，男生喉结突起，声音变粗，开始出现胡须。女生胸部隆起，声音变高，骨盆变大，皮下脂肪较多等。内脏机能逐步健全，心脏的发育也接近成人，肺活量逐步增大，肌肉力量显著增强，大脑发育基本成熟。性的成熟表现在性激素的增多，性器官和性机能开始发育，女生在 13 岁左右出现第一次月经，男生在 14 岁左右出现第一次遗精。当前，在遗传、营养、气候环境、生活条件的多方面影响下，生理期开始出现提前的趋势。

2.高中生生理特征

高中学生处于青春发育末期,他们身体的各器官及其机能正逐步达到成熟的水平,是身体发展的定型期。此时,他们的身高体重的增长速度再一次缓慢下来,从 15 岁到 18 岁的 4 年里,男生的身高年平均增长 1.72 厘米,体重年平均增长 2.2 千克,女生身高年平均增长 0.62 厘米,体重年平均增长 0.94 千克。但是高中生肌肉的增长速度却在加快,高中阶段学生的肌肉增长量占整个肌肉增长期的 58.5%,其增长值是初中生的 4 倍。与初中时相比,此时的肌肉组织的增长主要表现在纤维的增粗上,使肌肉组织变得更加结实。女生与男生相比,肌肉的增长明显低于男生,但皮下脂肪的厚度大约是男生的 2 倍。高中阶段学生的脑胞内部结构不断完善,脑的回沟增多、加深,大脑的机能迅速发展,他们的兴奋和抑制过程逐渐平衡。但是,高中学生的内分泌腺比较活跃,分泌的肾上腺素和甲状腺素较多,这些激素会促进大脑的兴奋,因此,他们在情绪上仍不稳定,容易疲劳。高中生的心脏的大小及机能都已接近成人,但是,由于其血管的发育落后于心脏,内径较小,因此,会出现生理性的高血压现象,这是发育过程中的正常现象,会随着年龄的增长自然消失。高中女生的性器官已发育成熟,而男生则处于性萌动到性成熟的过渡阶段。

总的来说,青少年时期正处于个体的青春发育期,即个体生理发育的第二个"高峰期"。在这个时期,人的生理变化体现为三个方面:一是身体外形,表现在身高、体重迅速增加;二是体内机能,表现在心肺容量增大,机体能量代谢增加,神经系统特别是大脑的机能有显著的发展;三是性器官和性功能的成熟,表现在第一、第二性征的出现,性意识"觉醒"。

(二)心理特点

由于初中生与高中生生理发展的阶段特征,其心理发展上也体现出跟年龄相关的心理特点。

1.初中生心理特征

在认知方面,初中生的思维更为抽象、概况和注重逻辑,在学习上开始具有迁移能力，由具体形象思维逐步向抽象逻辑思维过渡。随着知识的不断积累，兴趣的扩大和言语的发展，他们有着强烈的求知欲和探索精神，想象力也开始加速发展，而且想象中的创造性成分开始增加。如在科技制作活动、手工作品、文体活动、作文中不再拘泥于套路，开始有自己的创新。

在自我意识方面，初中生表现为对自身的兴趣与关注，他们逐渐能有意识地把自己的思想与行为作为认识的对象。开始思考"我是谁?我是一个什么样的人?我希望自己成为一个怎样的人?"等问题。他们意识到自己慢慢长大，自尊心越来越强，独立的渴望也越来越大，想极力摆脱成人的干预，凸显自己的独立。甚至随着自我意识的高涨，还会出现对父母和教师及其他社会成员产生反抗心理，对压抑自己发展的外在力量都有不同程度的排斥倾向。

在情绪表达方面，初中生敏感、强烈、脆弱，容易兴奋和激动。情绪表现还会出现明确的两面性，具体而言是指强烈、狂暴性与温和、细腻性共存，情绪的可变性和固执性并存，内向性和表现性共存。

2.高中生心理特征

高中生的心理水平在很多方面已接近成人。在认知心理方面，他们观察的目的性、持久性、精细性、自我调控性都远远超过了初中生的发展水平；他们的语词逻辑记忆、有意记忆、意义记忆越来越成为记忆的主导；他们可通过概念的定义和上下文获得新的概念，还可以用语言表达精确、清晰和抽象的概念；他们的推理能力趋于成熟；他们的创造性思维有很大的发展，在思维的三个特性中，高中生思维的流畅性发展最快，其次是变通性，最慢的是独创性。

在情绪情感方面，高中生处于典型的烦恼困扰期，他们消极情绪出现的频率和强度均高于积极的情绪。他们表达情感方式由外露逐渐转变为内隐，虽然他们越来越敏感，但对于情感情绪的自我调控能力在不断增强，而且，其情感的产生与发展更具有社会性。

在行为动机方面，高中生已能把自己的行动和未来的发展及社会的需要联系起来，远景动机越来越成为高中生行为活动的源泉，而且，他人和集体对高中生动机的影响渐渐淡化，自己的深思熟虑越来越成为他们动机的唯一条件。由于高中生的动机一般具有较强的社会性，因此，他们会形成相对稳定的主导动机。

在自我意识方面，由于性意识的发展，高中学生特别注重自己的体貌，他们爱照镜子，爱打扮，总希望自己的外貌漂亮得体，能够吸引异性同学。他们自我评价的独立性有所发展，开始自觉审视自己的内心世界和人格特征。但是，他们的自我评价一般不太客观，要么过高地估计自己，目空一切，妄自尊大；要么过低地估计自己，自卑自贱，妄自菲薄。高中生的自尊心在其自我意识中最敏感，一方面，他们积极在同学、老师面前表现自己，渴望得到老师和同学的承认；另一方面，当其自尊心受到伤害时，容易引起强烈的情感反应。他们的自我控制能力有了很大的发展，行为调控已由自发走向自觉自主。

高中生社会性的发展，标志着他们正在走向成熟。他们的道德知识结构日益复杂，对道德概念的理解达到了较高的水平，能够一分为二地评价道德事件。他们的道德情感越来越丰富，对义务感、责任感、良心、幸福感、集体荣誉和爱国主义情感等都有不同程度的体验。尽管其道德动机系统非常复杂，但其中起主导作用的社会性道德动机已初步形成，对其他道德动机起着调节、控制的作用。

三、中学生青春期教育建议

虽然影响青少年成长的因素是多方面的，但由于青少年绝大多数时间是在学校中度过的，而学校是一个有计划、有组织、系统地传授知识的专门教育场所，且教师的从业资格又是经过了教育行政部门的严格筛选和认证的。因此，教师作为传道、授业、解惑者在学生的心目中具有权威者的地位，所以学校和教师的教育影响作用上升到了主导地位。于是，我们对中学生青春期教育有如下建议。

（一）帮助青少年正确了解青春期知识

有知识、有文化是当代青少年的人格特点。人体生理知识，包括性知识，是知识和文化的一个重要内容。对青少年的性教育要体现以下两个原则：一是适当性原则，即进行性教育的时间、内容、方法以及态度都要适当。我们主张对青少年的性教育课程中讲授三方面的内容：男女生殖器官的生理学知识；青春发育期的表现和卫生，第一、第二性征的教育；手淫问题、遗精问题、月经紊乱。讲授时方法要适当，有些问题可以男女生一起听，如一般的性生理、心理常识，有助于消除神秘感和病态的好奇心；有的则宜分开听，如月经紊乱、手淫问题、遗精问题；有的则宜个别进行，如早恋。二是综合性原则，即性教育包括性道德教育、性生理卫生教育、性知识教育和大量的美感教育。这些教育内容应该相互结合，不应孤立进行。

（二）帮助青少年通过多种途径调试情绪

青少年"急风骤雨式"的情绪反应特点，决定了青少年对正确判断自己以及他人的情绪并做出相应的、合情合理的行为反应的能力较弱。因而利用日常教学活动和心理健康课堂，培养青少年学生积极的情绪、情感体验，教会学生调节和宣泄不良情绪的方法，应成为促进青少年学生身心健康成长不可或缺的部分。

调节和宣泄不良情绪的方法很多，如语言调节、转移注意力、理智调节、自我暗示等。宣泄方法的使用要掌握适度的原则。具体体现为切忌采用违法乱纪和违反道德的言行去宣泄；切忌为宣泄、放纵自己的情绪，而对别人过分指责和伤害；切忌不分时间、地点、场合随意放纵言行。

（三）帮助青少年提高自我意识水平

提高青少年的自我意识水平，使青少年形成正确的自我概念的方法有许多种，这里重点探讨以下几点：

1.正确运用教育期待效应，激发学生的自尊心和自信心。

教师通过自己的言行举止，把对学生的关心和信任传达给学生，教师用积极态度感染学生，学生的情绪就能积极活跃起来，可以促进学生知觉、思维、操作等的积极发展。另外，教师可用他外在的表现向学生传达肯定、积极的信息，在教育、教学过程中让学生接受并逐步内化为对自己的良好的自我评价，让学生对自己产生完美感和荣誉感，进而产生自爱行为，并为此做出种种努力，而这正是自尊心和自信心的体现。

2．采取表扬为主、批评为辅的教育方法

美国心理学家詹姆斯认为："人最本质的需要是渴望被肯定。"表扬和欣赏是满足青少年这种心理需要，激励他们不断进步的办法之一。青少年由于对未来充满热烈的向往，想象力比较丰富，往往离开现实条件构想自己未来的前景，这样就形成一个理想的"我"。远大理想为青年的生活指明了奋斗目标，调动了积极性。但是，一些青年的理想往往不切实际，理想的"我"与现实的"我"差距过大，处于矛盾状态之中。对青少年进行表扬与批评相结合的教育方式，能提高青少年自我评价能力与自我教育能力，使他们逐渐懂得由自己主观认为或设想的"我"，并不一定是现实的"我"。现实的自我是通过个人的行为表现来确定的，从而使青少年的自我评价比较具有连续性、客观性、整体性和稳定性。

3.充分利用群体心理的教育功能，营造良好的认知环境

中学生小群体大致可以分为三种类型，即积极性群体、消极性群体和破坏性群体。由于小群体成员形影相随，朝夕相处，彼此间为相互信任、相互依赖的关系，因此，教师要善于分析，使小群体向健康的方向发展。对于积极性的小群体应采取信任、沟通、支持的态度，处理好同这些小群体中心人物的关系，发挥他们的特长，通过他们使群体成员积极参加班集体活动；对于消极性和破坏性的小群体，则要进行教育、争取、改造，密切注意其发展动向，及时抓住苗头，果断采取措施，有力限制和消除其破坏性的因素。

四、学生的权利与保障

学生的权利是指学生依照国家法律法规拥有的一切正当权利。按照传统

的观点，成人眼里的学生就是缺乏独立性和存在性的未成年儿童，处于从属和依附的地位，儿童要对父母和老师绝对服从，从而导致整个社会侵害学生权利的现象频频发生，未成年的学生成为学校中的"弱势群体"。在不断推进依法治国和依法从教的今天，学生已成为权利的主体，是具有独立的社会地位、人格平等的个体，依法享有各项权利。

20世纪是儿童权利迅猛扩张的世纪，表现为欧美各国以及日本相继颁布并实施了义务教育法。1959年联合国通过了《儿童权利宣言》，1989年又通过了《儿童权利公约》，这两份文件都明确指出：18岁以下的任何人都是积极和创造性的权利主体。我国作为《儿童权利公约》的缔约国之一，在履行《儿童权利公约》的同时，还颁布了《中华人民共和国教育法》《中华人民共和国义务教育法》《中华人民共和国未成年人保护法》等法律法规来保障儿童的权利。在这些法律法规中，未成年学生享有的主要权利有以下几方面：

（一）生存的权利

我国《宪法》规定："父母有抚养未成年子女的义务。"《未成年人保护法》则更为详细地规定："父母或者其他监护人应当创造良好、和睦的家庭环境，依法履行对未成年人的监护职责和抚养义务。禁止对未成年人实施家庭暴力．禁止虐待、遗弃未成年人；不得歧视女性未年人或者有残疾的未成年人；禁止溺婴、弃婴。"

生存权是学生最基本的权利，首要含义是生命安全，包括生命健康和其他人身权利；其次是指人的生活条件得到保障和生活质量得到提高，包括足够的食物、营养、清洁的饮用水、衣服、住所、医疗保健及其他生活保障。健康的身体是学生生存和发展的基础。

（二）受教育的权利

我国《宪法》第四十六条规定："国家培养青年、少年、儿童在品德、智力、体质等方面全面发展。"《义务教育法》明确规定："国家、社会、学校和家庭依法保障适龄儿童、少年接受义务教育的权利。"《教育法》从总体上规定:"中华人民共和国公民有受教育的权利和义务。公民不分民族、种族、性别、职业、财产状况、宗教信仰等,依法享有平等的受教育机会。"这些都是对学生受教育权的法律保障。

受教育权是中华人民共和国公民拥有的一项重要权利,是学生身心得以全面和谐发展、不断认识到自己是行使权利的主体的基本途径。随着义务教育的全面深入,我国绝大部分学生都能进入校园接受正规的学校教育。但是在部分经济欠发达地区,仍然有相当数量的学生失学和辍学。同时,社会中还有部分学生群体的受教育现状也引起人们的高度重视,如流动儿童,他们受制于户籍制度、家庭经济、居住环境等众多因素的影响,游离于正规的学校教育之外,陷于受教育机会和受教育条件不利的状态;还比如患有特殊疾病的儿童,如聋哑、残疾等学生,在当地特殊教育学校无法保障他们的受教育权时,正规学校又将他们拒之门外,受教育权利就受到一定程度的侵害。

(三)受尊重的权利

《未成年人保护法》第十六条规定:"学校、幼儿园的教职员应当尊重未成年人的人格尊严,不得对未成年学生和儿童实施体罚、变相体罚或者其他侮辱人格尊严的行为。"并在其他条款中具体规定:"任何组织和个人不得披露未成年人的隐私。""对未成年的信件,任何组织和个人不得隐匿、毁弃。除对无行为能力的未成年人的信件由父母或其他监护人代为开拆外,任何组织和个人不得开拆。""国家依法保护未成年人的智力成果和荣誉权不受侵犯。"

(四)安全的权利

我国《未成年人保护法》第十六条规定:"学校不得使未成年学生在危及人身安全、健康的校舍和其他教育教学设施中活动。""严禁任何组织和个人向未成年人出售、出租或者以其他方式传播淫秽、暴力、凶杀、恐怖等毒害未成年人的图书、报刊、音像制品等。"

当前,学生人身伤害事件纷纷见诸媒体,引起社会各界的广泛关注与思考。如校园暴力事件、校园踩踏事故、校车安全事故、溺水事件、儿童食品和用品造成的危害、隐形身体病症、精神污染、心理压抑等心理疾病，这些事件部在一定程度上侵害了学生的安全。

除了以上四种基本权利之外，学生还依法享有肖像权、名誉权、隐私权、财产受保护权、休息娱乐权、拒绝乱收费的权利等。

保护学生权利，要做好三方面的工作：

首先要从法律的角度予以重视，对此目前我国的迫切任务更多地应该放在执法上。一是要改善执法的环境。一项法律在一个地方比较好地被遵守或被执行，一方面是该法律所规定的内容是公民所需要的且和公民的切身利益直接相关的；另一方面则取决于使该法律可以生根、发芽的环境。这种环境使各利益相关体开始关注学生的权利，关注法律对学生权利的具体规定，这是重要的。二是要建设一支强有力的执法队伍。执法人员的素质和对法律本身的理解对执法效果也起着重要作用。

其次，制度设计是保障学生受教育权平等的根基。所以，有必要对现有制度中不公平并导致学生受教育权不平等的规定进行修正，使学生们在同一片蓝天下，不因家庭出身等因素而导致接受教育的不平等，在制度上保证每个孩子能够平等地享有自己的受教育权。

最后，要保障学生的权利，还要尊重学生，把学生看作积极主动的权利主体，这是学生权利保护的归宿；要充分肯定学生的主体性，发挥儿童的参与权，在班级管理、教学内容方法选择、教学过程组织、班级活动开展等方面赋予学生一定的权利，听取学生的意愿和建议，提供学生发表看法、表现能力的机会与条件。

第三节 师生关系

教师和学生是教育过程中两个最基本的要素，师生关系是教育活动中最基本的人际关系。构建良好的师生关系是教育教学活动取得成效的重要保证，是和谐教育的基础、是构建和谐社会、和谐校园的根本所在，也是推进教育改革，促进学生身心健康发展的迫切需要。

一、师生关系概述

师生关系是指教师和学生在教学过程中结成的相互关系，包括彼此所处的地位、作用和相互对待的态度。师生关系是内涵比较丰富的一种关系。就其所指向的目标而言，有为完成教育任务而发生的工作关系，也有为单纯满足交往需要而形成的师生之间的人际关系。就发生关系的形式而言，有以组织结构形式表现的组织关系，也有以情感、认知等交往为表现形式的心理关系。按照在什么组织中所发生的关系来看，又可分为正式关系和非正式关系。

到底师生关系是一种什么关系？不同学者从不同视角进行了回答。

不少学者从单一的视角出发建构师生关系理论。"主要表现在两个方面：其一，部分学者从不同的哲学理论出发强调不同的师生关系观点；从后现代理论角度主张教师是平等中的首席；从交往理论角度主张师生之间是"主—客—主"式的两个主体间的平等对话关系；从建构主义理论角度强调学生对知识的主动建构，教师是意义建构的帮助者；从现象学的角度主张师生之间是一种主体间性关系；从解释学角度主张师生作为独立的精神主体在相互尊重和信任的前提下，步入彼此的视界之中，并在其中相互理解、平等交流。

其二．部分学者从不同的学科视角出发提出不同的师生关系观点：从法学角度主张师生关系是一种权利义务相互一致的平等和相互尊重的关系；从心理学角度主张师生关系的本质是心理关系；从社会学角度主张师生在交往中是完全平等的两个实践群体；从文化反哺视野提出应建立面向未来、民主平等、合作互动、积极创新的新型师生关系。

部分学者从综合角度出发来构建多层次的师生关系理论。'有人从结构上把师生关系分为人与人之间关系的内隐结构和教学关系、心理关系及伦理关系的外显结构；有人从社会学和教育学的视野来看，认为平等与主导应是师生关系的两个视角；有人从学生具有超越性和创新性教育实践出发，认为师生是共生互学的，师生可随时更换角色、互相学习；有人从创新教育的需要出发，认为师生应是在平等、民主、宽容、理解及信任基础上的"同伴探索"式的关系；有人从哲学、文化、伦理学、教育法学及解释学与现象学的启示出发，认为21世纪新型师生关系应是民主、平等、对话的关系。

二、师生关系本质

师生关系是教师和学生为实现教育目标，以其独特的身份和主体地位通过教与学的直接交流活动而形成的多性质、多层次的关系体系。其中以教育与自我教育、促进与发展的关系为最高核心层次，由它制约着师生间的管理关系、人际关系、伦理关系等。

（一）教育与发展的关系

师生关系是以教育与接受教育相自我教育、教育与发展的关系为核心的关系，它取决于教育活动质的规定性。

教育活动是在一定的师生关系维系之下师生的共同活动，受教育规律的制约。也就是说，构成教和学活动的承担者的教师和学生是按一定教育目标、方式、组织形式和教育内容从事教和学的活动。教师必须完成向学生传道、授业、解惑并促使学生增长知识才干的任务，同时还必须教会学生怎样学习，怎样塑造自己人格品质的方法和技能；而学生必须接受教师的教育与指导，完成全面提高自己身心素质的任务。在这种教育活动中，师生都处于活动主体地位上，构成教学活动的主体；学生的身心素质上升为客体，教师和学生通过教材内容及师生共同活动,作用于学生身心素质这个客体上,以促进学生身心素质的全面发展。教学活动中构建的这种教育与接受教育和自我教育、促进与发展的关系是其他社会活动和其他社会关系所不能代替的。但是,它又是整个社会关系体系中的一个小系统,受社会性质制约,反映着一定历史阶段社会关系的基本特征。

(二)特殊的人际关系

师生关系是一种特殊的人际关系。一般的人际关系有一条重要原则,即双方互惠,师生关系则高于一般的人际关系。就构建师生关系的目的和影响作用而言,师生相互作用的终极目标是提高学生的身心素质,是一种向学生一方倾斜的不平衡关系。教师在教学活动中付出的代价是换取学生的发展和提高,而不是教师自身的某种利益,师生人际关系是在承认这个不平衡性的前提下,通过认知情感沟通和行为目标协调而形成的关系。同时,它又是以别无选择的必须相互接纳为前提的师生双方整个精神世界的碰撞和交流,既具有一般人际关系的情感基础,又有一般人际关系无可比拟的崇高目标指向和科学交流方式。尽管师生之间也存在着一定的心理距离,但它必须首先服从于教盲目标和教育规律。

(三)民主管理关系

师生关系是一种管理与接受管理和自我管理、组织与自我组织的关系,它是建立在教学与管理的班级组织基础上的,表现出一定的组织约束性,但与一般的下级服从上级的管理关系和组织关系不同。现代教育管理理论特别强调师生双方彼此尊重、配合及共同参与管理,要求教师必须抛弃传统的"管卡压"的专制管理方式和作风,改革过去那种把学生看作被控制对象,教师具有无上权威的状态,实施民主管理,培养学生的自我约束和自我管理的能力,变被动接受管理为主动参与管理,让学生成为各种活动的真正主人。因此,师生在这种共同参与的管理活动中建立的管理关系,是以师生之间的心理沟通、民主管理、促进学生自我发展为特征的。

（四）尊师爱生的伦理关系

师生关系是一种超越代际的朋友式的尊师爱生的伦理关系，但它不同于一般的代际伦理关系。在家庭代际关系中，长辈对晚辈有支配和管理权；在师生代际关系中，教师对学生的教育，不仅仅靠年龄和权力优势，更主要靠责任心、义务感和师生情来维系，其中师生之间尊师爱生的友情是有效教育的真正基础。教师既是长辈、教育者，又是学生的支持者和知心朋友；学生既是未成年人，是受教育者，又是一个完整独立的人，他们更希望能与老师平等交流，像朋友一样相处。师生之间虽然存在着不平衡性和不平等性，但在尊重学生人格，把学生作为具有独立人格的个体和教育活动的主体这个基点上，师生是绝对平等的。师生双方都必须以自己完整独立的人格、真实的情感面对对方，敞开自己的精神世界去换取和接纳对方的精神世界，在精神互换和共享中实现教育，达到超越代际的朋友式的尊师爱生的境界。师生关系是师生为实现教育目标，以其独特的身份为主体地位，通过教与学的直接交流而形成的多性质、多层次的关系体系。它以教育与接受教育和自我教育、促进与发展的关系为核心，以师生人际心理沟通关系为基础，以民主管理关系为调控手段，以超越代际的朋友式的尊师爱生的伦理关系为外在标志的一个有机的关系体系。师生关系产生于教育活动又维系教育活动，它不仅受社会属性制约也受教育规律制约。因此，师生关系决定着学生身心发展的方向、速度和质量。

三、我国师生关系特征

美国心理学家利比特与怀特（R.Lippitt，R.K. White）的研究把教师在课堂上的领导行为分成三类：权威式、民主式和放任式。由于师生互动行为的依赖性特征，相对于教师行为的不同，学生的行为也表现出差异性。教师不同的管理方式及其所表现出的不同态度会对师生关系产生不同的影响。当老师采取专横管理的方式，师生之间的关系非常紧张；当教师采取放任管理的方式，师生之间形同路人，冷漠无情；当教师采取民主管理的方式，师生关系轻松愉快,非常和谐。

对立型、依赖型和自由放任型的师生关系在师生相互态度、师生相互关系、师生课堂合作状态和教学效果四个方面都存在一定的问题。只有民主型的师生关系真正体现了教师与学生在人格上的平等,教师改变了传统的居高临下的角色,积极营造民主的氛围,让学生有更多的时间进行自主反思和自主管理。把班级管理建立在充分尊重学生的基础上,关心爱护学生,使学生感受到老师的管理,而不是放任不管或者强行约束,这种民主化的管理方式往往会起到事半功倍的作用,教师无需大费工夫就能提高班级管理的效率。另外更为重要的是,民主型师生关系会对学生产生积极影响。研究表明:这种师生关系不仅满足了学生的安全感、归属感和渴望理解和爱的需求,还使其从中增强了自信与自尊,学生表现为情绪稳定、感情丰富细腻、性格开朗、意志力坚强,有较强的独立性、创造性与社会适应能力。

四、和谐中学师生关系的特征

中学生身心处于剧烈发展的突变时期,短短的六七年左右时间,中学生身心发展水平逐渐接近于成人。教师既要把学生当作朋友,又要树立权威,构建和谐的师生关系非常重要。

（一）平等对话关系

后现代主义的教育主张民主、平等,主张教师与学生之间建立一种平等的关系,认为师生间的主客体关系存在着根本的缺陷。威廉姆·多尔认为,教师无疑是一个领导者,但仅仅是作为学习者团体的一个平等的成员,是"平等者中的首席"。后现代主义教育观反对教育中的等级观念,主张大众的、世俗的教育。真正无条件地给每个适龄儿童以符合其兴趣、人性特征和智力状况的充分教育。不能人为地把学生随意划等归类,采取二元逻辑来管理和施教,导致教育中新的不平等的出现。在后现代主义者看来,人是处在不断的生成和发展中,而且每个人都是不同的,具有差异性和多样性。在我国的课堂教学中，还存在着对学生排斥、歧视的现象，只重视成绩优秀的学生，另一部分学生会感到没有被重视，久而久之，成为教师不喜欢的"差生"或"问题学生"。后现代主义反对封闭的、庞大的整体，而以开放的态度关心局部、次要、边缘、弱小；倡导对话，拒斥将"他人"变成自己"总体谈话"之组成部分的企图，要求人们倾听"他人"、学习"他人"、宽待"他人"。

判断师生之间是否是平等对话的关系，要看师生之间是否存在着民主意识："真正决定一种交谈是否是对话的，是一种民主的意识，是一种致力于相互理解、相互合作、共生和共存，致力于和睦相处和共同创造的精神的意识，这是一种对话意识。"教师的重要作用在于能否建构出与学生平等对话的机制与气氛。在对话中，学生是平等的对话者，不是灌输的对象。对话不仅仅是一种教学方式和策略，对话就是教育本身。后现代主义教育观认为，教师不是以身份、职位的权力来威慑、控制学生，教师的威信来自教师自身的知识修养、人格魅力、教师创造性劳动本身。也就是说，教师威信的确立来自其内部素养，而不是外部地位、它是在对话过程中自然而然建立起来的。师生关系的内涵和实质是由师生之间平等、真诚的对话产生的。

（二）相互尊重的关系

现代教育观将师生关系简化为知识的授受关系，忽视了师生关系的丰富性，即忽视了师生在道德、审美、情感、社会活动等方面的感受。

后现代主义认为，现实的生活世界是人的个体生命存在的根基，也是教育最真实、最坚实的基础。只有主体间的互动，世界才是真正的现实生活世界，也只有现实生活世界中相互影响的主体间性才是真正的主体间性。后现代教育观认为师生之间的主体间性关系，只有与生活世界的各个方面进行交流才能实现。师生之间的情感约定关系是一个激发生命活力、提升精神境界、充溢情感温柔、感受美好生活的空间。在这一温馨、融洽和幸福的空间里，师生之间充满着对彼此生命的关爱与照料，充满着对个体生命的生存方式、生命情感的关注与培养。正是在这样的生活世界中，教育的各主体分享着理解，分享着彼此的幸福，牵挂着彼此的未来，享受着人间的真情。

在现代主义的教学过程中,教学和生活是脱节的。科学的概念、逻辑的世界凌驾于人的真实生活之上,使人生活在一种理性的抽象世界和科学技术的冰冷世界之中,其结果是人被异化了、人的生命意义也被忽视了。

后现代主义教学观则以动态生存的观点看待师生关系,认为教学本身就是一种生命历程的方式。对教师来说,其工作的过程就是一种专业成长的过程,对学生来说,学习就是生活,同样具有生命意义。学生需要向教师学习,教师也同样需要向学生学习,教师并不是先天地拥有真理。学生尊重教师,教师同样要尊重每一个学生。因而这种教育观扩大了教育的视野,拓展了通达真理的道路。在这种后现代的教育中,教师和学生的关系是平等的、共同经历生命历程的、相互尊重的。弗莱雷指出,只有建立在尊重、爱谦恭、相信他人的基础上,对话才会成为一种双方平等的关系,如果缺少尊重、缺少爱、缺少谦恭就不会产生信任,如果没有尊重也就失去了对话的条件。用理查德·罗蒂的话来说,成为一个后现代主义教师的重要的前提就是尊重差异、尊重他人。

(三)信任理解的关系

师生之间是一种相互理解、相互融合的关系。这种关系建立的先决条件就是相互信任。离开了对人的信任,"对话就无可避免地退化成家长式操纵的闹剧"。要建立这种信任关系教师要发挥的作用就是实实在在、真真切切地将自我展现在学生面前,从而促使学生心灵的敞开。教师向学生真实地展现自我的过程也就是与学生建立信任感的过程。如果一个教师能够在学生面前展示真实的自我,就能有效促进学生自我的自由展示,久而久之,师生之间"那种隐藏着的对话,某人对他人的稳定而潜在的呈现建立起来了,而且持续着。那么便有他们两人之间的实在,便有了相互性",最终实现师生之间的相互理解与相互融合。

在后现代主义教育家们看来,师生之间要达到相互理解、相互融合,教师就必须具有宽容精神,而宽容精神关键就在于尊重他者存在的价值和意义。只有具备了宽容精神才能对异己的观念和信仰持公正、理解的态度,在不妨碍他人的前提下,容许别人自由地行动和独立思想。教师树立宽容意识的真谛还体现在对学习者差异的尊重,教师在注重自我展现的同时,不能将学生边缘化,更不能人为地在学生群体中制造出"中心"与"边缘"。事实上,处在边缘地位上的学生往往封闭自我,更渴望得到尊重和理解。教师只有使他们感受到宽容,他们才会向教师和同学敞开心扉,展开对话。因此,教师应该宽容学生在知识和行为上的差异性,理解、帮助学生而不是搞"一刀切"或打击学生。

五、建立良好师生关系的建议

（一）尊重学生

教师,作为人师,没有权利,也没有资格以任何方式去侮辱学生的人格,以任何方式去嘲笑学生的失败,以任何方式去讽刺学生的愚蠢。教师应认识到自己在教学中对学生不是命令而是指导,如说"你想……"表示对学生的尊重,体现师生平等,从而使教与学的关系达到平等。教师对学生在课堂上的良好表现要毫不吝啬地用"你真棒!""不错!"等予以肯定;不轻易对学生说"不",以减少他们的挫败感;对他们的不良行为要多一些引导,少一些挖苦讽刺。只有这样学生才会尊重、相信教师,把教师当成自己的朋友。

（二）用言行感染学生

教师要有一口纯正、流利的普通话,广博的知识,幽默风趣的语言,良好的形象,优雅的举止,因为这些是学生喜欢的老师所要具备的基本条件。一旦学生喜欢你,他们也会"爱屋及乌"喜欢上你的课。教师要用表情和身体语言表示赞许和喜爱。①微笑。对学生来说,教师的笑容能让他愉悦一天。②爱抚。从心理学角度看,幼儿有对肢体触摸的需求,来自成人的爱抚,隐含了一种亲情式的眷顾,很容易使学生消除与老师的隔阂,增加对老师的信任感。③蹲着交谈。蹲着,侧着头听学生说话,这是与学生交谈的最佳姿势.不会结他们居高临下的感觉。

（三）要关爱学生，以情动人

爱是建立和谐师生关系的桥梁，只有师生关系处在关爱、平等的和谐氛围之中，学生才能去体验、完成教学任务。要在教学中形成和谐的师生关系，就必须采用多种方法进行交流。教师只有情绪饱满、和蔼可亲，才会给学生一种自然、亲切的感觉，这有助于使学生形成积极、愉快的心情，从而建立和谐的师生关系。

（四）公平对待学生

在新课标的指导下，朝着"以人为本"的目标，引导学生在自主、合作、探究式学习中全面、自由、和谐地发展。不仅以分数来评价学生，还要从学生操行的评价、激励等多种途径和形式，多角度来全面评价学生。教师可开展多种形式的活动给不同学生以表现的机会，让学生真正认识到每个人都是最好的，都是教师的最爱。

（五）不伤学生自尊

师生关系中不能轻易伤害学生自尊。在教学中有时也要对学生进行批评，批评也是很正常的。但是一定要注意合适的时机，注意适用的对象，注意批评的深度，前提就是不要去伤害学生的自尊。批评其实也是可以有爱的，正所谓，爱之深，责之切，让学生感受到"爱之深"的批评是比较成功的。

第三章　中学课程

课程是教学活动得以开展的载体，在教学活动中居于核心地位。本章内容主要包括课程的主要概念、课程的主要流派及其基本观点、课程的类型及其主要特征、新课程改革的理念与目标、新课程的实施状况与评价等。

第一节　课程相关概念

涉及课程的概念比较多，这里主要就几个重要的概念进行阐释。

一、课程

"课程"一词中国很早就有使用。唐代孔颖达注释《诗经·小雅》中有"教护课程，必君子监之，乃得依法制"。以后，南宋朱熹在《朱子全书·论学》中写有"宽着期限，紧着课程""小立课程，大作工夫"之说。这里的"课程"比较接近我们今天教育意义上的课程，含有学习的范围、时限和进度的意思，在我国，这一含义一直延续到今天，认为课程就是学科及其进度。

在西方教育史上，"课程"（curricuium）一词源于拉丁语，意指"跑马道（race cource），有学习进程的意思，与学习过程意义接近，意为引导学生继续前进，达到预期的培养目标。

靳玉乐认为课程是指学生通过学校教育环境获得的旨在促进其身心全面发展的教育性经验。钟启泉则认为课程指的是国家的基准以及地方层面和学校层面制度化的"公共教育课程"。结合已有对课程概念的界定，可以将课程定义为：课程是对学校教育标准、内容与进程的总体安排。

二、课程目标

（一）课程目标的含义

课程目标是对特定教育活动和教育阶段的课程进行的价值和任务界定方案（或课程计划）以及其中的具体学科体现出来。

（二）课程目标的三种取向

1.社会本位的课程目标

这种课程目标主要强调课程的社会价值、它规定了能够为社会发展做出贡献的人才的标准。但是，具有这种价值取向的课程目标容易忽视课程对学生自我发展的价值，或者说它忽视了课程在学生个性塑造上的价值。以这种课程目标培养出的人才在为社会发展做出贡献的同时，往往会被异化为社会发展的工具。

2 学生本位的课程目标

这种课程目标主要强调课程的个体发展价值，它规定了能够自主经营人生的富有个性化色彩的人的发展标准。但是，基于学生本位的课程目标在倡导个性张扬的同时，却忽视了社会对人的一般性要求。以这种课程目标培养出的人才在保持个性张力的同时，往往会缺失参与社会生活所必需的向心力与合作意识。

3 学科本位的课程目标

这种课程目标主要强调课程的学科发展价值，它规定了作为学科专业人才所应具备的基本素养。但是，具有这种价值取向的课程目标只适用于学科专业人才的培养，并不广泛适用于所有人才的培养，特别是不适用于作为社会一般劳动者的培养。

三、课程内容

（一）基本含义

课程内容是指各门学科中特定的事实、观点、原理和问题，以及处理它们的方式。

（二）课程内容选择的原则

1.精选各门学科的基础性内容

中小学教育的基本任务是使学生有效地掌握人类文化遗产中的精华，并充分发展学生的各方面能力，以适应未来社会发展的需要。因此，所选择的课程内容应该包含使学生成为一名合格公民所必备的基础知识和基本技能，同时也要包含学生以后继续学习所必需的技能和能力。当然，强调课程内容的基础性，并非不让学生接触一些科学技术的新发展。在条件许可的情况下，让学生了解一些新开发的学科前沿的领域是可以的，但学习的重点还是要放在让学生较牢固地掌握各门学科的基础上。

2.课程内容应贴近社会生活

课程内容应该考虑到让学生了解社会、接触社会、掌握一些解决社会问题的基本技能。即使在选择学术性学科的内容时，也应该尽可能地联系社会需要，以便学生所掌握的知识技能可以较好地发挥社会效用。课程内容需要同社会相联系，但不等于说中小学课程要完全为社会服务，否则会滑向肤浅的功利主义的泥潭。中小学教育不能完全以就业为导向，否则将会陷入死胡同。社会需要什么，课程就要包括什么内容，这实际上是一种"社会中心课程"的翻版，历史已经表明，它是非常短命的。

3.课程内容要与学生和学校教育的特点相适应

课程内容要能够注意到学生的兴趣、需要和能力，并尽可能与之相适应，这不仅有助于学生更好地掌握科学文化知识，还有助于他们对学校学习形成良好的态度。换言之，不仅使他们"好学"，而且使他们"乐学"，从而达到提高教育质量之目的。实践已经证明，任何偏离学生已有水平的课程内容，不论是偏难还是偏易，都不会取得好效果。

（三）课程内容组织原则

1. 纵向的方式与横向的方式

纵向的方式是指对课程内容按照一定的标准基于先后顺序来进行组织的方式。这种组织方式强调按照由简至繁的序列，遵循从已知到未知，由具体到抽象的程式来进行。这种组织方式反映出明显的按照学科进行划界的特色。

而横向的方式则与纵向的方式截然相反，强调对课程内容按照领域来进行划分，打破学科的界限和传统的知识体系，强调用"大观念"对内容进行组织。实际上，这种组织方式关注的是课程内容的广度而不是深度，关注的是课程内容的应用而不是形式。

2. 逻辑的方式与心理的方式

逻辑的方式是指根据课程内容本身的系统和内在的联系来对之进行组织，强调把课程内容放在对其进行逻辑分段的顺序上，然后对其按照固有的逻辑顺序进行排列。而心理的方式则是指按照学生心理发展的特点来组织经验，强调根据学生身心发展的特征，以及他们的兴趣、需要、经验背景等来对经验进行组织。在此过程中，学生是中心，是目的。

3. 直线的方式与螺旋的方式

直线的方式强调把经验组织成一条在逻辑上前后联系的直线模式，这种方式认识到了经验之间的的前后关联，在组织的过程中基本不重复。螺旋的方式又称圆周式，认识到任何后继经验都有赖于先前经验提供的基础，因此，在对经验进行组织时有意地让经验在不同的阶段上重复出现，但在范围上逐渐扩大、程度上逐渐加深。

四、课程实施

（一）课程实施的含义

课程实施指教师将规划的课程方案付诸实际教学行动的实践历程，即将书面的课程转化成课堂情境中具体的教学实践的过程。

（二）课程实施的取向

课程实施取向是指对课程实施过程本质的不同认识以及支配这种认识的相应的课程价值观。就目前来看，人们认同的课程实施取向有三种：忠实取向（fidelity orientation）、相互调适取向（mutual adaptation orientation）和创生取向（enactment orientation）。

忠实取向，又称程序化取向。这种取向把课程实施看成是"忠实地"执行课程设计者的意图，以便能达到预定的课程目标的过程。根据这种取向，虽然课程设计者建立起来的一套程序、要求可以做局部变动，但必须基本得到遵循、贯彻。

相互调适取向把课程实施看作是课程方案的使用者和学校情境之间的相互适应，认为不可能也不应该事先规定精确的实施程序让课程方案的使用者来遵循，而是应该让不同的课程方案的实施者自己来决定究竟如何来进行具体的课程方案的使用。课程方案的使用者可以根据实际情况采取三种做法实施课程：第一，局部适应，即基本上按照课程计划实施，只作局部变动，以适应课程设计者的意图；第二，相互适应，即课程设计者和课程实施者双方都或多或少地改变一些看法，以便相互都能适应各自的情况；第三，全面修正已设计好了的课程计划，即实施者完全根据自己的需要来修改课程计划，不去适应课程设计者的意图。创生取向则把课程实施看成是课程方案使用者的师生结合具体情境，创造出新的教育经验的过程。在此过程中，设计好的课程方案仅仅是师生进行或实现"创生"的脚手架，从而使课程在促进教师和学生的发展过程中实现课程、教师和学生三方面的共同发展。

五、课程评价

（一）课程评价的含义

所谓课程评价，就是以一定的方法、途径对课程的计划、活动以及结果等有关问题的价值或特点作出判断的过程。

（二）课程评价的模式

1.目标评价模式

泰勒的目标评价模式分为七个步骤或阶段：①确定教育计划的目标；②根据行为和内容来界说每一个目标；③确定位用目标的情境；④设计呈现情境的方式；⑤设计获取记录的方式；⑥确定评定时使用的计分单位；⑦设计获取代表性样本的手段。施良方进一步将其概括为四个步骤：①确定课程目标；②根据目标选择课程内容；③根据目标组织课程内容；④根据目标评价课程。

目标评价模式强调要用明确的、具体的行为方式来陈述目标。评价是为了找出实际结果与课程目标之间的差距，并可利用这种信息反馈作为修订课程计划或修改课程目标的依据。由于这一模式既便于操作又容易见效，所以在很长时间里在课程领域占主导地位。

2.目的游离评价模式

目的游离评价是斯克里文针对目标评价模式的弊病而提出来的，他认为评价者应该注意的是课程计划的实际效应，而不是其预期效应，即原先确定的目标。在他看来，目标评价模式只考虑到预期效应，忽视了非预期的效应或称为"副效应""第二效应"。他注意到，有些课程计划以典型的方式来实现其目标，同时也带来了某些极为有害的副效应；有些课程计划在达到预期结果方面效果不佳，但也带来了重要的非预期的结果。所以，他断定、根据预定的目标来评价，不仅没有必要，而且很可能是有害的。因为这会使评价者受课程目标的限制，大大缩小评价的范围，从而削弱评价的意义。

目的游离评价对目标评价模式的批判是有道理的。评价除了要关注预期的结果之外，还应关注非预期的结果。但是，目的游离评价也有很大缺陷，如果在评价中把目标搁在一边去寻找各种实际效果，结果很可能顾此失彼，背离评价的主要目的。此外，目的完全"游离"的评价是不存在的。因为评价者总是会有一定的评价推则，游离了课程编制者的目的，评价者很可能会用自己的目的取而代之。

3.背景、输入、过程、成果（CIPP）评价模式

CIPP 评价模式是由背景评价（context evaluation）、输入评价（input evaluation）、过程评价（process evaluation）成果评价（product evaluation）这四种评价名称的英文第一个字母组成的缩短语。这一模式包括四个步骤：

第一，背景评价，及确定课程计划实施机构的背景；明确评价对象及其需要；明确满足需要的机会；诊断需要的基本问题；判断目标是否已反映了这些需要。

第二，输入评价，主要是为了帮助决策者选择达到目标的最佳手段，而对各种可供选择的课程计划进行评价；这一步骤要回答："考虑过哪些计划?为什么选择这个计划而不选择其他计划?这个计划的合理性程度如何?有多大成功的把握?"如此等等。这个阶段可以被理解为是课程计划的可行性评价。

第三，过程评价，主要是通过描述实际过程来确定或预测课程计划本身或实施过程中存在的问题，如有关活动是否按预定计划得到实施，是否在用一种有效的方式利用现有的资源等，从而为决策者提供如何修正课程计划的有效信息。所以，它需要计划实施情况不断加以检查。

第四，成果评价，即要测量、解释和评判课程计划的成绩。它要收集与结果有关的各种描述与判断，把它们与目标以及背景、输入和过程方面的信息联系起来，并对它们的价值和优点作出解释。成果评价仍然是质量控制的一种手段，而不只是最终的鉴定。

六、课程开发

（一）课程开发的含义

课程开发指为了使课程的功能适应文化、社会、科学及人际关系需求，从而持续不断地决定和改进课程的活动、过程。

(二)课程开发的主要影响因素

布鲁纳认为,课程开发要按照学问的结构去教学科的结构。同时,在课程开发中,还必须探讨儿童生活经验和认知结构,以及现代社会所必需的知识是什么。所以,布鲁纳强调,"给任何特定年龄的儿童教某门学科的任务,从某种意义上说,就是结合儿童观察事物的方式,去表现那门学科的结构,这个任务可以看做一种转换工作"。因此,儿童特征、社会要求以及学科特征等是影响课程开发的主要因素。

1.儿童因素对课程开发的影响

儿童身心发展规律决定课程组织的逻辑、课程的选择课程开发要符合各个发展阶段的儿童独特的、固有的认识逻辑与认知结构,满足学生的兴趣和需要。课程内容的深度、广度、和逻辑结构,不仅要符合学生的年龄特征与身心发展规律,而且要正确处理需要与可能、现实与发展之间的关系,最大限度地促进学生身心发展需要。

2. 学科因素对课程开发的影响

课程开发要从广泛的文化遗产中选择文化内容和知识体系作为课程内容,因此,学科因素是影响课程开发的重要因素。课程开发首先需要考虑的是选择哪些学科进入课程体系,既要把人类重要的文化遗产作为重点内容安排进入课程体系,也要综合考虑所有学科,均衡安排各门课程,不应使一个领域负担过重。

其次,要注重学科本身的系统性,注重学科逻辑系统的安排,按照学问的结构组织学科结构。当然,课程开发不能仅关注学科本身的结构,还必须考虑儿童生活经验和认知结构,以及现代社会所必需的知识是什么。

3.社会因素对课程开发的影响

首先,社会性因素如政治、经济、道德、文化等在很大程度上决定课程选择。其次,要让学生认识社会问题,如环境、能源、人口等,使学生适应社会生活。最后,培养学习的针砭时弊之精神以及设置新的社会目标、影响社会变革进程之能力,由此使学生建立改善现实社会的信念。

第二节 课程流派及其主要观点

一、活动中心课程论

活动中心课程论也被称为儿童中心主义课程论、经验主义课程论，它的形成与进步教育运动及儿童中心主义息息相关。19世纪以来，越来越多的美国教育家认识到学校课程的问题症结在于课程已积累了许多没有用的东西。于是就有人开始尝试删去在儿童生活中不重要的材料，重新确定选择课程的标准。被誉为"进步主义教育之父"的帕克首开活动中心课程改革运动先河，杜威则是活动中心课程论的集大成者。他把儿童的自主活动作为构建课程内容的核心，认为"教育要使学校适应儿童，而不是使儿童适应学校"。活动中心课程论的主要观点有：

（一）课程目的

活动中心课程理论立足于"教育即生活，而不是生活的准备""教育即生长""教育即经验的改造或改组"的教育本质观，在对传统的教育目的进行批判的基础上，提出了自己的教育目的观。在经验主义看来，传统教育目的根深蒂固的基础是"教育即预备"，即对儿童的教育是为他们日后的成人生活作准备。活动中心课程论则认为，良好的教育目的应该具备如下特征：①它必须要考虑到受教育者特定的个人固有活动和需要；②它必须能转化为受教育者的活动；②它必须不是一种抽象的和终极的目的，传统的以成人为中心、以学科为中心的课程是不可取的，而应代之以儿童的活动为中心的课程。

（二）课程内容

活动中心的课程内容以其经验论为基础，反对学生的学习主要是接受知识，而知识本身并不是由教师灌输到学生头脑中的抽象的东西。活动中心课程观认为，知识是一种处理经验的工具，是应付连续不断的新情况的工具，这种情况是生活的多变性所决定的。如果要使知识有意义，就必须能用它来做某些事。所以，活动中心课程论者反对将课程内容等同于教材中所罗列的抽象的知识，而强调以"经验"为中心的课程内容。

（三）课程实施

活动中心课程论反对传统教育把学习看作是学生接受教师传递知识的过程，认为知识必须是通过积极主动的活动得来的，必须与经验结合在一起。对此，杜威提出了著名的"从做中学"的观点。在杜威看来，所有的学习都要涉及"做"，只有通过"做"得来的知识，才是"真知识"。因为无论从哲学、心理学还是生物学的角度来说，"做"是儿童的本性。在此基础上，杜威还提出了一套以活动为中心的课程实施方案，强调课程实施应致力于把学习交给学生去"做"，不是把东西交给他们去"学"。在这套课程实施方案中，杜威把各种所谓"主动作业"，如园艺、木工、金工、烹饪、纺织、缝纫、编织等引进学校，作为课程的主要内容。他认为，这些作业的教育价值既符合儿童的能力和兴趣，又能代表社会的情境，因为人的基本活动集中在衣、食、住、家庭的供应以及生产、交换和消费的工具这些方面。

（四）课程评价

杜威认为，价值一词有两个基本含义。其一，价值是指针对一个事物的态度，发现事物本身有价值。这种价值可以成为"内在的价值"，内在的价值不是判断的对象，不能和其他价值进行比较，因为内在的价值是"无价之宝"。其二，在一个特定的情境中，为了某种特殊的需要，必须在不同事物之间做出选择。这样，就需要用准备实现的目标作为标准，对不同事物的价值进行权衡。事物的价值就体现在满足要实现的外部目标的需要方面，这种价值就是"工具的价值"，工具的价值是通过比较后进行判断得出的。杜威认为，这两种价值是有关联的，内在价值是工具价值的基础。对内在价值的评价就是"欣赏"。因此，课程评价就需要从课程本身的内在价值与外在的工具价值两方面进行评价。"

二、社会中心课程论

社会中心课程论又叫社会改造主义课程论，主要代表人物有布拉梅尔德（Theodove Bramelld）、孔茨（George S. Gounts）等。其最基本的思想是社会必须为儿童的吃、穿、住等方面提供一定的保障。这一学派对进步主义的弊端进行了针锋相对的批评，他们认为进步主义教育需要改变方向，要少强调个人中心、个人主义的教育，多强调社会中心、社会改造的教育；要少关心个人的成长，多关心社会的变革。社会中心课程论的主要观点有：

（一）课程目标

社会中心课程论认为，教育的主要目的是推动社会的变化，实现理想的社会。孔茨批评进步教育过分注重学生的个人需要、自由、兴趣以及活动，而没有考虑到社会变革的需要。他们认为，学校应该集中致力于社会的改造而不是个人的发展，因为教育的价值和目标是由社会决定的。

（二）课程内容

社会中心课程论认为，基于社会问题与社会公共服务的课程是最理想的课程。进步主义主张的以儿童的需要和兴趣为基础的课程、旨在给儿童以创造性的自我表现和生长的机会，这种课程已经不能适应改造社会的需要。他们认为，迫切需要的是要让学生认识到在社会中产生作用的各种政治、经济和社会的力量，看到资本主义经济危机给社会带来的混乱和不安定。因此，学校课程的内容应该包括各种社会问题，诸如城市问题、犯罪问题、交通拥挤、家庭分裂、环境污染、住房拥挤、贫困、文化娱乐等。学生对这些问题要具有批判的眼光，并要把这些问题联系成为一个整体。

（三）课程组织方式

对于课程如何组织，布拉梅尔德批评当时流行的学校课程，就其结构来说，是一种过时的"鸡蛋筐"式的课程，是一个不相连贯的教材的大杂烩；课程划分为各门独立的学科，而每门学科往往又分割成若干不相连贯的单元，对于一般学生来说，各门学科的教材之间只有很少毫无意义的联系。布拉梅尔德指出，课程是实现未来社会变化的工具。必须使课程结构具有意义的统一性。"车轮状"的组织结构是改造主义课程常见的方式，轮子的轴心代表某些关键性问题；辐是讨论、知识技能的学习、职业训练等组成的各类课程，它们是解释和解决轮轴中关键问题的前提和支撑；最后是轮胎，它将涉及轮轴问题的所有相关课程统一起来，使整个"车轮"得以有机地联系起来。

（四）课程实施

社会中心课程论者对当时各级学校所用的大多数教学方法持批评态度。改造主义主张教育不能仅仅依靠儿童的兴趣与意愿，同样也需要进行强制性的干预。孔茨认为，为了实现教育目的，教育除了必须有勇气正视社会问题、正视现实生活、学校与社会有机联系等，此外，教育不能把强迫接受和灌输视为洪水猛兽。在孔茨看来，所有的教育都包含有很大的强迫接受的成分，从教育的本质来看。排除强迫接受是不可能的，社会的存在和演变依赖于它。

温和的社会中心课程论者则认为，应该说服学生改造他们所生活的社会，而且这种说服应该从学校开始。教师的责任是说服学生，使他们相信改造主义的解决办法是正确可行并且是迫切需要的。

三、学科中心主义课程论

学科中心主义课程论又叫学术中心主义课程论。20世纪50年代至60年代末，西方世界发生了一场指向教育内容现代化的议程改革运动，即"学科结构运动"。该运动肇始于美国，代表性人物是布鲁纳，其影响波及全球。该流派主张用"学科结构观"重建课程。在这场运动中，诞生了一种新的课程形态——"学科中心课程"。学科中心主义课程论的主要观点包括：

（一）课程目标

建立在认知主义心理学基础上的学科中心课程流派认为，学校设计课程的主要目的就是在促进学生的认知结构的形成过程中推动学生的认知发展。在他们看来，教学生学习任何科目，不是对学生心灵中灌输一些固定的知识，而是启发学生主动去求取知识与组织知识。教师不能把学生当成一个活动的书橱，而是教学生学习如何思考；教他们如何像历史学家研究分析史料那样，从求知过程中去获取属于自己的知识。因此，求知是自主性的活动过程，而非只是被动地接受前人研究的结果。

（二）课程内容

学科中心主义代表人物布鲁纳认为每一门学科都存在着某些广泛和强有力适应性的观念，这些观念形成着学科的结构体系，学生一旦获得这种观念，就能够理解事物是如何相互关联的，能够不断地扩大和加深知识。同时，布鲁纳指出，任何学科领域中的结构不是固定不变的，某一学科结构也不是只有一个模式。然而，基本结构越是能归纳为定义、原理和法则，越是有利于学生的理解和应用。

为什么需要掌握学科的基本结构？布鲁纳认为至少有四个优点：第一，掌握学科的基本原理能更容易地理解学科；第二，掌握学科的基本结构有助于记忆；第三，领会基本的原理和观念可以促进知识技能的迁移；第四，强调学科的基本结构和原理能够缩短知识层次间的距离。

（三）课程内容的组织

课程内容应该如何组织？布鲁纳主张采取"螺旋式"组织。针对传统的课程内容组织方式的局限，他指出"为儿童牺牲成人与为成人牺牲儿童都是错误的"。他认为课程内容的组织既要符合儿童认知发展的特点，又要使教材能进行适当的转化以利于促进儿童智慧生长的教学策略。他提出了课程内容组织的原则,一是把学科普遍的和强有力的观念态度作为课程的中心;二是将教材分解为不同水平使之与不同学生的接受能力结合起来。这两者的实质就是解决课程内容选择的核心是什么以及课程内容怎样科学组织起来,才能与学生的认知结构相统一的问题。布鲁纳认为,螺旋式组织课程内容,一方面要保证"直线式"组织课程的优点,另一方面又要采取同心圆似的一波又一波扩展心理的组织方式。螺旋式课程的内容包括两方面:一是学科的基本原理及概念要螺旋式组织;二是学习与探究态度的螺旋式组织。

(四)课程实施

学科中心主义课程论者认为一种最能使学习者有效掌握学科结构的方法,是发现学习。所谓发现学习,就是不把学习内容直接呈现给学习者,而是由学习者通过一系列行为发现并获得学习内容的过程。布鲁纳明确指出,我们教一门学科,并不是希望学生成为该科目的一个小型图书馆,而是要他们参与获得知识的过程,学习是一种过程,而不是结果。"学会如何学习"本身比"学会什么"更重要。发现学习的价值:第一,一切真知识都是自己发现的,发现行为因而成为教育追求的目标。第二,发现行为有助于直觉思维能力的发展。第三,发现行为有助于引起学习者的内部动机和自信心。第四,发现行为有助于记忆的保持。

四、人本主义课程论

人本主义课程论是奠基于马斯洛、罗杰斯等人本主义心理学价值之上的。人本主义课程论的代表人物主要有范迪尼、温斯坦、乔丹、西蒙等。人本主义课程论的主要观点有:

(一)课程目标

人本主义课程观主张"事实与价值融合",具体到课程领域,其基本观点就是课程的功能不仅仅是提供知识,而且是通过知识达到人的个性自由和解放。课程和教育的根本目的就是达到人的"自我实现",形成"丰满人性"。

（二）课程内容

人本主义课程论主张课程内容应做如下设计：第一，将社会事件和社会问题引入课程。由结构主义转向人本主义的课程论学者布鲁纳曾设想将一周的课程分为两部分：星期一、三、五设置标准课程计划，即他早期倡导的学科结构课程；星期二、四、六则把那些当前引起争论的大事放在中心地位开展活动。这两个部分相互促进、有机统一。

第二，建立"学习化社区"。人本主义课程论者主张在正规学校之外重新创建"学习化社区"。一方面，只有把社区精神引入学校才能体现"教育是一种生活方式"的理念。通过社区可以对传统教育进行实质性改造。另一方面，当构建起"学习化社区"的时候，不仅要拆掉小学与中学之间的壁垒，还要建立个人与大学的终身关系，一个人可以不断从社区回归学校、从学校返回社区，在这种循环往复中个人可以达到毕生发展，社会可以达到不断进步。

（三）课程实施

人本主义课程论课程实施主要体现为其主张的"融合课程""意识课程"和"自我导向课程"。

融合课程包含五个方面的基本原理：①参与，这要求一致性、权力分享、协商以及共同参与者的联合责任；②整合，这需要思维、感情和行动的交互作用、相互渗透与整合；③关联，这需要教材在情感和理智两个方面与参与者的需要和生活紧密关联；④自我，自我是学习的合法对象；⑤目标，融合课程的社会目标就是在人类社会中发展完整的人。

人本主义课程论者吸收宗教哲学、神学、超个人心理学、精神分析理论等领域的成果，创造了一些训练意识的技术，并将之运用于教育课程之中，由此而诞生了一些着眼于提高人的意识水平的课程。

自我导向课程则指向儿童的认知发展、情意发展、社会性发展、道德发展和自我发展。

第三节 课程类型及其主要特征

一、学科课程与活动课程

学科课程与活动课程是以课程内容所固有的属性为逻辑进行的分类,这两种类型是目前课程结构中比较重要的课程形态。

(一)学科课程

1.学科课程的含义

学科课程又称学科中心课程,是以本门科学知识体系为中心,或者说以学科为中心而编制的课程。它是以文化知识为基础,按照一定的价值标准,从不同的知识领域或学术领域选择一定的内容,根据知识的逻辑体系,将所选的知识组织为学科的一种课程形态。具体来说,学科课程以本门科学为基础,从每门科学中选出一定的内容,按照科学的逻辑,形成独立的学科,然后根据各门学科的性质、地位和作用,按顺序编为学科体系。

2.学科课程的主要特征

首先,学科课程是从各门科学中选择学生必须掌握的基础知识,根据各学科的逻辑顺序和学生身心发展的顺序组成学科,是以间接经验为主要内容的。其次,学科课程把系统性、逻辑性较强的书本知识作为学生学习的主要内容,因此学生的学习方式更多是被动地接受教师的讲授。最后,学科课程对学生学习的评价主要以教师为评价主体,并重视对学生学习结果的评价。

(二)活动课程

活动课程又称为"经验课程""生活课程"或"儿童中心课程",是以儿童的主体性活动经验为中心组织的课程。它强调儿童在课程中的地位,强调经验的价值,强调生活的重要性,强调学生通过系列活动去学习、体验生活，从而获得直接经验和锻炼能力。

2.活动课程的主要特征

从课程内容看，活动课程内容融合于各种实践活动中的知识、技能和技巧，学生通过各种动态的活动以直接经验的形式实现对现实生活文化的吸收、综合、运用和创造。从课程实施看，活动课程强调学生实际动手、实际操作、亲身体验。从教学组织形式看，活动课程是以各种活动为组织方式，主要是群众性活动、小组活动、个人活动。从课程评价看，活动课程的评价主体是多元的，可以是活动课的老师、其他同学、自己，也可以是某一方面的专家学者等。

二、分科课程与综合课程

分科课程和综合课程是课程内容编制的两种不同方式。它们同属于学科课程，都是根据学科结构体系划分的。但它们产生于不同的历史时期，也有着各自存在的理论与实践依据。

（一）分科课程

分科课程是指把每门学问的逻辑性知识体系视为学科的内容，本考虑学科相互之间关联的多学科并列的课程。分科课程也称作科目本位课程，传统的学科课程就是分科课程，如我国古代的"六艺"和欧洲中世纪的"七艺"。

2．分科课程的主要特征

①强调知识的类别性和安排学科的计划性；②注重学科内部的逻辑件，各学科内容具有内在的逻辑联系，同一学科在不同的教育阶段既有程度的差别，又有前后的衔接；③强调不同学科的不同价值，主张以具有不同价值的学科去满足学生发展的不同要求。

（二）综合课程

1．综合课程的含义

综合课程指的是打破分科课程的界限，采用各种有机整合的形式，把有关联的学科、教学系统中的各要素及各成分整合成为有机整体的课程。

2 综合课程的特征

目前,综合课程主要有两种类型:①相关课积,让两个或两个以上的科目建立共同关系,但各科目仍保持原来的独立状态;②融合课程,将有关科目合计成为一个新的学科,合并后原来的科目不再单独存在。

三、显性课程与隐性课程

以课程的表现形态为标准,学校课程又可分为显性课程与隐性课程。

(一)显性课程

1.显性课程的含义

显性课程,又称正规课程、公开课程,是指为实现一定的教育目标而正式列入学校教学计划的各门学科以及有目的、有组织的活动。它按照预先编创的课表实施,是教材编辑、学校施教、学生学习的主要依据。

2.显性课程的主要特征

显性课程具有明确的目的性、组织性、计划性,管理、实施、评价比较规范,容易引起学校、教师和学生的重视,易于保证课程实施质量。但由于要求明确而且划一,往往流于规范有余而灵活不足;随着显性课程门类的不断增加,容易造成师生的工作和学习压力。

(二)隐性课程

1.隐性课程的含义

隐性课程也称隐蔽课程、无形课程、自发课程、潜在课程,指"学校通过教育环境(包括物质的、文化的和社会关系结构的)有意或无意地传递给学生的非公开性教育经验(包括学术的与非学术的)"。

2. 隐性课程的主要特征

(1)整体性。从范围上看,隐性课程涉及学校生活的方方面面,包括物质的自然环境、精神文化环境、显性课程的意识形态选择、教师的人格和教育行为、学习气氛、班集体建设，等等，范围相当广泛，形式多样。它提供给学生的经验包括直接的和间接的、道德的和审美的等，但都是一种整体性的经验。

（2）非公开性。显性课程是学校教育中有计划的学科体系，包括教材内容、规划、目标、教学大纲、教学指导书等，它是由国家行政机关颁布的、必须予以实施的强制性、公开性内容所构成。而隐性课程则是非强制性的、非公开性的．国家并未加以规定或强迫执行。

（3）潜隐性。隐性课程与显性课程不同，它不是直接而公开地向学生施教，而是以隐蔽的方式，在不自觉中把有关政治的、知识的、道德的、审美的、性别角色等经验渗透到具体的人、事、物以及活动过程之中。

（4）持久性。一方面，作为隐性课程载体的校园物质环境、学校传统、正规课程的意识形态背景，等等，在一定时期内是稳定的、持久的；另一方面，学生长期在潜在课程的"熏陶"下，往往会形成某些稳定的个性心理品质，能够持久地伴随人的一生。

（5）结果的难量化性。显性课程具有明确的内容和目标，我们可以指出它向学生传授何种知识和发展学生的何种能力，以及要达到的目标，制订出相应的评价指标体系，因此可以用考试或其他测量手段加以量化。但对隐性课程来说，却是十分困难的，每一潜在课程的要素的作用是难以用数量的方式确定下来的，因为这些要素的作用是非常微妙而复杂的。所以说，隐性课程以定性评价为主。

四、必修课程与选修课程

按照管理形式划分，课程也可分为必修课程和选修课程。

（一）必修课程

1.必修课的含义

必修课程是指由国家或学校规定，学生必须学习的课程。中小学的语文、数学、外语等，大学的专业基础课程都属于必修课程。

2.必修课的特征

必修课程是强制性的，其主导价值在于能使学生养成未来社会公民所需的基本素养。由于必修课程是以发展学生的共性为特征，因此在实践中如果把握不好，容易出现关注学生个性不够的情况。

（二）选修课程

1.选修课的含义

选修课程是相对于必修课程而言的，是指为了适应学生的兴趣、爱好及劳动就业的需要而开设的，可供学生在一定程度上自由选择修习的课程。

2.选修课的主要特征

选修课程一般分为两种：限定选修和任意选修，限定选修是指学生必须从所提供的选修课程中选修其中的一组课程或从指定的各组课程中选修一定量的课程；任意选修是指由学生根据自己的兴趣和需要任意选修一些深入研究类课程和扩大视野类课程。选修课程是依据不同学生的持点及发展方向设置的，以适应学生的个性差异为特征，其主导价值在于满足学生的兴趣、爱好，培养和发展学生的个性。

五、国家课程、地方课程与校本课程

根据课程管理、设计、开发的主体不同，可以将学校课程分为国家课程、地方课程和校本课程。

（一）国家课程

1.国家课程的含义

国家课程是国家规定的课程，它集中体现一个国家的意志，专门为培养未来的公民而设计，是依据未来公民接受教育之后所要达到的共同素质而开发的课程。

2. 国家课程的主要特征

国家课程是一级课程，它规定了国家所要求的学生应该掌握的基础知识和基本能力，保证了国家普通教育培养目标和水推的实现。这类课程计划、课程标准和教材由国家统一审定，未经批准，地方不得随意改动。

（二）地方课程

1.地方课程的含义

地方课程又称为地方本位课程或地方取向课程。它是地方教育主管部门以国家课程标准为基础，在一定的教育思想和课程观念指导下，根据地方社会发展及其对学生发展的特殊需要，充分利用地方课程资源所设计的课程。

2.地方深程的主要特征

地方课程既可以安排学科课程，也可以安排各种活动，既可以安排必修课，也可以安排选修课。地方课程具有地域性、民族性、文化性、针对性、灵活性、探究性、建构性、开放性等特征。

（三）校本课程

校本课程有广义和狭义之分。广义的校本课程指的是学校所实施的全部课程，既包括学校所实施的国家课程、地方课程，也包括学校自己开发的课程；而狭义的校本课程专指学校自己开发的适合本校实际的、具有学校自身特点的课程。一般来说，人们习惯把学校自己开发的课程称之为校本课程。

2. 校本课程的特征

校本课程的目的在于尽可能满足学校、学生之间的差异性，因此具有一定的适应性与追切性。总体来看，校本课程具有实现性、探究性、综合性以及以学生为主体等待征。

第四章 中学教学

第一节 教学概述

一、教学的概念

（一）教学的定义

教学是在教育目的的规范下，教师的教和学生的学共同组成的一种教育活动。通过这种活动，学生在教师有目的、有计划、有组织地指导下，积极主动地掌握系统的科学文化基础知识和基本技能，发展能力，增强体质，陶冶品德，培育美感，形成健康、全面发展的个性。

（二）教学的特点

教学是学校进行全面发展教育的基本途径，是教师教、学生学相统一的活动。教学具有一下特点：

1.教学目标的全面性

教学以培养全面发展的人为根本目的。教学促进学生掌握基础知识和基本技能，发展能力，增强体质，陶冶品德，培育美感，形成健康、全面发展的个性。

2.教学的统一性

教学由教师的教和学生的学两方面活动组成。教学是师生双方的共同活动，教和学在活动中相互作用，教师的教服务于学生的学，学生的学是在教师指导下的学习。

3．教学的多形态性

教学是共性与多样性的统一。教学具有课内、课外、班级、小组、个别化等多种形态。

4．教学的专门性或专业性

教学是人类有效地掌握知识、形成技能、发展能力、提升道德品质和形成健康个性的专业活动。

二、教学的意义

教学是学校教育中最基本的活动，是贯彻教育方针、实施全面发展教育和实现教育目的的基本途径，在整个学校教育体系中居于中心地位。教学的意义主要如下：

（一）教学是传授系统知识、促进学生发展的最有效的形式

教学是人类社会经验再生产、适应并促进社会发展的有力手段。教学也是一种专门组织起来的有计划、有目的的专业性活动；通过教学，能够简捷地将人类积累起来的科学文化知识转化为学生个人的精神财富，从而促进学生身心健康发展。

（二）教学是进行全面发展教育、实现培养目标的基本途径

教学能够为个人全面发展提供科学的理论基础和实践经验，能够有目的、有计划地将教育的各个组成部分包括德育、智育、体育、美育等基本知识和基本技能传授给学生，促进学生向预期的方向发展，实现培养目标。

（三）教学是学校教育的中心工作，学校教育工作必须坚持以教学为主

学校是专门培养人的机构，学校实施教育的途径是多种多样的，除教学外，还有生产劳动、体育运动、各项竞赛，还有党、团、队以及其他课外的组织、活动与措施。但其中教学是最基本的，因为它所占用的时间最多，涉及面最广，所产生的教育作用最全面、最深刻、最系统，对学校教育质量的

影响也最大。所以，教学工作是学校的中心工作，学校教育工作必须坚持以教学为主，其他工作均应围绕教学工作来进行。

三、教学的任务

（一）引导学生掌握系统的科学文化基础知识和基本技能

教学的首要任务是引导学生掌握系统的科学文化基础知识，形成基本技能、技巧，其他任务的实现都是在这一任务的过程中和基础上进行的。所以，在我国，无论什么时候进行什么样的改革，"双基"教学都应该被加强，而不应该被削弱。

（二）发展学生智力，培养学生的创造能力

教学不仅要使学生掌握基础知识和基本技能，还要发展学生的智力，培养学生的创造能力。智力是指个人在认知过程中表现出来的稳定的心理特征的综合，它属于认识活动的范畴。学生的创造能力主要指他们能够运用自己已有的知识和智能去探索、发现和掌握未知晓的知识的能力，它是学生个人的求知欲、进取心和首创精神、意志力与自我实现决心的综合体现。

（三）发展学生体能，提高学生身心健康水平

教学不仅要适应学生的发展水平和需要，防止学生课业负担过重，还要传授体育、卫生和健康等方面的知识，使学生养成锻炼身体和讲究卫生的好习惯，主动关心自己的身体健康，发展健康的体魄。

（四）培养学生社会主义品德和审美情趣，形成正确的世界观、人生观和价值观

中学生的思想品德、审美情趣以及世界观、人生观和价值观正处在急速发展和逐步形成的重要时期。教学不仅要培养学生的社会主义道德品质，还要培养学生正确的审美观和感受美、鉴赏美、创造美的能力、更要使学生形

成正确的世界观、人生观和价值观。

(五) 关注学生的个性健康发展

个性是指一个人独特的、稳定的和本质的心理倾向和心理特征的总和。简单地说,个性就是一个人的整体精神面貌。它通过需要、动机、情感、兴趣、理想、信念、世界观等反映出来。教师通过教学能协调学生的知识、智力、需要、动机、兴趣、理想、信念、世界观等因素,使教学与教育达成统一,促进学生个性健康发展。

第二节 教学过程

一、教学过程的概念

教学过程是教师根据教学目的、教学任务和学生身心发展的特点,通过有计划、有目的地指导学生掌握系统的科学文化基础知识和基本技能,发展学生能力,增强学生体能,培养学生的道德品质和个性特点,使其形成正确的世界观、人生观和价值观的过程。

二、教学过程的几种本质观

(一)特殊认识说

特殊认识说是一种影响很大、认同者最多的教学本质观。这种观点认为,教学过程首先是一种认识过程,与人类认识过程具有一致性。但是,教学过程作为一种认识过程又具有自己的特殊性,教学过程是一种特殊的认识过程。

(二)认识发展说

认识发展说认为,教学过程不仅是在教师领导下学生自觉地认识世界的一种特殊认识过程,而且是以此为基础促进学生身心全面发展的过程。

(三)认识实践说

认识实践说认为,教学过程作为人类社会一种特殊的认识过程,是认识和实践统一的过程;是学生在教师指导下,对人类已有的知识经验的认识活动和改造主观世界、形成和谐发展个性的实践活动的统一过程。

（四）交往说

交往说认为，教学是教师教和学生学的统一．这种统一的实质是交往，教师与学生是交互主体的关系。因此，教学过程是教师与学生以课堂为主渠道的交往过程。

（五）传递说

传递说认为，教学过程就是教师传授知识经验的过程。它从教师的角度来看待教学，强调教师在教学活动中的主导地位，注重教师所传授内容即文化知识、经验对社会与个人发展的意义。

（六）学习说

教学过程本质的学习说的基本观点与传递说相对应，认为教学过程是学生在教师指导下的学习活动过程。这种观点从学生学习的角度审视教学，依据对学生及其活动在教学过程中的地位和作用的理解，强调学生学习之于教学的本质意义。

（七）多本质说

多本质说认为，教学过程既然是多层次、多类型的，那么教学过程的本质也应该是多级别、多类型的，从而提出教学过程有认识论、心理学、生理学、伦理学和经济学五个方面的本质。

三、教学过程的本质

对教学过程本质的认识，教学论界不同的学者有不同的看法。在我国，影响很大、认同者最多的教学过程本质观是特殊认识说，即把教学过程看成是一种特殊的认识活动过程。

（一）教学过程首先是一种认识过程

教学过程包括教师的教和学生的学这两个既相互区别又相互依存、相互联系的有机统一活动，但教学过程的主要矛盾是学生与其所学的知识之间的矛盾，具体体现在教师提出的教学任务同学生完成这些任务的需要和实际水平之间的矛盾。这一矛盾实际上是学生认识过程的矛盾，因此，学生的认识活动是教学中最主要的活动，教学过程本质上是一种认识过程。

教学过程与人类认识过程的一致性表现为：①认识主体具有一致性，认识的主体都是人；②认识的检验标准具有一致性，都要在实践中被检验；③认识过程的顺序具有一致性，都是由感性认识发展到理性认识，再由理性认识到实践的复杂过程；④认识结果具有一致性，都是通过认识客观世界，掌握科学真理，最终达到能动地改造客观世界和主观世界的目的。

（二）教学过程是一种特殊的认识过程

教学过程是一种特殊的认识过程，其特殊性主要表现在以下几方面：

1. 认识的间接性与概括性

学生的认识活动同科学家的认识活动有所区别，它不是对客观世界的原创性认识，不用事事亲身经历。学生学习的知识主要是前人已经积累起来的间接经验，是经过概括提炼的认识成果。

2. 认识的简捷性与高效性

通过间接经验认识客观世界，可以减少探索的过程和时间，避免探索的弯路，从而短时、高效地掌握人类积累的优秀文化。

3.认识的交往性与实践性

教学活动是教师的教和学生的学组成的双边活动，是发生在师生之间以及学生之间的一种特殊的交往活动。教师的教只有以学生的主动学习为基础，才能取得预期的效果，而学生主体性的形成和发展也离不开教师的正确引导，这都是在学生与教师的交往中进行的，具有实践的性质。

4.认识的教育性与发展性

教学不仅是向学生传授知识的过程，同时也是对学生进行思想道德教育的过程，还是促进学生身心全面发展的过程。

5.认识的有领导性

一般的个体认识活动只存在主体与客体之间的二元结构,而教学认识由于教师的介入形成了独特的教师领导学生认识客观世界的三体结构。学生的认识活动是通过教师有领导、有目的、有计划、有组织地进行的。

四、教学过程的基本规律

教学规律,指教学现象中客观存在的具有必然性、稳定性和普通性的联系,对教学活动具有制约、指导作用。

(一)直接经验与间接经验相统一的规律

直接经验就是指通过亲自探索、实践获得的经验。间接经验就是指他人的认识成果,主要是指人类在长期认识过程中积累并整理而成的书本知识,此外还包括以番种现代技术形式表现的知识与信息,如磁带、录像带、电视和电影等。直接经验与间接经验相统一,反映的是教学中传授系统的科学文化知识与丰富学生的感性认识的关系、理论与实践的关系、知与行的关系。

1.学生以学习间接经验为主

学习间接经验是学生认识客观世界的基本途径。首先虽然人类知识都产生于实践,来自于直接经验,但对个体来说,由于个人的活动范围、时间和精力都十分有限,仅依靠直接经验认识世界是不可能的,必须要以学习间接经验为主。其次,借助间接经验认识世界,是认识上的捷径。把人类积累起来的科学文化知识加以选择和组织,使之简约化、洁净化、系统化和心理化,形成课程,由教师有目的、有计划、有组织地引导学生学习,就可以使学生避免人类在认识发展中所经历的错误与曲折,短时、高效地掌握大量系统的科学文化知识。同时,还可以使学生在新的起点上继续认识客观世界,继续开拓新的认识领域。最后,学习间接经验也是由学生特殊的认识任务决定的。在学校里,学生的主要任务不是去探索、发现真理,而是学习继承已有的认识成果,把他人的认识转化为自己的认识,把人类的认识转化为个体的认识。

要完成这项任务,必须在教师的指导下,以学习间接经验的方式来实现。

2. 学生学习间接经验要以直接经验为基础

要使人类的知识经验转化为学生真正理解掌握的知识,必须依靠个人先前积累的或现时获得的直接经验和感性认识为基础。因为学生的书本知识是以抽象的文字符号表示的,是前人生产实践和社会实践的认识和概括,而不是来自学生的实践与经验。所以,在教学中要充分利用学生已有的直接经验,并通过演示、实验、实习、参观等方法扩大学生的直接经验,丰富其感性认识。

3. 贯彻直接经验与间接经验相统一的规律时应注意的问题

在教学中,要正确处理直接经验与间接经验的关系,必须防止两种倾向:一种是过分强调书本知识的传授和学习,忽视引导学生通过实践活动、亲身参与、独立探索去积累经验、获取知识的倾向;一种是只强调学生通过自己探索去发现、积累知识。忽视书本知识的学习和教师的系统讲授。所以,在教学中,应该将直接经验与间接经验学习有机结合起来。

(二)掌握知识与发展能力相统一的规律

现代教学论认为,教学过程不仅足向学生传授知识和技能的过程,也是促进学生能力发展的过程。掌握知识与发展能力相互依存、相互促进,二者辩证统一于同一教学活动中。

1. 掌握知识是发展能力的基础

学生认识能力的发展有赖于知识的掌握。只有具备了某方面的知识,才有可能从事某方面的思维活动,同时知识中也包含有认识方法的启示。掌握知识的过程必然要求学生积极进行认识、思考和判断等心智活动,只有在心智操作的活动中才能发展认识能力。离开知识掌握的活功去谈发展能力,则能力发展就成为无源之水,无本之木。

2 能力发展是掌握知识的必要条件

学生对知识的掌握依赖于学生原有的认知能力,如感知能力、记忆能力和思维能力等。认识能力具有普遍的迁移价值,它不但能有效地提高学生学习的效率和知识质量，推动学生进一步掌握知识，而且有利于促使学生将知识应用于社会实践活动，从而获得完全的知识。

3.掌握知识与发展能力相互转化的内在机制

知识与能力的相互转化，应注意以下几点：①传授给学生的知识应该是科学的规律性的知识；②必须科学地组织教学过程；③重视教学中学生的操作与活动，培养学生的参与意识和能力，提供学生积极参与实践的时间和空间；④培养学生良好的个性品质，重视学生的个别差异。

4.贯彻掌握知识与发展能力相统一的规律时应注意的问题

形式教育论者认为，教学的主要任务是训练学生的思维能力，忽视知识的传授育论者认为，教学的主要任务是传授给学生对实际生活有用的知识，忽视对学生能力的培养和训练。二者都具有片面性，都把掌握知识和发展能力人为地割裂开来。在教学中，只有把二者有机地结合起来，才能真正促进学生发展，提高教学质量。

（三）教师主导作用与学生主体作用相统一的规律

教学活动是教师的教和学生的学组成的双边活动。教师的教依赖于学生的学，学生的学离不开教师的教，教与学是辩证统一的。教学过程中既要充分注重教师的教，也要充分调动学生学习的积极性，使教师的主导作用和学生的主体作用有机结合，取得良好的教学效果。

1. 教师在教学过程中居于主导地位，应充分发挥教师的主导作用

教师在教学过程中居于主导地位主要有三方面的原因。第一，教师"闻道在先"，具有广博的知识、丰富的人生阅历和生活经验，能够对学生起指引、引领作用。第二，教师"术业有专攻"，受过专业教育的培养和训练，不但具有扎实的学科专业知识，还具有教育科学知识，掌握了教育、教学规律，懂得如何组织和进行教学，能够发挥主导作用。教师的指导决定着学生学习的方向、内容、进程、结果和质量，对学生的学习起着引导、规范、评价和纠正的作用；教师的教还影响着学生学习方式以及学习主动积极性的发挥。第三，教师具有较高的职业道德精神，教师的教影响着学生的个性以及

世界观、人生观、价值观的形成。所以，教师是教学活动领导者、组织者，是学生学习的指导者和学习质量的检查者，他能够引导学生沿着社会所期望的方向发展，使学生成为社会所需要的人才。

2．学生在教学过程中处于学习主体的地位，应充分发挥学生的主观能动性

在教学中，学生是学习的主体，具有主观能动性，这是因为教师的教只有以学生的主动为基础，才能取得预期的效果。一般来说，学生的学习越主动、积极，就越具有求知欲、自信心、刻苦性、探索性和创造性，学习效果也越好。因此，在教学中应充分发挥学生的主体作用。

学生学习的主观能动性主要体现在两方面：①学生对外部信息的选择具有能动性、自觉性，学生对外部信息的选择要受到学生本人的学习动机、兴趣、需要以及所接受的外部要求的影响；②学生对外部信息进行内部加工时体现出独立性、创造性，这是因为学生对信息进行内部加工的过程受到个体原有的知识经验、思维方式、情感意志、价值观念等的制约。

3．贯彻教师主导作用与学生主体作用相统一的规律时应注意的问题

在教学过程中，要贯彻教师主导作用与学生主体作用相统一的规律，必须防止两种倾向：一种是只重视教师的作用，忽视学生的主动性、能动性和创造性，认为学生只要服从教师，就能学到知识，培养能力，养成良好的品德；一种是只重视学生的主体作用，忽视教师的主导作用，使学生陷入盲目的探索状态，事倍功半。所以，应该认识到，教师和学生在教学过程中的作用是相互依赖、不可分割的，教师的主导作用和学生的主体作用是相互促进的。

（四）传授知识与思想教育相统一的规律

在教学过程中，教师在传授知识的同时，一定要注重对学生进行思想品德教育，并使二者有机结合起来，使学生在知识能力和思想品德等方面都获得进步和发展。

1.知识是思想品德形成的基础

学生思想品德的提高有赖于其对科学文化知识的良好掌握。首先，正确的人生观、价值观，科学的世界观和先进的思想，都要有一定的科学文化知识做基础。其次，知识学习的本身是艰苦的劳动，可以锻炼培养学生的优秀道德品质。

2. 思想品德的提高为学生积极地学习知识提供动力

学生掌握科学文化知识的过程是一个能动的认识过程，他们的思想品德状况对学生的积极性起着十分重要的作用。在教学中，教师要不断地提高学生的思想品德水平，端正他们的学习态度，引导他们将个人的学习与社会发展、祖国前途联系起来，充分调动他们学习的积极性、主动性，这是学生获取知识的重要保证。

3.贯彻传授知识与思想教育相统一的规律时应注意的问题

在教学中，贯彻传授知识与思想教育相统一的规律时，要防止两种倾向：一种是脱离知识进行思想品德教育，这会使思想品德教育成为无源之水、无本之木，不仅不利于学生思想品德的提高，还影响系统知识的教学。另一种是只强调传授知识，忽视思想品德教育。不能认为学生学习了知识，思想品德就会随之提高。因为教学的教育性必须要经过教师对学生施加积极影响，必须通过启发、激励，使学生对所学知识产生积极态度时，教学才能得以实现。

所以，在教学过程中要注意把二者有机地结合起来。

五、教学过程的基本阶段

关于教学过程阶段的划分，教育史上曾有许多不同的观点和见解。在我国，教学过程大致可以分为以下五个阶段：

（一）激发学习动机

学习兴趣和求知欲望是直接推动学生学习的动力。具有浓厚的学习兴趣和较好的学习愿望是进行学习的基本条件和心理起点。

激发学生的求知欲与兴趣，主要靠一下三个方面：第一，所学的内容及本身具有吸引力；第二，要强调学生的活动；第三，要依靠教师的引导，教师要特别注意把所学内容与学生的生活实际有机地结合起来。

（二）领会知识

领会知识是教学过程的中心环节，它包括使学生感知教材和理解教材两方面。感知教材主要是使学生获得义于所学内容的一个整体的表现。理解教材主要是使学生在感知的基础上，通道分析、比较、抽象概括以及归纳演绎等思维方法的加工，形成概念、原理，真正认识事物的本质和规律。

（三）巩固知识

巩固所学的知识是教学过程的一个必要环节。巩固知识的目的在于避免或减少对先前所学知识的遗忘，并且为顺利地学习新知识、新教材奠定基础。

（四）运用知识

掌握知识是为了运用知识。在教学中，运用知识，形成技能技巧，主要是通过教学实践来实现的，如完成各种书面或门头作业、实验等。学生从掌握知识到形成技能，再从技能发展成为技巧，需要经过反复的练习才能达到。此外，运用知识还包括知识迁移的能力和创造能力等。

（五）检查知识

检查知识是指教师通过作业、提问、测验等方式对学生的学习效果进行考查的过程。检查学习效果的目的在于，使教师及时获得关于教学效果的反馈信息，以调整教学进程与要求；帮助学生了解自己掌握知识技能的情况，发现学习上的问题，及时调节自己的学习方式，改进学习方法，提高学习效率。

第三节 教学工作的基本环节

教师教学工作包括五个基本环节：备课、上课、课外作业的布置与批改、课外辅导、学生学业成绩的检查和评定。

一、备课

（一）备课的含义

备课是教师根据学科课程标准的要求和本门课程的特点，结合学生的具体情况，选择最合适的表达方法和顺序，以保证学生有效地学习。

备课是教师教学工作的起始环节，是上好课的先决条件。对教师而言，首先，备好课可以加强教学的计划性和针对性，有利于教师充分发挥主导作用。其次，备课也是教师学习的过程，通过备课，教师可以丰富自己的知识，更新知识结构。最后，备课还有助于教师提高自己的教学能力。

备课可以分为个人备课和集体备课两种。个人备课是教师自己钻研学科课程标准和教材的活动。集体备课是由相同学科和相同年级的教师共同钻研教材，解决教材的重点、难点和教学方法等问题的活动。

（二）备课的要求

1.做好三个方面方工作

备课要做好三个方面的工作，即钻研教材（备教材）、了解学生（备学生）、设计教法（备教法）。

（1）钻研教材。钻研教材包括钻研学科课程标准、教科书和阅读有关的参考书。钻研学科课程标准就是指要弄清楚本学科的教学目的，了解本学科的教材体系和基本内容，明确本学科学生能力培养、思想教育和教学法上的基本要求。教科书是教师备课的主要依据，教师要熟练掌握教科书的全部内容，了解全书的知识结构体系，分清重点章节和各章节基本知识的重点、难点、关键点。阅读参考资料也很重要，参考资料包括专供教师使用的教学参考资料、课程标准推荐的参考资料、教师自己平时积累的参考资料。教师应该广泛阅读这些参考资料，精选出一些材料充实教学内容。

（2）了解学生。了解学生，首先要考虑学生的年龄特征，熟悉他们身心发展的特点。其次，要了解班级的情况，如班级的班风和学风等。最后，要了解每一个学生，掌握他们的个性特点、兴趣爱好、思想状况、知识基础、学习态度和学习习惯等。

（3）设计教法。教师在钻研教材、了解学生的基础上，还要考虑用什么方法才能使学生掌握这些知识以促进他们能力、品德等方面的发展。教师应根据教学目的、内容、学生的特点等来选择最佳的教学方法。此外，也要考虑学生的学法，包括预习、课堂学习活动与课外作业。

2.写好三种计划

（1）学期（或学年）教学进度计划。这是对一学期（或一学年）的教学工作所做的总的准备和制订的总计划，一般应在学期（或学年）开始前制订出来。它的内容包括学生情况的简要分析，本学期（或本学年）的教学总要求，教学内容的章节或课题，备课题的教学时数和时间的具体安排，各课题所需要运用的教学手段等。

（2）课题（或单元）计划。教师在一个课题教学开始前，必须对这个课题的教学做全面的考虑和准备，并制订出课题计划。它的内容包括课题名称、教学目的、课时分配、课的类型、教学任务与内容、教学方法等。

（3）课时计划。课时计划即教案，它通常是指教师为某一节课而拟定的上课计划。它一般包括班级、学科名称、授课时间、课题、教学目的、课时分配、课的类型、教学方法、教学手段和教具、教学进程等。课时计划可详可略，其格式有条目式、卡片式和表格式三种，教师可根据自己的教学经验和教学的实际情况进行选择。

二、上课

上课是整个教学工作的中心环节，是教师教和学生学的最直接的体现，是提高教学质量关键。

（一）课的类型

课的类型是指根据教学任务划分的课的种类。一般有两种划分方法：

一种是根据教学的任务，可分为传授新知识课（新授课）、巩固新知识课（复习课）、培养技能技巧课（技能课）和检查知识课（检查课）。在实际教学中，有时一节课只完成一个任务，有时一节课则要完成多项任务，所以根据一节课完成任务的类型数，又可分为单一课和综合课。

一种是根据使用的主要教学方法，可分为讲授课、演示课（演示实验或放映幻灯片、录像）、练习课、实验课和复习课。

上述两种分类也是有交叉重叠的，具体表现在两类课型有相对应之处，如新授课多属讲授课，巩固课多属复习课，技能课多属练习课或实验课等。

（二）课的结构

课的结构是指课的基本组成部分及各组成部分进行的顺序、时限和相互关系。受学科特点、教材内容、教学方法和教学对象等因素的制约，不同类型的课有不同的结构。

一般来说，构成课的基本组成部分有组织教学、检查复习、讲授新教材、巩固新教材和布置课外作业等。

（三）上好课的具体要求

1.教学目标明确

教学目标明确包含两层意思：一是教学目标全面、具体、明确，符合课程标准、教材和学生实际；二是教学目标达成意识强，贯穿教学过程始终。

2.教学内容正确

教学内容正确包含四个方面的含义：第一，教师进行教学时，要保证教学内容的科学性,知识教授要准确科学,对概念、定理等的表述要准确无误,对原理、定律的论证应确切无疑,对学生回答问题时所反映出的思想和观点要仔细分析;第二,既要突出重点,突破难点,抓住关键,又要考虑教材的整体性和连贯性;第三,要注重新旧知识之间的联系;第四,要注意理论与实践的结合。

3.教学方法得当

教学方法得当包含三层含义:第一,教学方法要灵活多样,符合教材、学生和教师实际;第二,教学组织形式巧妙、多样、灵活、有情趣,学生乐学。第三,从实际出发,运用现代教学手段。

4.教学基本功扎实

教学基本功扎实包含五个方面的含义:第一,用普通话教学,语言规范简洁,生动形象,语调高低适宜,快慢适度,抑扬顿挫,富于变化;第二,教态亲切、自然、端正、大方;第三,板书设计科学合理,言简意赅,条理性强,层次清楚,字迹工整、美观,板画娴熟;第四,能熟练运用现代化教学手段;第五,应变和调控课堂能力强。

5.教学程序合理

教学程序合理包含四个方面的含义:第一,教学思路清晰,课堂结构严谨,教学密度合力;第二,精心设计练习,有计划地设置练习中的思维障碍,使练习具有合适的梯度,提高训练效率;第三,恰当运用反馈调节机制,注重教学过程评价,方法多样化,自评、互评、师评,评价真实有效;第四,体现知识形成过程,结论由学生自悟与发现。

6.教学效果好

教学效果好包含六个方面的含义:第一,教学目标达成;第二,面向全体,体现差异,因材施教,全面提高学生素质;第三,教学民主,师生平等,学生积极参与,课堂气氛融洽和谐,学生课堂学习愉快,有情感体验;第四,传授知识的量和训练能力的度适中,学生负担合理,学习扎实有效;第五,学生能在多种学习方法中形成最佳学习方法,形成习惯;第六,注意学习动机、兴趣、习惯、信心等非智力因素培养。

7. 教学个性突出

教学个性突出包含两个方面的含义：第一，教学有个性特点，体现个性文化底蕴和人格魅力；第二，教师形成教学风格。

三、课外作业的布置与反馈

课外作业是课堂教学的延续，是教学活动的有机组成部分。其作用在于加深和加强学生对教材的理解和巩固，进一步掌握相关的技能技巧，培养学生独立思考的能力和自觉完成作业的习惯。

（一）课外作业的形式

课外作业的形式主要有如下四种：
（1）阅读作业，如复习、预习教科书，阅读参考书等。
（2）口头作业，如口头回答、朗读、复述、背诵等。
（3）书面作业，如书面练习、演算习题、作文、绘图等。
（4）实践作业，如观察、实验、测量、社会调查等。

（二）布置课外作业的要求

（1）作业内容要符合课程标准和教科书的要求。
（2）作业要有代表性、典型性。
（3）作业分量要适当，难度要适中。
（4）作业形式要多样化，具有多选性。
（5）作业应有助于启发学生的思维，尤其是创新思维。
（6）作业要求明确，规定作业完成时间；
（7）作业应尽量同现代生产和社会生活实际问题结合起来
（8）作业反馈应清晰、及时。

四、课外辅导

课外辅导是在课堂教学规定的时间之外,教师对学生的辅导。它是适应学生个别差异、贯彻因材施教的重要措施,是上课的必要补充,也是教学工作的必要环节之一。

(一)课外辅导的内容

(1)给学生解答疑难问题,指导学生做好作业。
(2)为基础差和因病、因事缺课的学生补课。
(3)给成绩优异的学生做个别辅导。
(4)对学生进行学习方法的辅导。
(5)对学生进行学习目的和学习态度的教育和指导。
(6)为有学科兴趣的学生提供课外研究帮助。
(7)指导学生的实践性和社会服务性活动。

(二)课外辅导的要求

(1)从辅导对象实际出发,确定辅导内容和措施。
(2)明确辅导只是课堂教学的补充,不能将主要精力放在辅导上。
(3)辅导应采用启发式,充分调动学生的主动性和积极性。
(4)辅导应鼓励学生独立钻研、自学为主。
(5)教师要注意态度,师生平等,共同讨论。

五、学业成绩的检查与评定

(一)学业成绩检查与评定的意义

学业成绩的检查与评定是教学工作不可或缺的重要环节,是诊断学生学习状况和教师教学效果、调控教学进程的重要手段。具体来说,它有以下五个方面的作用:

（1）有利于促进学生的学习。

（2）有利于促进教师的教学。

（3）有利于学校领导了解学校的教学情况，从而制定有效措施，不断地改进对教学工作的领导和管理，为更好地培养人才服务。

（4）有利于家长了解孩子的学习情况，使家长同学校密切配合，共同帮助学生取得进步。

（5）为上级教育主管部门制定教育方针政策和选拔人才提供依据。

（二）学业成绩检查的方式

1. 平时检查

平时检查在平时教学中随时进行，包括口头体问、检查书面作业等形式。口头提问是学生根据教师提出的问题进行面对面的口头回答。检查书面作业包括检查平时的课堂作业、家庭作业等。

2. 考查考试

考试与考查是检查学生学习和教师教学效果的主要方式，多集中在期末或教学一个时间段以后进行。考试是对学生的学习情况和成绩的一种较全面的检查，包括口试、笔试和实践性考试等方式，可开卷、闭卷考。考试按时间分有期中考试、期末考试；按用途分有升学考试、毕业考试等。考查则是指对学生的学习情况和成绩进行的一种小规模或个别的不全面检查。

（三）学业成绩检查与评定的基本要求

学业成绩检查与评定的基本要求是：第一，检查和评定要注意科学性、有效性和可靠性。科学性是指检查与评定要客观公正，不能主观臆断；有效性是指检查与评定要有效地检查出学生的学习情况；可靠性是指检查与评定要能反映学生较稳定的学习水平。第二，检查和评定的内容应力求全面，又突出重点。第三，检查和评定的方法要灵活多样。第四，对检查和评定的结果要作必要的分析。

第四节　教学原则

一、教学原则的概念

教学原则在教学理论中占有特别重要的地位。教师要顺利进行教学工作，必须研究和掌握教学活动中应遵循的一系列教学原则。教学原则是根据一定的教学目的任务，遵循教学过程的规律而制定的对教学的基本要求，是指导教学活动的一般原理。

二、我国中学常用的教学原则

（一）教学整体性原则的含义

教学整体性原则包含两方面含义。一是指教学所承担的任务具有整体性。教学应使学生在德、智、体、美、劳等方面都得到发展，这一任务的完成应当是完整的、全面的，不能有任何方面的偏废。二是指教学活动本身具有整体性。教学是由一系列要素构成的一个完整系统，教师在教学过程中必须协调好教学诸要素之间的关系，使各种教学要素有机配合起来，在共同达成教学目标的过程中产生良好的整体作用。

（二）贯彻教学整体性原则的基本要求

1.实现思想性与艺术性的统一

思想性是指教学中内在的能够对学生的思想品德产生影响的特性。艺术性是指导教师遵循教学目的与规律、挖掘教学内容的教育性因素、运用适当的教学方法过程中所具备的技能、技巧及实践性知识的特征。思想性内含于教学中，是静态的、深层的东西，是艺术性的前提和基础；艺术性体现于教师的教学风格和教师助教学活动中，是思想性的保证。

2.实现科学性与人文性的统一

科学性就是保证向学生所传授的知识应当具有真理的性质，是人类认识成果中基本性、确定性和正确性的部分。人文性是在教学中确大学生的主体地位，关注学生的全面发展。科学性是基础，人文性是目的，二者应该在人文精神的总要求下实现统一。

3. 实现传授知识与发展智能及培养非认知因素相统一

教师在选择和组织教学内容时，应该选择科学的、规律性的知识，即注重知识的质，也保证知识的量。在教学方法上，既要能引起学生积极探求的兴趣，又要注意训练学生的能力，还要力求使教学方法多样化。同时，注重动机、兴趣、情感、意志和性格等非认知心理因素的培养。这样，才能更好地使掌握知识和发展智能结合起来，把认知因素和非认知因素的培养紧密结合起来。

4. 实现身心发展的统一

把丰富学生的精神世界、促进学生心理的发展与增强学生体质结合起来，实现身心发展的统一。

5. 实现教学诸要素的有机结合

教师在教学过程中必须明确教学任务，精通教材，了解学生，熟悉各种教学方法及教学环境，善于处理好各种教学要素之间的关系，使教学诸要素在达成具体的教学目标的过程中实现有机配合，保证教学活动获得最佳的整体效益。

三、启发性原则

（一）启发性原则的含义

启发性原则是指在教学中要充分调动学生学习的自觉积极性，使得学生能够主动地学习，以达到对所学知识的理解和掌握。这一原则是为了将教学活动中教师的主导作用和学生的主体地位统一起来而提出的。

(二) 贯彻启发性原则的基本要求

1. 激发学生的学习动机，调动学生学习的主动性

学习动机是学生内在的学习需求，学生学习的积极性和主动性都是学习动机在态度上的

外在表现，所以，激发学生的学习动机、调动学生学习的主动性是启发教学的首要要求。学生的学习动机和学习主动性受多种因素的影响，教师要善于机智地运用各种方法，使学生的求知欲和学习兴趣，汇集和发展成推动学生学习的持久动力。

2. 全面规划教学任务，培养思维能力

在教学过程中，教师不能单纯地向学生传授知识，而要全面规划教学任务，培养思维能力，可以将思维的广阔性、独立性、深刻性、灵活性和敏捷性这几方面的发展水平作为衡量学生思维能力的标志。

3. 创设问题情境，引导学生积极思维

学生的积极思维常常是从遇到问题引起的，教师应该根据教材特点和学生实际，不断提出难易适度、环环相扣的问题，引导学生积极思考。教师创设问题情境应该不限于课堂教学内容方面，应该开展多种形式的课外活动，通过教学实践作业和社会实践活动，引导学生创造性地运用所学的知识。

4. 确立学生的主体地位

学生是学习的主人，只有承认学生的主体地位，真正研究和了解学生的学习需要，教师的启发才具有针对性和有效性。

5. 发扬教学民主

发扬教学民主包括建立民主平等的师生关系和生生关系、创造民主和谐的教学气氛、鼓励学生发表不同见解、允许学生向教师提问、提出质疑等。学生只有在民主的氛围中，才敢于质疑，激发思维的积极性，学习自觉性才可能真正地调动起来。

四、理论联系实际原则

（一）理论联系实际原则的含义

理论联系实际原则是指教学活动要把理论知识与生活和社会实践结合起来。这一原则是为了解决和防止理论脱离实际、书本脱离现实问题而提出的。

（二）贯彻理论联系实际原则的基本要求

1. 加强基本理论和知识的教学

教学的基本任务之一，是使学生拿捏好基础理论知识。所以，在教学中必须保证理论知识的主导作用，切实抓好理论知识的传授。不能颠倒主次，片面强调联系实际而削弱了理论知识的教学。

2. 书本知识的教学要注重联系实际

只有注意理论联系实际，教学才能生动活泼、具体形象，抽象的书本知识才能易于被学生理解和吸收，从而转化为对他们有用的精神财富。

3 正确、恰当地联系实际

教师在联系实际时，要根据各学科的具体特点、教材内容以及学生学习的实际水平，正确恰当地联系实际。在联系实际时不能强求一律，更不能牵强附会；同时，还要注意学生的年龄特点和经验水平。

4.联系实际应当从多方面入手

教师在联系实际时应当从多方面人手。首先，应当尽可能广泛地让学生接触社会生活的各个方面；其次，应当尽可能地结合本地区的特点；最后，应当注重学生发展的实际。

5. 注重在联系实际的过程中发展学生的能力

与课堂学习相比，联系实际的实践过程提供了更加丰富多样的能力要求，教师要敢于放手，鼓励学生去尝试和探索，运用所学的知识解决问题，同时在解决问题的过程中获取新的知识，补充书本知识的不足，从而使各种能力得到锻炼、发展。

6. 教学内容要重视乡土教材的补充

由于我国幅员辽阔，各地各方面的差异很大，为了使教学不脱离实际，教师必须补充必要的乡土教材。

7. 帮助学生总结收获

教师要加以引导，提供机会并提出要求，让学生及时交流体验，分析、总结在联系实际过程中的收获。

五、循序渐进性原则

（一）循序渐进性原则的含义

循序渐进性原则是指教学工作要结合学科的逻辑结构和受教育者的身心发展情况，有次序、有步骤地进行，使受教育者能够有效地掌握系统的知识，促进身心的健康发展。这一原则是为了处理好教学活动的顺序、学科课程的体系、科学理论的体系、学生发展规律之间错综复杂的关系而提出的。

（二）贯彻循序渐进性原则的基本要求

教师必须掌握好教学内容的体系，掌握知识之间的衔接关系，并把它很好地体现在课时计划中，力求使教材与学生已有的知识密切联系起来，逐步扩大和加深学生的知识。教师还必须注意突出重点和难点，保证学生掌握知识的系统性和完整性。

2. 抓好教学过程的序

教师不能把课堂教学基本阶段的某种顺序绝对化，而要根据教材的特点、学生认识水平、学习程度以及教学的物质基础等条件，选择和确定讲课的最优顺序，合理安排教学过程。

3. 抓好学生学习的序

学生的学习是一个循序渐进的过程，学习应该由浅入深、由易到难，由简到繁。在教学过程中，教师要善于把教材内容化难为易，化繁为简；坚持由近及远，由已知到未知，深入浅出地讲授，使学生顺利学习。

六、师生协同原则

(一) 师生协同原则的含义

师生协同原则,是指教学活动中教师充分发挥主导作用的同时,还要充分调动学生学习的主动性和积极性,使教学过程完全处于师生协同活动、相互促进的状态之中。它的实质就是要处理好教师与学生、教与学的关系。

(二) 贯彻师生协同原则的基本要求

1.树立正确的学生观,建立新型的师生关系

教师如何看待学生,直接影响着他们对学生的教育态度和方式。因此,学生观的正确与否,就成为师生活动能否协同进行的首要问题。教师应当把正确的学生观贯穿教学过程的始终,建立起热爱学生、尊重学生、平等、民主、友好、合作的新型的师生关系。

2.教给学生学习方法,提高学生主动参与教学活动的积极性

师生活动的协同,不仅是教师积极地教,更重要的是学生能够积极地学,也就是能主动地参与和适应教学过程。这就要求教师交给学生学习方法,培养学生独立的思维能力,使学生真正地获得学习的主动权。

3.生动活泼地进行教学,创设民主、和谐的课堂气氛

民主、和谐、轻松的课堂气氛,是师生协同进行教学活动的重要条件。在民主、和谐、轻松的学习气氛中,学生乐学、爱学,愿意思考和回答教师的提问,教师也能自如地进行启发诱导。

4.进行平等的对话,促进师生间的交往

进行平等的对话是新型的师生关系中最重要的表现形式之一,也是学生的主体地位确立的标志。只有进行平等的对话,师生间才能保持良好的交往。

七、因材施教原则

（一）因材施教原则的含义

因材施教原则，是指教师在教学活动中应当从学生实际出发，根据不同对象的具体情况，采取不同的方法，进行不同的教育，使每个学生都能在各自原有的基础上得到充分发展。这一原则是为了处理好集体教学与个别教学、统一要求与尊重学生个别差异问题而提出的。

（二）贯彻因材施教原则的基本要求

1．深入细致地研究和了解学生

研究和了解学生，是整个教学活动的出发点，也是搞好区别对待、进行因材施教的前提条件。教师研究和了解学生，主要是弄清每个学生的兴趣、爱好、性格特点、学习态度、知识基础、健康状况以及家庭、社会背景等。

2．把因材施教与统一要求结合起来

统一要求是指按国家统一规定的教育目的、教学计划来进行教学，它是使教学达到国家所规定的基本要求的重要保证。在达到统一要求的前提下，教师还要根据个别差异进行重点指导，使学生充分发挥个人的特长。有了统一要求，教学才会有共同的标准，不会降低水平；有了因材施教，才能有效地使学生得到充分发展。

3．正确对待学生的个别差异

学生的差异不仅是客观存在的，而且是合理的，教师不仅要承认学生的差异，而且要尊重学生的差异。学生的个别差异以及影响个别差异的因素是相当复杂的，教师必须对学生表现出的差异特点进行全面而具体的分析，区别对待。对学生的个别差异，还要用发展的观点来对待，处于发展过程的学生可塑性很大，其个别差异具有不稳定性。

4．针对学生个性特点，采取不同的具体措施

在教学中，教师要对各种不同类型的学生采取有针对性的、灵活多样的措施，还应注意针对学生个性特点提出不同的教育措施。

5. 面向每一个学生

现代教育的一个重要理念是，每一个儿童有权利得到适合于自己的教育。因材施教也要求教师在教学中要关注每一个学生。

八、积累与熟练原则

（一）积累与熟练原则的含义

积累与熟练原则，是指教学应使学生在理解的基础上，获得广博、深厚和牢固的基础知识和基本技能，形成良好的个性品质，并进而使他们对知识、技能的掌握达到熟练和运用自如的程度。

（二）贯彻积累与熟练原则的基本要求

1.教师讲授知识要清晰而深刻

课堂学习是学生掌握和积累知识的有效途径，因此，教师在进行课堂教学时，要做到条理清晰，突出重点，讲清难点，深入浅出，引人入胜，使学生听课时集中注意，积极思维。这样，学生学习时就能印象深刻，及时巩固。

2. 帮助学生提高记忆效率

记忆是学生积累知识最有效的方法之一。教师帮助学生提高记忆效率的途径有对学习材料的有效组织、让学生掌握记忆的方法和规律、抓好学生对知识的复习工作。

3. 多给学生练习和运用知识的机会

练习不仅有利于知识的巩固和积累，更有利于学生对知识的熟练掌握。所以，教师在教学活动中，要加强学生对知识的练习，多给学生提供一些运用知识的机会，尤其是一些技能性较强的课程，教师通过练习，使学生对知识技能的掌握真正达到高度完善化与自动化的熟练程度。

九、反馈调节原则

（一）反馈调节原则的含义

反馈调节原则，是指教学过程中，教师与学生从教与学的活动中及时获得反馈信息，以便了解教与学的情况，调节和控制教学活动，提高教学效率。

（二）贯彻反馈调节原则的基本要求

1. 教师要善于通过多种渠道，及时获得学生学习中的各种反馈信息

教师获得学生学习中的反馈信息的渠道是很多的，但最主要的是从以下几个方面获得：①课堂教学中的反馈信息；②课余课间的反馈信息；③课外作业中的反馈信息；④各种测验和考试中的反馈信息；⑤实验课、课外活动。教师可从中了解学生对知识掌握和运用的情况，尤其是思维能力的发展程度。

2. 教师对获得的反馈信息及时评价，并对教学活动做出恰当调节

教师及时评价学生接受知识信息之后的应答性活动，不仅可以强化学生的学习活动，也有利于教师恰当调节教学过程。教师要及时地从学生中获得反馈信息，并及时地对学生学习的动力及结果作出评价，反馈给学生，使学生调节、纠正或强化自己的活动；根据教学目的和任务，进行相应的、恰当的调节，使教学更符合学生的实际。

3. 培养学生自我反馈调节能力，提高学生学习的主动性

教师要给学生提供更多的机会和情境，让他们通过对自己的了解、剖析、反省进行自我批评，从而不断完善自己的思维品质，不断改进学习方法，形成良好的学习动力系统，以获得预期的学习效果。

十、教学最优化原则

（一）教学最优化原则的含义

教学最优化原则，是指教学活动中对教学效果起制约作用的各种因素实行综合控制进行最优的教学，取得最优的教学效果。

（二）贯彻教学最优化原则的基本要求

1. 综合地规划教学任务

教学的总任务是要促进学生的全面发展，为学生的德、智、体等几方面打好基础。因此，教学最优化必须以个性全面发展的教育目的为指针，保证教育、教学和发展的任务统一实现。

2. 全面地考虑教学中的各个因素

教学过程是一个由教师、学生、目的、内容、方法、环境和反馈等诸要素组成的复杂系统。要使这个系统成为有机的系统，就必须保证各要素之间的有机联系。要想取得最优化的整体效果，应力求使教学的各要素按照它们之间内在联系的规律性合理地加以配置。

3. 教和学的活动要紧密结合

教学过程是教师与学生双边活动的过程，教和学正是在师生双方统一协调活动的基础上实现的。教决定着学，学影响着教，教学相长，互相促进。所以，贯彻教学最优化原则要求把教师的教学最优化与学生的学习最优化紧密融合在一起，使师生活动协调统一，从而保证教学活动构成一个完整的过程。

十一、直观性原则

（一）直观性原则的含义

直观性原则，是指根据教学活动的需要，让学生直接感知学习对象。这一原则是针对教学中词、概念、原理等理论知识与其所代表的事物之间相互脱离的矛盾而提出的。一般来说，直观的具体手段有以下三种：

1. 实物直观

实物直观是通过各种实物进行的，包括观察各种实物、标本，实习、实验、教学性参观等。它直接将对象呈现在学生面前，在学习儿童生活中比较生疏的内容时，实物直观能够最为真实有效和充分地为学生提供理解、掌握所必需的感性经验。

2.模像直观

模像直观是运用各种手段对实物的模拟进行的，包括图片、图表、模型、幻灯、录音、录像、电影、电视等。实物直观虽然具有真实有效的特点。但往往由于受到实际条件的限制而无法使用；模像直观则能够有效地弥补实物直观的缺憾，特别是现代技术在教育领域的应用，使得模像直观的范围更加广阔，大到宇宙天体，小到分子结构，都能够借助某种技术手段达到直观的效果。

3.语言直观

语言直观是教师运用自己的语言、借助学生已有的知识经验进行比喻描述，引起学生的感性认识，达到直观的效果。与前两种直观相比，语言直观可以最大限度地摆脱时间、空间、物质条件的限制，是最为便利和最为经济的。语言直观的运用效果主要取决于教师本人的素质和修养。

（二）贯彻直观性原则的基本要求

1.恰当地选择直观手段

在教学中，要根据学科、教学任务、内容和学生的年龄特征正确选用直观手段，帮助学生获得有关事物的感性认识，为学习理性知识奠定基础。

2.直观是手段而不是目的

一般来说，只有学生对教学内容比较生疏，在理解和掌握上遇到困难或障碍时，才需要教师运用直观。直观只是手段，而不是目的。为直观而直观，只能导致教学效率降低。

3．在直观的基础上提高学生的认识

直观给予学生的是感性经验，而教学的根本任务在于让学生掌握理论知识，因此教师在运用直观时应当注意指导，引导学生思考现象和本质及原因和结果等。

4.直观教具的演示要与讲解相结合

教学中的直观不是让学生自发地看，而是要在教师的指导下有目的地观察，教师通过提出问题引导学生去把握事物的特征，发现事物之间的联系，并通过讲解和说明解答学生在观察中的疑难，获得较全面的感性认识，从而更深刻地掌握理性知识。

十二、巩固性原则

（一）巩固性原则的含义

巩固性原则，是指在教学中要不断地安排和进行专门的复习，使学生对所学的知识牢固地掌握和保存。这一原则是为了处理好教学中获取新知识与保持旧知识之间的矛盾而提出的。

（二）贯彻巩固性原则的基本要求

1. 在理解的基础上巩固

理解知识是巩固知识的基础。教师首先应当保证学生学懂学会，才有可能获得巩固的良好效果。教师还要引导学生把理解知识和巩固、记忆知识联系起来。

2. 保证巩固的科学性

心理学研究揭示了关于记忆和遗忘的一些规律，按照这些规律组织安排巩固，可以提高巩固的效率。教师应当熟悉并且善于运用这些规律。

3. 巩固的具体方式要多样化

除了常见的各种书面作业外，教师应当善于利用各种不同的方式帮助学生巩固所学知识，比如调查、制作、实践等，都能够使学生通过将知识运用于实际，从而有效地达到巩固的目的，并且能够促进学生多方面的发展。

4. 保证学生的身心健康

教师应当合理地安排巩固工作，将学生的作业量控制在适当的范围内，减轻学生的学习负担。

十三、可接受性原则

（一）可接受性原则的含义

可接受性原则，也称量力性原则，是指教学活动要适合学生的发展水平。这一原则是为了防止发生教学难度低于或高于学生实际程度而提出的。

（二）贯彻可接受性原则的基本要求

1.重视儿童的年龄特征

不同年龄阶段的儿童的心理发展特点是不同的。教师应当不断加强自身的心理学素养，及时掌握心理学的新进展，重视儿童的年龄特征。

2.了解学生发展的具体特点

年龄特征和发展阶段主要是揭示个体发展的普遍规律，这些普遍规律体现在学生发展的各个方面，并且表现多样化。教师要具体地研究学生的发展特点。例如，在学习某种新知识的时候，他们原有的知识准备情况如何?他们的思维或记忆水平是否能够完成这一学习任务?可能发生什么困难?能够达到什么样的理解和掌握程度?等等。在这样研究的基础上，才可能真正做到"量力"。

3．恰当地把握教学难度

教师应当根据维果茨基提出的"最近发展区"理论，为学生创造合适的难度，促进学生不断地由现实水平达到可能水平，促进学生潜能的实现。

第五节　教学方法

教学方法问题是教学领域的基本问题之一。要选择恰当的教学方法，首先需要明确教学方法的概念与基本类型。

一、教学方法的概念

方法是指向特定目标、受特定内容制约的有结构的规则体系。方法这一概念至少有三个基本规定：一是方法受特定价值观的制约，旨在实现特定目标；二是方法受特定内容的制约；三是方法是有结构的规则体系。

教学方法是指向特定课程与教学目标、受特定课程内容制约、为师生所共同遵循的教与学的操作规范和步骤。它包括了教师的教法、学生的学法、教与学方法。教法是教师为完成教学任务所采用的方式、手段和程序；学法是学生在教师指导下获得知识、形成技能、发展能力和个性过程中所使用的方式；教与学方法是指在教学过程中教师为了完成教学任务所采用的教授方式和学生在教师指导下所采用的学习方式。教学方法这个概念包括三个基本规定：一是教学方法体现了特定教育价值观，指向实现特定的课程与教学目标；二是教学方法受特定的课程内容的制约；三是教学方法还受教学组织的影响。

二、我国中学常用的教学方法

当前，教学实践中运用的教学方法比较多。据不完全收集整理，有700多种。但是不同的分类标准突显不同的方法，以下按照形态分类、行为主义分类、主体分类和三层分类这四种类型来分析我国中学常用的教学方式。

(一)形态分类

这种分类方法按照教学方法的外部形态及学生认识活动的特点,把教学方法分为五类,即"以语言传递信息为主的方法""以直接感知为主的方法""以实际训练为主的方法""以陶冶为主的方法"和"以引导探究为主的方法",每一类又包含若干种具体方法。

1.以语言传递信息为主的方法

以语言传递信息为主的方法与人类教育教学活动一起产生,是教师运用口头语言(辅以书面语言)向学生传授知识、技能以及学生独立阅读书面语言为主的教学方法。此类方法主要有讲授法、谈话法、讨论法和读书指导法。

讲授法。亦称"口述教学法",是指教师通过口头语言向学生传授知识的教学方法。包括讲述、讲解、讲读、讲演四种方式。其优点是教师有较充分的主动性,易于控制所传递的知识内容,可使学生在短时间内获得较多的系统连贯的知识;其缺点是,如使用不当,学生积极性、主动性可能受到压抑。这种教学方法有效使用的条件是教师具备较强的语言表达能力与组织学生听讲的能力,能根据不同性质的教学内容和学生的实际水平,灵活变换讲授的具体方法并与其他多种教学方法配合。

谈话法。亦称"回答法""提问法",是指师生通过相互提问,以引导学生运用已有的知识和经验,通过推理获取新知识、巩固旧知识、增进记忆的一种方法。此种教学方法有效使用的条件是教师具合较强的教材驾驭能力与应变能力,能在新的教学情境中抽象、条理、设问出最基本的教学问题。

讨论法是学生在教师指导下为解决某个问题而进行探讨、辨明是非真伪以获取知识的方法。讨论法种类很多,既可以是整节的课堂时沦,也可以是几分钟的讨论;既可以是全班性的,也可以是小组讨论。

读书指导法,亦称阅读和围绕阅读材料进行活动法。教师指导学生通过阅读教科书、参考书和课外读物获取知识,培养独立阅读能力的教学方法。此类教学方法有效使用的条件是教师具有较强阅读分析综合能力和博闻强记的能力,透彻地了解学生的学习过程,善于搭配、组合新的学习内容;学校要备有相应的图书资料。

2. 以直接感知为主的方法

以直接感知为主的方法是教师演示实物或直观教具和组织教学性参观等，使学生利用各种感官直接感知客观事物或现象而获得知识、形成技能和发展能力的方法。此类方法，具有形象、直观、具体和真实的特点，能激发和强化学生的学习兴趣，吸引和维持学小的学习注意力，但需要有较多的时间保障。与语言传递信息为主的方法结合使用，这样既能获得良好的教学效果，又能提高教学效率。这类方法主要有演示法和参观法。

演示法，展示实物、模型、图片等教具，进行示范性实验，或采用现代化视听等手段指导学生获得知识的一种教学方法。演示法常与讲授法等配合使用。

参观法是组织学生到大自然或社会特定场所观察、接触客观事物或现象以获得新知识和巩固验证已学知识的教学方法。按照教学任务，可分为准备性参观、并行性参观和总结性参观。按照学科，可分为生产性参观、自然和科学性参观以及历史文学性参观。它可使教学同实际生活联系起来，激发学生的求知欲。

3.以实际训练为主的方法

以实际训练为主的方法是在教师指导下，学生通过练习和实验实习等实际活动，学习、巩固和完善知识、技能和技巧的方法。此类方法以学生的实践活动为基本特征，主要包括练习法和实验实习法。

练习法，为形成一定技能、技巧，培养创造能力，要求学生在教师指导下反复多次完成某些动作或活动方式的教学方法。按练习目的可分预备性练习、训练性练习和创造性练习。按练习内容可分为心理技能练习、动作技能练习和文明行为习惯练习。

实验实习法，是在教师指导下，学生通过独立操作仪器设备获得知识的教学方法。常用于自然学科教学。其主要优点是，学生亲自参加实践活动，印象深刻；可培养学生正确使用仪器进行科学实验的基本技能和科研能力，养成严谨求实的科学忠度和科学精神，发展学生的观察、思维和创造力。

4. 以陶冶为主的方法

以陶冶为主的方法是教师创设一定教学情境，或利用特殊内容和艺术形式，使学生通过体验事物的真、善、美，陶冶性情和培养正确的态度、兴趣、理想和审美能力的方法。这类方法主要是情境教学方法。

情境教学方法是指教师根据一定的教学要求，有计划地使学生处于一种类似真实的活动情境之中，利用其中的教育因素综合地对学生施加影响的一种方法。它的特点是使学生在不知不觉中受到教育。其最重要的是要为学生创设能顺利实现教学任务的"情境"，只有把学生引入情境之中，才能对学生发生积极的影响。这种方法从现象上来看，似乎教师并没有直接参与指导，但实际上却需要教师进行大量精细而复杂的组织工作，在教学艺术和教育机智方面都对教师提出较高的要求，否则，教师的主导作用就不易充分发挥。

5. 以引导探究为主的方法

以引导探究为主的方法是教师组织和引导学生通过独立的探究或研究活动而学习知识、形成技能和发展能力的方法。其主要特点是在探索、解决学习任务过程中，学生的独立性得到发挥，进而学习和巩固知识，培养技能、技巧，发展探索和创新的意识和能力。这类方法主要是发现法。

发现法，亦称"探索法""研究法"，是指教学过程中，教师只给学生一些事例、课题和问题，指导学生通过独立地阅读、观察、实验、调查、思考、讨论、听报告等途径，创造性地解决问题、获取知识、形成技能和发展能力的方法。使用时要求正确选定研究课题，设计出有价值的问题并提供提出和解决问题的必要条件，让学生独立思考与探索，提出、分析和解决问题。

（二）行为主义分类

美国学者拉斯卡（J.A.Laska）认为已有教学方法分类不尽如人意，他进行细致考察后提出："我认为教学方法就是发出和学生接受学习刺激的程序。""运用更合适的标准后，我发现世界上只有四种基本教学方法，既不多，也不少。"他强调，按照信息论的观点，只有四种基本的或普通的教学方法，每一种普通方法又由许多特定的方法构成。四种基本教学方法中的任何一种都与不同类型的学习刺激有关。学习刺激作为一种手段是与预期学习结果的实现相联系的刺激。依据在实现预期学习结果中的作用，学习刺激可被分为四种，我们可将它们称为 A、B、C、D 刺激。四种基本教学方法分述如下。

1.呈现方法

呈现方法是传统的教学方法之一，它依据 A 种学习刺激的运用。A 种学习刺激是用确定的形式把将要学习的内容呈现给学生，学生在其中处于比较被动的地位。运用呈现方法时，尽管学生在感知这些刺激，并在编码、组织、存储信息方面明显地积极活动着，但教师却不要求别的，只要求学生注意呈现的学习刺激。

2.实践方法

实践方法，同样也是传统的教学方法，它依据 B 种学习刺激的运用。与 A 种学习刺激相比，B 种学习刺激要求学生起积极作用。教师将这种学习刺激以问题解决的形式提供给学生，通过运用已知程序，给学生提供可模仿的模式或者可操作的特定学习活动等来进行，其中预期的学习结果学生已经或可能预先知道了。预期的学习结果是通过学生努力（实践）逐步实现的。

3.发现方法

发现方法是依据 C 种学习刺激的运用。这种刺激在要求学生活动方面与 B 种刺激相似。然而 C 种刺激提供给学生一种情境，在这种情境中学生被希望去发现预期的学习结果。通过重新组织预期的学习结果和激发学生的直觉或洞察学习之后，"发现"可能"不期限而至"，"发现"一旦发生，就显得特别突然和迅速。

强化方法是 20 世纪创生的教学方法，起源于强化学习理论在教学实践中的应用。强化法运用的是 D 种学习刺激。A、B、C 三种学习刺激，可被称为"反应前"刺激，因为这些刺激是在学生做出任何对预期学习结果的反应前被提供给学生的。相反，D 种学习刺激可被称为"反应后"刺激，这种刺激是在学生做出预期反应后，由对学生的反应强化〔奖励〕构成的。根据强化学习理论，这种刺激的功能是"加强"学习效果。由于一般找不出这种刺激在学习动机方面的积极作用比它的强化功能更明显的例子，所以强化法是独立的一类教学方法。

(三) 主体性分类

在教学方法的分类上，着眼于教师、学生与内容的相互关系状态，可以归纳出三类基本方式：教师提示的方式；学生自主活动的方式；教师与学生之间的交谈、对话、讨论，一起思考、共同探讨，合作探讨，合作解决问题，共同发现新知的方式。这样，教学方法就有三种类型：提示型教学方法、共同解决问题型教学方法、自主型教学方法。

1. 提示型教学方法

提示型教学方法是教师在课堂上通过各种提示活动（如讲解、示范等）教授课程内容、学生接受并内化这些内容的方式。此类方法的教学活动的重点在教师，教师实施强有力的指导，学生受教师的主导，因此学生学习的特征是受纳性。必须看到，教师提示的内容只有在能够激励、鼓舞学生的自我活动时，才能被学生更好地接受。这类方法包括承范、呈示、展示和口述。

示范是教师向学习作出一定的活动、行动、态度以供学生仿效的教学方法。呈示是借助各种静态的教学手段如挂图、模型、标本、绘画等而提示内容的教学方法。展示是通过把事物、现象的经过与过程直观地、动态地呈现出来而进行教学的方法。口述是通过语言与提示课程内容的教学方法。在实际教学过程中，示范、呈示、展示以及口述等提示型教学方法可以根据具体课程与教学目标、具体课程内容的需要来使用，以获得理想的教学效果。

2. 共同解决问题型教学方法

共同解决问题型教学方法是通过师生的民主对话与讨论而共同思考、探究和解决问题，由此获得知识技能、发展能力和人格的教学方法。其基本特点是教师与学生民丰参与教学过程，教学过程能够发挥教师和学生这两类主体的积极性。共同解决问题型教学方法包括"教学对话"和"课堂讨论"两种基本形态。

教学对话就是通过教师的提问、激励与引导，学生自由思考、自由表达自己的疑问和见解，由此而获得知识技能、发展能力与人格的教学方法。课堂讨论是建立在教学对话的基础上并扩大了教学对话范围的教学方法。如果说教学对话主要是在师生之间展开的交往过程的话，那么课堂讨论则不限于师生之间，还包括学生与学生之间所展开的交往过程。所以，课堂讨论就是师生之间、生生之间共同讨论、探究与解决问题，学生由此获得知识技能、发展能力与人格的教学方法。其特征是无论从教师角度还是从学生角度，彼此的发言都是复杂地交织在一起、具有内在联系的。这是一种充满着"集体思维过程"的教学。

3.自主型教学方法

自主型教学方法是学生独立地解决由他本人或教师所提出的课题，教师在学生需要的时候提供适当帮助，由此而获得知识技能、发展能力与人格的教学方法。此类方法的焦点不在教师而在学生。其典型特点在于：一是教师提出课题，学生解决课题，并提供适当的时间；二是课题一旦被提出来，学生必须竭尽全力寻求最好的解决方法。这样，在教学活动中，学生自主型学习活动就生成了。自主性学习有利于发展学生的自我活动性和自主学习能力，最终形成学生的自主性人格，这是教育的根本目的之一。

（四）层次分类

方法是指做某事的方式、程序、计划的顺序。实质上，方法包括了人对待外界事物的态度、意向（技术）和程序（操作）。在西方教育理论中，教学方法与学习的科目内容、教育的机构设置，构成了关涉教育实践问题的三个主要领域：特殊实践领域、一般理论领域以及两者之间的领域。从这一视角，"对我国教学理论中各种各样的教学方法进行分析、比较和概括，可以认识到教学方法本质上具有层次性。从具体到抽象，教学方法是由三个层次构成。即操作性教学方法、技术性教学方法、原理性教学方法"。

1. 操作性教学方法

操作性教学方法是学校不同科目各自具有的特殊而具体的教学方法的总和，其中的每一种方法只适用于特定的科目教学，它与该科目的教学内容相结合，有基本固定的程序和方式，教师一旦掌握便可立即操作应用，其特点就是可操作性、具体性、与特定内容的不可分割性和程序的固定性。

2. 原理性教学方法

原理性教学方法是为具体教学方法提供理论指导，具有理论性的教学方法，是教学理念在教学实践中方法化的结果，不具有固定的程序和步骤，程序和步骤是高度抽象化和概括化了的，它们不具有操作性，不能被直接运用于学校各科的教学，而是通过影响教学主体的思想、观念，渗透到各科具体教学的设计和实施中。具有四大特点：抽象性、内容广泛适用性、程序的非特定性和原理指导性。

第六节　教学组织形式

一、教学组织形式的概念

教学工作不仅要通过各种教学方法去进行,而且要通过各种组织形式来进行。关于教学组织形式的概念,国内外教育学和教学论有不同的表述。有的认为:"教学组织形式就是关于教学活动应怎样组织,教学的时间和空间应怎样有效的加以控制和利用的问题。"有的学者则认为,教学组织形式是"教学过程中学生和教师的搭配在一定程度定型化了的持续的模式"。还的学者认为:"教学组织形式就是由既定的作息制度和规章制度规定的师生之间的相互作用。""上述定义表述虽不尽相同,所揭示的教学组织形式特点有所不同,但有的特点却是共同的:教学活动要服从一定的教学程序,服从一定的时空条件,并形成"定的"搭配"关系;这些程序和"搭配"关系是相互作用。因此我们可这样定义教学组织形式,教学组织形式是为实现一定的教学目标,围绕一定的教育内容或学习经验,在一定时空环境中,通过一定的媒体,教师与学生之间相互作用的方式、结构与程序。

二、常见的教学组织形式

教学组织形式不是固定不变的东西。随着社会政治经济和科学文化的发展及其对培养人才要求的不断提高,教学组织形式也不断发展和改进。教学组织形式一般可以从宏观和微观两个层面来理解:宏观层面的教学组织是教师与学生从事教学活动的一般化的、比较稳定的外部组织形式或框架,这可以区分为班级授课组织和个别化教学组织两类基本教学组织形式;微观层面的教学组织形式即比较灵活的具体教学过程的组织,这可以区分为"同步学习""分组学习""个别学习"。

三、我国现行的教学组织形式——班级授课制

班级授课制又称课堂教学,是把一定数量学生按年龄特征和学习特征编成班组,使每一班组有固定的学生和课程,由教师根据固定的授课时间和授课顺序(课程表),根据教学目的和任务,对全班学生进行连续上课的教学制度。最早由夸美纽斯提出,后来赫尔巴特完善了这一理论,苏联的教育家凯洛夫最终完善了这一理论。我国最早使用班级授课制是 1862 年。现已是我国目前学校教学的基本组织形式,也是国际上最通用的教学组织形式。其他教学形式无法取代的优点,在提高教学质量与效率上仍能起主要的作用。

(一)班级授课制的产生与发展

班级授课制是人类社会发展到一定历史阶段的产物。16 世纪以后,随着资本主义的发展,生产力水平得到空前的提高,社会对劳动者的素质提出了新的要求,从而导致教育范围扩大,学生人数增多,教学内容更新,传统的以个别教学为主的教育活动已不能适应社会对人才培养的需求。另一方面,由于生产工具的革命,使得占统治地位的生产方式由个体的、分散的手工方式转变为集体的大机器生产。生产模式的变革给教育家以启迪:生产可以同时进行,教学为什么不能集体进行。于是,西欧的一些国家便开始尝试班级授课制,17 世纪初,在乌克兰兄弟会学校中兴起了班级授课制的组织形式。

1632 年,捷克著名教育家夸美纽斯在总结前人和自己实践经验的基础上,出版了《大教学论》。该书最早从理论上对班级授课制做了阐述,为班级授课制奠定了理论基础。此后,班级授课制迅速推广,到 19 世纪中叶已成为西方学校教学的主要形式。我国最早采用班级授课制的是 1862 年清政府在北京设立的京师同文馆。1902 年,清政府颁布《钦定学堂章程》后,班级授课制在全国广泛推行。直至现在,班级授课制仍是我国各级各类学校教学的基本组织形式。

（二）班级授课制的基本特征

班级授课制属于集体教学范畴，与个别教学相比，它有如下基本特征：

第一，以班为单位集体授课，学生人数固定。班级是进行教学的基本单位，同一个教学班学生的年龄和知识程度大致相同，每班的人数比较固定，通常是30—50人。

第二，课程设置和教学内容统一。将教学内容按照学科和学年进行划分，以确定各年级要掌握的内容；然后在此基础上，将具体的教学内容以及实现这种教学内容的教学手段、教学方法分成更小的部分。各部分内容分量不大，彼此间相互衔接，又具有一定的完整性。

第三，教学进度与学习年限统一。每门学科的总课时数、学年课时数、周课时数，一般根据固定的课程计划来确定。各班的课时表规定每日的课时安排，每节课的时间一般是统一固定的。

第四，分科教学。根据学校的任务、学生年龄特征和发展水平，选择必须掌握的某门科学的基础知识组成教学科目，分别对学生进行教学，确保学生获得连贯的、系统的知识。

（三）班级授课制的优缺点

总体来说，班级授课制适应了现代社会大规模培养人才的需要，体现了教学活动的基本规律，是一种富有生命力的经济实用的教学组织形式。

班级授课制的主要优点有：

第一，有严格的制度保证教学的正常开展和达到一定质量。它在自身发展过程中形成了一整套严格制度：如按年龄、知识编班分级制度；学年、学期和学周制度；招生、考试和毕业制度；作息制度；课堂纪律与常规等，使教学制度化、规范化和科学化，保证教学活动正常运转并获得一定质量。

第二，有利于大面积培养人才。由于以班级作为单位来培养人才，一个教师能同时教几十个学生，扩大了单位教师的教学能量，扩大了教育对象，加快了教学进度，是使学生在较短的时间内有系统、有重点地学习人类知识体系的一种经济、有效的形式，大大提高了教学效率，有利于大面积地培养人才。

第三，有利于系统知识的传授。班级授课制能以周课表的方式科学地安排各科教学，使之有条不紊地交错进行，确保学生循序渐进地学习和掌握各学科的系统科学知识，完成预定的教学计划。

第四，能够充分发挥教师的主导作用。各国的教育教学实践都反复证明，迄今为止最能充分发挥教师在教学中的主导作用的教学组织形式仍然是班级授课制。它保证了每个学生的活动都自始至终在教师的指导下进行，学生的学习活动得到了很好的组织。而且，班级授课制主要也是在对充分发挥教师的主导作用，最大限度地提高教师工作效率和使各科教师协调一致对学生进行教育、教学等问题的探索中而形成起来的，并不断得到改进、发展和完善。

不过，班级授课制也有它的缺点：

第一，教学活动多由教师做主，学生学习的主动性和独立性受到一定程度的限制。学生动手机会较少，教学的实践性不强，不利于培养学生的实际操作能力。

第二，强调系统的书本知识的学习，容易产生理论与实际脱节，而且学生主要接受现成的知识成果，其探索性、创造性不易发挥。

第三，班级授课制的时间、内容和进程都固定化、形式化，不能够容纳和适应更多的教学内容和方法。

第四，强调教学过程的标准、同步、统一，难以照顾学生的个别差异和对学生进行个别指导，不利于充分发展学生的潜能、培养学生的特长，也不利于因材施教。

第五，班级授课制以"课"为活动单元，而"课"又有时间限制，因而往往将某些完整的教学内容和教学活动人为地分割，以适应"课"的要求。

第六，班级授课制缺乏真正的集体性。教师虽然向许多学生同样施教，而每个学生各以自己独特的方式去掌握，每个学生分别对教师负责，独自完成自己的学习任务，学生与学生之间没有分工合作，无必然的依存关系。

(四)班级授课组织形式

1.全班教学

全班教学是目前学校教学中最基本的组织形式。是把学生按年龄和学业程度编成固定人数的教学班,全班学生按照统一的课程表共同接受同一位教师指导,在这种形式下,既可以根据教学内容的序列由教师在教室系统地进行教学,也可以把学生带到事物发生、发展的现场等来开展,还可以通过各种参观、见习等来开展,还可以在教师的引导下开展课堂讨论,等等。全班形式教学的效果如何,主要看任课教师是否了解班上大多数学生的学习需要和学习准备,是否调动学生的学习积极性并使自己提出的教学目标转化为学生自己的学习目标,是否呈现了难度适中的教材内容,以及教学进程是否连贯有序。

2.班内小组教学

班内小组教学是把一个班暂分为若干个小组,由教师规定共同的学习任务并由学生分组学习的班级授课制形式。它具有班级教学中教师面对学生群体进行教学的特点,但是联系这个群体的主要纽带是共同感兴趣的某门学科或某项活动。

3.班内个别教学

采用班内个别教学,教师可以因人而异地给学生布置学习任务,并花一定的时间以一对一的形式给学生辅导。其特点是在全班上课的基础上主要面向班上的差生或学习速度快的学生;教师给学生布置的学习任务以及教师进行的辅导必须以该生的学习准备、学习难点和性格特点为依据;教师的作用主要在于指导和帮助学生自学和独立钻研;但它的"代价昂贵"。

第五章 教学心理

第一节 教学设计

一、教学设计概述

教学设计是指教师在备课过程中，确定教学目标，设计解决问题的步骤，选择相应的教学策略和教学媒体，分析评价其结果的过程。

教学设计以学生的已有知识经验和认知水平为基础，着眼于激发、促进学生的学习，培养每一个学生的良好个性，发展学生的智力，以学生为主体，要求教师有效地使用各种教学媒体，发挥教师各种教学技能的作用，帮助学生达到预定的教学目标。根据设计教学时所依据的原则和理论的不同，可将教学设计分为经验型教学设计、程序型教学设计、系统型教学设计。

教学设计是对教学工作的预设，是教学理论向教学实践转化的桥梁，也是教师教学能力的体现，教学能力发挥作用的前提。教学设计是依据一定的教学理论，在对教学的本质、功能以及规律理解的基础上进行的。教学理论作为改进教学工作的原理和原则，是高度概括、抽象的，对教学工作具有指导作用。教师的教学理论是其教学理性的基础，是教学行为有效性的保证。但是教学理论作用的发挥，是通过教师的教学行为实现的，而教学行为是由一系列的方法和技术组成的，通过教学设计可使教学理论和教学行为之间建立有机的联系，使教学理论现实化，也使教学行为理性化。教学设计能力是每一位教师教学能力的基本组成部分，提高教学设计能力是教师专业发展的客观要求。

二、教学设计的内容

教学设计的内容包括多个方面：首先是设计的教学目标；其次是明确为实现这一目标所采取的教学策略和具体措施；最后是对教学评价的设计。这几个方面不是相互独立而是有机结合、密不可分的，只有统一考虑才能得到合理有效的教学设计。据此我们可以看出，教学目标、教学资源的综合利用和教学评价是构成教学设计的三个基本要素。其设计程序如图 8-1 所示。

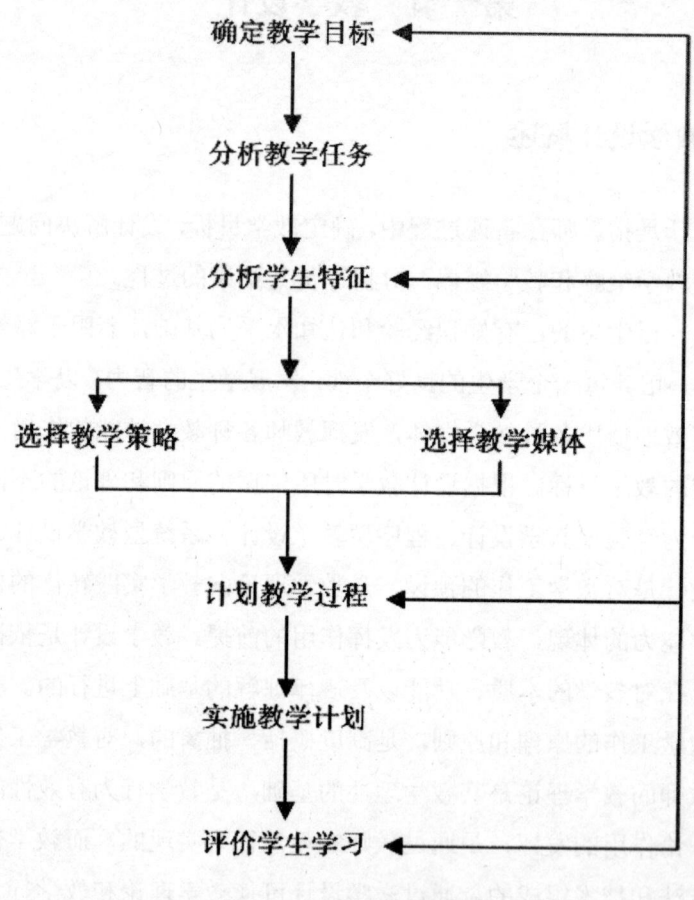

图 8-1　教学设计程序图

（一）教学目标设计

教学目标是指教师在教学过程中预期达到的教学效果。根据布鲁姆等人关于教学目标的分类，一般包括认知目标、情感目标和技能目标。

在我国基础教育课程改革中，明确地提出了教学的三维目标，即知识与能力，过程与方法，情感态度与价值观。这三个目标是有机地统一在教学过程中的，对于学生的未来发展具有重要作用。

在教学目标设计时，为保证其科学性和实用性，应遵循以下几个原则：可接受性原则、明确性原则、全面性原则、系统性原则、相对弹性原则。

（二）教学计划与教学内容

教学计划与教学内容设计包括教学计划、教材的分析和处理、教学媒体的选择等。教学计划包括学期进度计划、单元教学进度计划、课时计划。这三种计划的设计是一个由整体到局部，由抽象到具体，由粗到细，逐步细化和深化的过程；教学内容设计主要指教材内容的分析和处理，是教学设计技能的重点。

（三）教学策略设计

教学策略设计是教师对自己如何教以及指导学生如何学所采用策略的设计，亦即教学打算，主要包括课型确定、课的结构、教学方案选择策略等。

课型确定应以教学任务的不同，选择不同的课型。以传授新知识、新技能为中心的应选择新授课；以复习为中心任务的应选择复习课；以培养学生实际操作能力和行为习惯为中心任务的选择练习课；以了解学生掌握知识程度为中心任务的选择考试以测验课；以验证课题为中心任务的选择实验课。

课的结构包括组织教学、复习检查、讲授新课、巩固新课、结束等环节。课的结构模式是感知、理解、巩固、运用、检查等阶段。各科教学可依据顺序确定教学步骤。为保证教学任务的完成，科学地分配教学环节的时间，全面安排，机动灵活。

教学方案选择策略指教师在完成教学任务时，选择使用教学的途径和手段的策略。教学途径是多样的，根据教学目标和教学内容及学生特点，应选择不同的教学途径。

三、教学设计的心理学依据

教学设计是为成功教学创造条件，是具有奠基性的工作。教学设计应该是合理的，只有合理的教学设计才能转化为有效的教学。因此，为了保证教学设计的合理性，教师应该认识清楚教学设计的依据是什么，教学设计才能是理性的，而不是盲目的。

在教学设计时，教师应该认真地研究课程标准，钻研教材。课程标准在研究教学目标时是非常关键的，它体现了国家对该门学科的教学要求，教材内容是确定教学具体目标和方案的依据，在小学教学中，教材内容的学习是一项基本任务。但是，教学设计也应该注意心理因素，关注心理因素是教学设计有效化的基础。心理因素主要包括学生的心理因素和教师的心理因素。

（一）学生因素

学生是学习的主体，学习主要是以个体感知、理解、实践的方式进行的，但个体是在群体中学习的，不同的个体构成的群体有不同的心理特点，对学生个体的学习发生着明显的影响。因此，在进行教学设计时，应确立"为学生学习而设计"的基本理念，教学设计以促进学生发展为宗旨，以学生已有心理基础、心理差异为出发点，关注教学的过程，使过程与结果并重。一方面应考虑学生的个体特点，如学生的学习态度、学习能力、已有的知识经验水平、个性特点等；另一方面应考虑学生群体的特点，如班风、学生的总体接受能力、班级的合作学习氛围等。只有适应学生特点的教学才是好的教学，只有适应学生特点的教学设计才是好的教学设计。

（二）教师因素

以往在教育学、教材教法教科书上，对教师在教学准备时还应考虑自身特点方面重视不够。实际上，在学校教育尤其是小学教育教学中，教师对学生的学习影响很大，这种影响与教师的心理特点关系很密切，如教师的个性特点、教学机智、教学情感特点、师生关系认知等。教学设计应该既注重学生的心理，也应适合自己的心理特点，因为教学设计是通过教师自己来实施的。

第二节 教学实施

一、教学实施的意义

教学实施是通过教师的教学行为把教学设计现实化的过程。小学教学的最终目的，就是为实现小学生的德、智、体、美、劳全面发展和个性发展奠定基础。德、智、体、美、劳的培养目标是一个有机联系的整体；学生的全面发展和个性发展也是一个整体。三维教学目标也是一个整体。教学的传递功能、发展功能和教育功能更是不可分割的。教学实施过程是教学的基本过程，学校教育目的的实现，是通过各科教学的实施达成的。

教学是师生双边活动的过程，教学任务的实现必须以教学实施为前提。通过教学实施，可进一步强化教师的职业角色意识，增进教师的文化修养，提高教师的教学才能，形成教师的独特教学风格，进行教育教学的创新。

在教学实施过程中，教师的教学监控能力是教学得以顺利进行以及教学有效性的保证，是教师素质的关键构成成分。教学风格是教师在教学过程中形成的，也是优秀教师应具备的基本要求。因此，本节重点介绍教学监控能力和教学风格的有关问题。

二、教师的教学监控能力

近年来，研究者对专家型教师和新教师进行了大量的对比研究。结果发现：二者的最大差异表现为教学监控能力的差异。

（一）教师教学监控能力的含义

教师教学监控能力指教师在教学过程中，为成功地实现教学目标，以教学活动为监控对象，不断地对其进行积极主动地计划、监视、检查、评价、反馈、控制和调节的能力。

教师教学监控能力这一概念的提出有其深刻的理论基和现实依据。许多理论对这一概念的提出产生了或多或少的影响。主要的理论渊源有三个方面：言语的自我指导理论、社会认知理论和认知建构理论。除了理论来源之外，教师教学监控能力的研究也有现实依据。

（二）教师教学监控能力的特征

1. 主动性

人类任何监控活动的发生都是建立在实践者自愿和自主的基础之上的，教师也不例外。教学监控的关键就在于管理和调控整个教学过程，其目的在于使学生得到更充分的发展。

2. 反馈性

监控是建立在信息反馈基础上的调控。教师要不断地去获取教学活动系统的有关信息，并以此及时调节和控制教学活动的各个环节。评价和反馈贯穿整个教学过程，是教师教学监控能力的基础。

3. 调节性

所谓调节性指根据反馈回来的信息，通过采取修正、变革、调整等措施，使教学良性运行。

4. 有效性

教学监控能力的出发点和目的都是尽可能使教学过程达到最优化，包括选取最佳的教学方法，对教学活动各要素进行最佳的配置、最佳的结合，从而使它们发挥出最佳效果，最终促进学生的发展。

（三）教师教学监控能力的结构

教师教学监控能力由多种因素构成，主要包括：计划与准备、评价与反馈、调节与控制、反省。

（四）影响教师教学监控能力发展的因素

影响教师教学监控能力发展的因素有很多，主要有教师个人因素和环境因素。

从教师自身因素方面看，主要有动机、知识、观念。教师所具有的知识包括：学科知识、教学理论知识、教育实践知识。另外，教师对自己兴趣、爱好、教学能力、认知风格等的认识也影响着教师的知觉和判断，影响着教师教学监控能力的发展，影响着他们的教学行为。

环境因素对教师教学监控能力的影响也是明显的。社会文化环境、学校内外环境、家庭等诸多因素都会对教师的教学监控能力产生影响，其中最重要的当属同事之间关系、师生关系、领导与教师关系等。学校风气、教师待遇、学校的规章制度等，以潜移默化的方式影响教师的教学行为，它们同样影响着教师教学监控能力的发展水平。

（五）教师教学监控能力的发展与培养

1.教师教学监控能力的发展

教师教学监控能力不是先天形成的，而是在长期的教学活动中逐渐形成和发展起来的，总的发展趋势表现为以下四个方面。

（1）从他控到自控。所谓他控，是指教学活动为外界所左右；而自控是指教学活动是由自己自主地调节管理。随着各方面知识的不断丰富，教学监控经验的日益增多，教师教学监控能力便由低级发展到高级。

（2）从不自觉经自觉达到自动化。在教学监控能力开始形成时，教师的监控行为往往表现出很大的不随意性。随着教学经验的积累和有意识的自我培养，教师能够注意到自己教学的进程，能根据学生的反应调整自己的教学，随着教师自身的努力和专家的指导，教师的教学监控能力最终会达到自动化的程度。

（3）敏感性逐渐增强。教学监控的敏感性是指教师根据教学情况和学生反应对自己的教学活动作出最佳调节和修正的灵敏程度。敏感性的不断提高是教师教学监控能力发展的一个明显特征。

（4）迁移性逐步提高。教学监控能力的迁移性是指教师教学监控的过程和方式可以从一种具体的教学情境迁移到与其相同或类似的其他教学情境中去。迁移性的增强是教师教学监控能力真正提高的一个重要标志。

2.教师教学监控能力的培养

教学监控能力的养成是教师个人专业发展的目标之一，也是学校打造高素质教师队伍应做的工作，关键是教师个体的积极性。

（1）教师要明确教学监控能力的意义及作用。

（2）掌握教学监控的知识。

（3）采用干预手段。

三、教学风格

（一）教学风格的含义

教学风格，是指教师在长期教学实践中逐步形成的富有成效的一贯的教学观点、教学技巧和教学作风的独特结合和表现，是教学艺术个性化的表现。只有在教学领域里善于总结经验，摸索教学规律的教师，才会形成独具特色的教学风格。教学风格是教师专业成熟的重要标志。

（二）教学风格的表现类型

由于每个教师在品德修养、知识结构、思维特点、教学追求等方面有所区别，各有所长，所以就形成了不同的教学风格。根据教学风格在教学中的不同表现，总体上可把教学风格划分为四种类型：理智型教学风格、情感型教学风格、幽默型教学风格和求美型教学风格。

（三）教学风格的形成过程

教师从开始教学，到逐渐成熟，最后形成独特的教学风格，是一个艰苦而长期的教学艺术实践过程。这个发展过程又可分为模仿性教学阶段、独立性教学阶段、和个性化教学阶段。每个教学的发展阶段，都各有自己的特点。

每个发展阶段的顺序不能颠倒,并且从一个阶段发展到下一个阶段,都需要一定的主客观条件。

(四)教学风格形成的途径

1.学校领导要注意更新教育观念,发展教学民主,鼓励教师形成自己个人的教学风格。

(1)要提倡"百花齐放,百家争鸣"。

(2)需独具慧眼,发现每一个教师良好的风格苗头,并加以因势利导,使之发展成为独特的教学风格。

(3)教学评价工作要把教师形成个人风格作为衡量教师成熟和教学工作成效的一个重要指标。

2.形成独具特色的教学风格是每个教师应有的自觉追求

(1)教师要有"乐教"的积极精神,把教学当作一种艺术性的事业。

(2)掌握教育教学的基本规律,苦练教学基本功。

(3)要注意扬长避短,发挥个人优势。

(4)要定向发展,有意识地进行锻炼和提高。

(5)要把继承和发展、学习与创新结合起来。

第三节 教学评价

一、教学评价概述

教学评价是教学过程的一个重要环节。它是根据一定的教育教学目的和教学计划,利用多种方法和手段,对教学活动进行研究,从而对教学质量、教学效果作出客观性的价值判断的过程,它是教学过程中的一个不可缺少的组成部分。

教学评价在教学活动中具有非常重要的意义,具体表现在以下几个方面。

(1) 加强教学评价有利于教学过程的自身调节和良性循环。

(2) 有利于激励教和学的积极性。

(3) 有利于优化教学过程,大面积提高教学质量。

(4) 有利于建立学校、家长、社会三结合的教育网络,优化育人环境。

二、教学评价的种类

教学评价根据功能和目的可分为诊断性评价、形成性评价和终结性评价。

(一) 诊断件评价

诊断性评价是指在教学活动开始前为使教学计划更有效地实施而进行的评价。进行诊断性评价是为摸清教学的基础,使教学适合学习者的需要。教师在教学前对学生所进行的诊断性评价,目的是使教学更有针对性,而不是给学生贴标签。

(二) 形成性评价

形成性评价是指在教学进程中,为使活动效果更好而调整教与学所进行的评价,主要目的是测定学生对某一具体学习任务掌握的程度,使师生对教与学的过程有更明晰的了解，不断地调整教与学的活动。

（三）终结性评价

终结性评价是指一个学期、一个教程或一个学程约束的时候，为了进行分等级、鉴别，或对课程、学程以及教学计划的有效性进行研究所作的评价。

三、教学评价的操作

（一）教学评价的内容

教学评价是对整个教学过程而言的，而其重点是对课堂教学的评价。课堂教学评价的内容一般包括：教学思想、教学目的、教学内容、教学过程、教学素质和教学效果。

（二）教学评价的程序

1.明确评价目标

在进行教学评价时，首先要明确评价的目标，它可使教学评价具有明确的方向性，增强教学评价的针对性、有效性。一般来说，教学评价的目标包括以下两个方面：

（1）直接与教学有关的目标：主要包括教师的备课、教材处理、教法实施、教师素质及教学效果；学生的学习态度、学习习惯、学习兴趣、学习成绩等。

（2）间接与教学有关的目标：主要包括教师的学历、教龄、工作状况、兴趣特长；学生的家庭、社会环境影响、智能、身体状况、交友情况；学校的设备、管理及社会上尊师重教的程度等。

2.制订评价方案

制订评价方案时应着重考虑以下几个方面：评价哪些主要内容，每项内容所占的权重，分几级评价，每级各得多少分，评价时应注意哪些问题，如何进行总结分析等。在制订评价方案时，要考虑方案的可行性、针对性、全面性，同时还要有一定程度的灵活性、变通性。

3.科学地分析评价结果

运用种种方法获得所要评价的数据之后，为确保评价判断的准确性，还要对所获得的评价数据进行科学的分析。在这里应注意以下几点。

（1）要全面地进行考虑。

（2）要客观地进行分析。

（3）要科学地进行研究。

教学评价的内容也是教师教学反思的内容，一个教师只有经常不断地进行教学的自我评价，才能发现教学中存在的问题，通过改进，提高教育教学能力。

第六章 班级群体心理与管理

第一节 班级群体心理

一、班级群体的种类及特点

学校是有目的、有计划、有组织地对学生系统传授知识技能、社会价值和社会规范的机构,班级是学校的基层单位。学生主要是在班级中接受教育的,班级是学生学校生活的微观环境。班级群体的建设不仅关系到学校的教育教学目标的实现,而且关系到学生身心的发展。学校是个大的群体,年级、班级则是不同层次上的群体。群体具有以下特点:

1.群体成员有共同的目标。

2.群体成员明确意识到自己属于某个群体。

3.群体内存在一定的结构。

4.群体内有占优势的为多数成员所认同的价值观和规范,以及由此形成的强大的群体舆论压力。

西方行为科学学派根据群体的构成,把群体划分为正式群体和非正式群体两大类。在小学低年级这种非正式群体不太突出,而到高年级在班级中已有非正式群体的现象。在班级管理中,班主任应善于利用非正式群体沟通渠道畅通、信息交流迅速、彼此心心相印、凝聚力强的特点,了解各方面的情况,并委托其完成一定的任务;还要善于利用非正式群体心理协调的特点,与其合作,把其活动目标归入班级正式群体的目标。

二、班级群体心理及行为

群体是由个体组成的,但群体中的个体不是孤立存在的。在群体中个人与其他人相互作用,形成互动关系。也就是说,群体会对其中个体产生影响,而个体在群体情境下会出现心理和行为上的变化。

（一）班集体的规范约束力

学校和班集体自身所确立的各种规章制度、行为准则等,都是具有强制性和教育性的规范,班集体中的每个师生都必须遵守。集体规范是评价师生思想品德、学生能力、行为方式等优劣的标准,是对师生进行奖惩的依据。它对教与学、言与行具有积极的反馈作用和调控作用。在小学教育中,充分发挥班集体的规范约束力对于小学生的社会化过程具有重要影响,也有利于提高班级的总体学业成绩。

（二）班集体的凝聚力

班集体的凝聚力是由班集体对师生的吸引力和师生对班集体的向心力结合而形成的内聚力。班集体的内聚力越强,越能增强学生的友好交往和维护集体利益的自觉性,从而促进班集体的巩固和发展,保证组织目标的顺利实现。

（三）士气

士气指群体在完成任务时的工作精神。高昂的士气就是群体成员普遍表现为态度积极和情绪高涨。士气不仅代表个人需求满足的状态,而且代表个人认为这种满足是群体带给自己的,因而愿意为群体目标而努力的一种态度。士气是一个集体的精神面貌的鲜明表现,是直接关系到工作成败的重要因素。

（四）从众行为

从众是指个体在群体中,由于受到某种压力,在群体作用影响下,放弃了个人的意见,而与大家保持行动一致的心理行为,日常生活中常见的"随大流"现象就是从众的一种表现。但是这种压力不同于行政压力和舆论压力，不具有直接的强制性和威胁性。

从众有助于形成群体的一致行为，有助于完成群体目标。但是，由于从众心理倾向于形成标准化的行为模式，排斥与众不同，因此，若引导不当，有时会扼制学生的创新精神，阻碍个性发展。

（五）去个性化

个人在群体情境中可能失去自我认同感和责任感，失去自我控制，行为放肆，表现出独处时通常不会做出的行为。这种个人在群体中处于相对丧失个性状态的现象称为去个性化。

小学生自我意识水平不高，自我控制能力比较差，很容易出现去个性化的现象。因此，在学生的管理中，一方面要防止学生中发生破坏性行为的"聚众"情境；另一方面可以利用这一规律，创设"群情激昂"的情况来组织有益的活动，培养学生优良的品质。

（六）社会助长作用和社会阻抑作用

许多研究和实践证明，在做某些工作时，和别人一起做往往做得既快又多且好，比一个人单独做时效率高。这种个体在群体中活动增质增量的倾向被称为社会助长作用。

小学生尤其是低年级学生的学习还不是很复杂的脑力劳动。因此，一般说来，在群体中学习，如课堂上完成作业、同学们在一起复习功课等都比单独个人活动效果好。但是随着年级的升高，学习内容复杂程度加大，越来越需要单独活动，有时群体情境会产生干扰作用。而在体育活动和公益劳动中，任何年龄的学生作为集体的一员或其他同学一起参加活动都比自己单独活动更有兴趣，有干劲，表现更好。

第二节　班集体的建立与成长

一、班集体的建立

班集体不同于班级。班级是由校行政部门依据一定的编班原则把几十个年龄和学龄相当、知识掌控程度相近的学生编成的正式群体。班集体则是班级形成、发展的高级形式，是具有共同奋斗目标，有健全的组织和领导核心，有严格的纪律和制度，有正确的舆论和优良作风，能团结互助及求实进步的班级。

（一）建设班集体的意义

1.班集体是培养学生集体主义观念、集体主义精神的客观需要

对学校教育来讲，只有在集体组织、在班集体活动中才能培养集体主义者。因为在健全的班集体中，学生在共同的学习、劳动、生活中，在与班集体成员的相互接触和共同活动交往中，才能促使他们学会正确处理个人与集体、局部与整体、民主与集中、自由与纪律、权利与义务、命令与服从等方面的关系。

2.班集体是学生思想品德形成与发展的最佳环境

活动和交往是学生思想品德形成和发展的基础——这是学生思想品德形成和发展的一条基本规律。在班级授课的教学组织形式下，学生的活动和交往主要是在班集体中进行的。对学生来说，基本的社会环境就是学校和班集体。学生在校的绝大部分时间是在班集体丰富多样的活动中度过的。因此班集体对学生思想品德的形成与发展有着特殊的作用。

3.健全的班集体是教育后进学生的"最好教师"

实践告诉我们，教师如果把自己从班级中孤立出来，把班集体中个别后进学生的问题变成师生间的矛盾，不但班集体的工作做不好，而且做好个别

后进生的转化工作也会事倍功半。相反,如果把一个后进生安排在良好的班集体里,他就能很快成为一个进步明显的学生。马卡连柯在对流浪儿童的教育、挽救中,始终把通过集体进行教育放在十分重要的位置。

4.班集体是学生的精神家园

作为学生个体所生活的群体,良好的班集体是学生生活和学习的"精神家园",只有在集体,学生的心理需要如安全需要、归属与爱的需要、尊重需要等才能获得满足,使学生心里感到充实,有依靠,同学之间通过相互交往,可以扩大信息获得渠道,建立同学友谊。

(二)班集体的建立

1.建立正常的班级秩序

建立正常的班级秩序是班主任应首先考虑、做好的工作。要建立正常的班级秩序,首先要做好以下六方面的工作:

①通过查阅学生档案、观察、谈话、访问等,做好了解学生的工作,对班级每个学生的基本情况及班级整体的基本情况,都做到心中有数。

②开好第一次班会,创造良好的第一印象。

③以身作则,搞好第一次卫生大扫除。

④搞好班级建设,选好班干部,发挥班干部的积极能动作用。

⑤搞好第一次考勤检查工作,保证纪律的严明性。

⑥开好第一次家长会。

2.确立班集体的共同奋斗目标

确立班集体共同奋斗目标的要求:

①既要有长期的奋斗目标,又要有中期、短期的奋斗目标,并把三者有机地结合起来。

②要充分发挥学生的主体作用,并与学生年龄特点相结合。应让学生通过讨论,在教师的引导下,制定出相应的切合实际的目标。

③把学生个人的奋斗目标与集体的奋斗目标结合起来。

在班级目标的表述中,要结合小学生的特点,以简单、明了、易记的方式出现。

3.选拔和培养班干部

选拔和培养班干部是建立班集体的核心环节，也是造就一代新人、培养学生管理才干、促使学生全面发展的重要途径和方法。选拔班干部的过程是一个使学生学会行使民主权利、自己管理自己的过程，也是一个满足学生参与管理班级事务及成就愿望的过程，其本身有鼓励先进等多方面的教育价值。

4.培养正确的集体舆论和良好班风

正确的集体舆论和良好的班风是在共同奋斗目标确定和班委会建立后，经过师生不懈努力而达到的最理想的班集体表现形式。所谓集体舆论，是指在集体中占主导地位的、为大多数人认同的言论和意见。班风是班级中形成的在言论、行为、情绪上长期占主导地位的稳定的倾向，是得到集体舆论支持的集体成员的自觉行为。

培养正确的集体舆论和良好班风，应采取一定的方法。主要有：

①经常组织学生学习小学生守则、学校的规章制度，提高学生的道德认识和思想认识。

②指导学生充分利用班级墙报、手抄报、学习园地以及班会等宣传和表扬班级的好人好事，发扬正气，对不良的思想和行为进行批评、引导。

③对班级学生中的一些共性问题、典型问题及一些社会现象，组织学生讨论、辩论，澄清思想认识。

④教师关于利用学生对自己的向师心理、敬仰心理，引导学生在学业上努力，比学赶帮等。

在班集体的建立过程中，班主任的工作方式对班集体的建立具有重要意义。研究表明，民主型的管理方式有助于班集体的迅速建立，而专制的或放任的管理方式则不利于班集体的有效建立。

二、班集体的成长

一般认为，班集体的形成和成长过程经过以下四个基本阶段，或称为四个时期。

（一）松散期

班级组建初期，大部分学生互不认识，彼此之间还没有许多思想上的交流，互不了解。彼此接触少，还没有产生感情，表现为既无矛盾也无好感，相互影响不大。事实上，这时班级的成员虽然已经聚到了一起。但每个人还是孤立的个人。班级学生行为上表现出的一致性，只是服从教师的结果，规范和舆论都还没有形成，所以群体是松散的。

（二）同化期

成员之间开始熟悉，在频繁来往中结成伙伴。部分积极分子带头接受教育，要求协助班主任开展工作。在这一阶段，班主任也有意识地给以极分子布置一些工作，扩大他们在同学中的影响。班级工作中虽然已经有骨干配合，但主要还是教师安排一切。班级中学生之间的关系以共同活动为基础，在活动中学生的地位和作用开始分化，出现各种活动的带头人和追随者。对班级的个别问题，开始出现争论。这时班级处于联合体和合作体的状态。班主任如果满足于这种状态，班级将在今后处于停滞状态，不易向前发展。

（三）凝聚期

在班主任的培养和扶持下，一些个性品质好、有才能、受到同学欢迎的积极分子成为班里的骨干，形成班级群体的核心。班级核心在班主任的指导下逐渐独立开展工作，组织活动。随着班级工作的活跃和卓有成效，核心吸引力和号召力增强，全班学生团结在它的周围，对群体认同感增强，集体荣誉感产生；对班级中的大事有不同意见开始争论，并能最后形成一致的意见和态度。

（四）形成期

班级核心独立工作能力的增强，能较好发挥集体功能，实现自我管理。班集体在形成过程中由不成熟到成熟，其标志如下。

1.师生对班集体活动目标认同,志愿为实现组织目标奋斗

师生对所在的班级提出的活动目标价值有深刻的理解,自觉自愿地把自己的目标纳入集体目标,并为之实现而积极奋斗,是集体成熟的首要标志。

2.师生分工明确,对班集体规范内化,组织严密,自觉遵守纪律

集体规范是师生行为的准则,一旦内化为自己的需要时,就会自觉地遵守纪律,维护班集体的各种规章制度,形成良好的班风,以保证集体活动目标顺利实现。

3.师生对班集体归属感强,集体舆论健康,富有感染力

师生对集体的归属感来源于集体的成就而形成的集体荣誉心。集体对个体利益的维护,安全需要的满足,能增强其归属感。师生对班集体的归属感越强,则越能增强班集体的凝聚力;而班集体凝聚力越强,则越容易形成健康的、富有感染力的集体舆论;而集体舆论越强烈,则越能促进师生的认识一致,情感相融,行动协调。

4.师生对集体活动积极参与,良好的班风形成传统

学生积极参与班集体的校内外活动,关心集体的成就,以集体的成就而自豪,是集体意识强的表现。集体意识强是形成良好的班风的基础。班风是校风的有机组成部分,是班集体中的师生在交互作用中形成的富有特色的、稳定的意识倾向和行为特点在班级活动中的表现。班风是由教师的教风与学生的学风构成的一种无形的感染力量,一种无声的行动命令,一种不成条文的心理契约,对集体中的每个学生都具有心理感染的功能、行为导向的功能。

5.师生具有共同的心理倾向,并在集体活动中都能获得个性的全面发展

班集体中的师生有着共同的需要、动机、理想、信念、态度及价值观。集体的活动和交往,为个性的发展提供了条件。共同的心理倾向的形成,也是班集体成熟的一个重要标志。

第三节 班级纪律管理

一、班级纪律的含义

在学校生活中，学生对群体规范遵从的水平最突出地体现为遵守学校纪律。纪律是群体为维护共同利益并保证工作生活正常进行而制定的、要求各个成员遵守的某种准则，它对人的行为施加外部控制。就群体而言，纪律总是以奖惩等外部手段来执行的。就个人而言，遵守纪律可能出于服从或认同，而当纪律转化为个体内部的要求的时候就成为自我约束，或自觉纪律了。自觉纪律是儿童人格发展、道德发展、知识技能学习和个人安全所必需，是个体社会化的一项重要内容。

在学校生活中，纪律是实现教育教学各种职能的基础和手段。良好的课堂纪律是有效地进行教学的保证。

二、影响班级纪律的因素

学生违反纪律的行为和其他行为一样，是受多方面因素影响造成的。

（一）影响学生纪律行为的因素

1.个人性格因素

有些学生尤其是独生子女，在家里娇生惯养，从来没有受过任何约束，养成了不良的心理和行为习惯。

2.家庭和社区的因素

家庭生活环境存在的问题往往是引发学生不良行为的主要原因。调查表明，父母行为不良、关系不和谐、离异或有犯罪情况家庭的学生容易出现行为问题。另外，父母价值观和行为习惯都潜移默化地影响子女。

社区也是影响学生纪律的重要因素。小学生在交往中一般与同一社区的同学交往较多,当社区整体环境不良或交往同伴有不良习惯以及有错误、消极的价值观时,学生很容易受到影响。

(二)影响班级纪律的因素

和个别学生的纪律问题一样,班级纪律不良也是由不同原因造成的,大致可归纳为以下几种情况。

1.与课程有关

许多有纪律问题的班级都是在上某一门课,或某几门课时才存在较严重的纪律问题,而在另一些课上却表现出较好的纪律和积极性。这可能是由于课程内容贫乏、缺乏趣味,或教法呆板,或课程深度远远超出一般学生的水平,使许多学生在学习上有困难等。

2.教师与班级群体关系不好

有的班级在多数课堂上纪律很好,唯独在某一位教师的课上总出问题,有时还会很严重。这种情况追究起来,多源于教师和班级学生群体相互作用中发生过矛盾,彼此留下不良印象,进而形成了偏见,师生之间潜伏着一种抵触情绪,相互反感。在这种心理背景下,个别学生有不守纪律的行为时,不但感受不到应有的群体压力,反而得到公开的或暗中的支持,进而波及全班。

3.班级缺乏良好的规范和健康的舆论

一个班上如果大多数学生在大多数的情况下都不遵守纪律,则是一个规范的问题了。这种情况的存在,一般说来,在正式规范没有得到切实的贯彻执行的同时,群体中存在着与正式规范相抵触的非正式规范和与之一致的舆论。

另外,有的班级纪律不好是与整个学校纪律不好相一致的。这种情况主要是受地区亚文化和环境的影响造成的。学生的来源是一个重要的因素。有的社区的价值观就是轻视教育、鄙薄知识的,以这些社区的学生为主要生源的学校和班级就不容易有好的纪律。

三、班级纪律管理

（一）提高班集体管理效能的心理原则

提高班集体的管理效能，在班级管理中需要遵循符合教育管理心理规律的一些基本要求。班级纪律是班集体建立的重要标志，也是学生学习适应、进入社会所必需的。因此，需要加强班级的纪律管理。如果班集体的管理活动违背了下列心理原则，就会影响学生个体的健康发展。

1. 心向一致的原则

所谓心向一致，就是指自觉地加强目标管理，把班集体的组织目标转化为师生共同的意向，同心协力，同舟共济，为实现共同的目标而努力奋斗的心理状态。

教师应善于强化学生为实现集体目标而奋斗的行为。因为班集体的活动目标是靠全体师生积极进取、艰苦奋斗而实现的。班主任只有善于强化学生为实现集体目标奋斗不息、公而忘私、遵纪守法、严于律己、自觉奉献的信念，才能激发师生为实现集体目标而奋斗的积极行为。

2. 心理投入的原则

所谓心理投入，即指教师通过民主管理，在班集体活动的过程中引导学生积极参与班级管理工作，以主人翁的态度对组织的决策认同，自觉地为实现集体目标献计献策、尽心尽力的心理状态。

所谓班级民主管理，就是要坚持民主集中制的原则，高度信任学生，不断增强他们的主人翁感、责任感和义务感。为此要帮助学生正确对待民主和纪律的关系。在班集体中学生参与管理，不是各自为政，也不是随心所欲。班集体中严明的组织纪律，是学生参与班级管理的保证。

3. 心理平衡的原则

所谓心理平衡，就是指在管理过程中所在集体的每个成员都感到自己同样是受到尊重、信任和重视的，因此在认识、情感诸方面所形成的一种舒畅和欢快的心理状态。

心理是客观现实在人脑中的反映，由于客观事物是运动、发展、变化的，充满着矛盾，班集体中的每个学生受挫、需要不能满足的情况，总难免发生，在目标受挫、需要不能满足时，就会导致心理失去平衡，这是不依人的意志为转移的客观规律。每当学生心理不平衡时，就需要加强政治思想工作，以促进其心理尽快平衡。因为心理平衡有利于形成安定团结的局面，减少和消除学生对老师的疑惧心理和对立情绪，有助于师生之间建立融洽的关系，便于提高学习、工作效率。

4.心理的疏导原则

所谓心理疏导，就是教育者要以理服人，疏通交往渠道，消除社会偏见，形成和谐的人际关系，最大限度地提高集体的管理效能。

心理疏导是通过师生交往来实现的。教师在班集体的管理工作中要建立良好的人际关系，形成民主气氛，需要做大量的心理疏导工作。

（二）班级纪律管理策略

班级纪律问题不是个别学生的问题，既然是群体的问题就要从群体入手，要从建立好的规范开始。

1.重建班级规范，形成健康舆论

班级纪律不好主要是没有建立好的规范，所以要重新建立规范。建立规范不能只停留在公布各种规章制度、奖惩办法上，关键在于怎样建立和维持规范。班级规范不是通过班主任老师宣布、然后命令学生执行的方法来制定和建立的，最好是调动起学生的集体荣誉感，发动学生讨论，自己制定必要的规则，自己执行、监督和管理，这样建立的规范才有生命力。

2.切实解决与纪律有关的具体问题

如果纪律问题与课程质量有关，那就要切实地解决课程问题。对于这一点明确的是，究竟是纪律问题影响了教学，还是教学引起了纪律问题。如果盲目坚持是纪律影响教学的逻辑，而没完没了地去解决纪律问题，到头来还是解决不了问题。

3.面临班级纪律问题的教师要自己解决问题，不要借助其他人的权力

由于和学生群体发生过矛盾而造成学生的纪律问题的任课教师或班主任

一定要通过自己与学生之间的意见沟通来解决问题，而不要想通过其他老师或学校领导来解决问题。想通过有权力的人把学生"治住"，解决纪律问题，其效果往往是不理想的。如果教师以诚恳的严于律己的态度与学生共同研究怎样上好课，虚心听取学生的意见，学生就会为教师的真诚态度所感动，他们会佩服教师的气量，对自己不良行为感到内疚，从而与教师真诚合作。这样，问题就很容易解决了。

4.教师要以身作则

教师不但要通过语言对学生作说服工作，而且更要言行一致，身体力行。言语和行为是互相强化的，当它们是一致的时候。同一信息重复出现，增加了它的强度。而当言语和行为所表达的信息是不一致的、相互矛盾的时候，就引起学生思想上的混乱。在这种情况下，学生总是认为教师的行为是真实的。因此，教师要求学生做的事自己必须率先垂范。

5.相信学生、尊重学生，采取适当的教育方法

作为学生成长过程中的"重要他人"，小学生特别渴望得到来自教师的认可与尊重，关于小学生学习动机的研究表明，小学生学习的主要动机是赢得老师的喜爱，教学实践也表明，教师对学生的关爱是学生尊敬教师的前提。

当然，解决纪律问题没有一个通用的既定的公式，具体办法应因时因地因人而异。

第七章　心理健康

第一节　心理健康概述

一、心理健康的内涵

(一) 心理健康内涵的发展

人类对健康概念的认识是随着社会的发展以及人类自身认识的深化而不断丰富的。历史发展到现代，人类对健康的认识又发生了飞跃，不再满足于生理机能的正常和疾病的减少，开始关注心理的健康，把心理健康与生理健康摆在了同等重要的位置。一般地说，人们对健康概念的认识经历了神灵主义模式——生物医学模式——生物、心理社会模式的发展历程。

(二) 心理健康的含义

心理健康是完整健康概念的重要组成部分。国内外学者曾就心理健康的定义与内涵，从不同角度进行过多方面的阐述与探索，但至今尚未有公认的定义。

我们从广义和狭义两种角度来定义。从广义上讲，心理健康是指一种高效而满意的、持续的心理状态。从狭义上讲，心理健康是指人的基本心理活动的过程内容完整、协调一致，即认识、情感、意志、行为、人格完整和协调，能顺应社会，与社会保持同步并在此基础上发挥自己的潜能。

二、心理健康的标准

(一)心理健康的等级

人的心理健康水平大致分为一般常态、轻度失调、严重病态三个等级。

一般常态：表现为心情经常愉快，适应能力强，善于与别人相处，能较好地完成同龄人发展水平应做的活动，具有调节情绪的能力。

轻度失调：表现出不具有同龄人所应有的愉快，和他人相处略感困难，生活自理有些吃力，若主调节或通过专业人员帮助，可恢复常态。

严重病念：表现为严重的适应失调，不能维持正常的生活、工作，如不及时治疗可能恶化，成为精神病患者。

(二)界定心理健康标准的基本原则

1.心理活动与外部环境的同一性

一个人的所思所想、所作所为要正确地反映外部世界，无明显的差异。心理是客观现实的反映，任何正常的心理活动和行为，无论形式或内容与客观环境保持一致。否则，就难于为人理解。

2.心理过程有完整性和协调性

人的心理活动中，认识、情感、意志三个过程内容要完整、协调一致。这是确保个体具有良好社会功能和有效地进行活动的心理基础。

3.个性心理特征具有相对稳定性

人的个性心理特征在没有外部环境重大改变的前提下，一般是不易改变的。人的气质、性格能力等个性心理特征是相对稳定的，行为应表现出一贯性。如果一个爽朗、乐观、外向的人，突然变得沉闷、悲观、内向，说明他的心理和行为已经偏离了正常的轨道，这就要考虑他是否出现了异常。

(三)心理健康的标准

心理健康与否没有一个绝对的界限，判断心理是否健康也没有一个公认的标准。另外，随着社会的发展与进步，人们对心理健康的认识也在不断深入和提高。

国际心理卫生大会提出的标准：身体、智力、情绪十分调和；适应环境，人际关系中彼此能谦让；有幸福感；在工作和职业中，能充分发挥自己的能力，过有效率的生活。

（四）小学生心理健康的标准

1.认知能力发展正常，智力水平在正常值以上

智力是人的观察力、注意力、记忆力、想象力和思维能力等认知能力的综合。衡量小学生的智力和认知能力，关键在于看其能否正常发挥出效能。主要标准为：有强烈的求知欲，乐于学习；对新问题、新事物有浓厚的兴趣和探索精神，表现出能动性；智力各因素在活动中有机结合、积极协调。正常发挥作用。

2.情绪稳定，乐观，心情愉快

情绪是人们对客观事物是否符合其需要所产生的态度体验。小学生情绪健康的内容上要有：积极情绪多于消极情绪，保持乐观、积极、向上的心态；情绪反应适度。有适当的引发原因，反应强度与引发情绪相符；能有效地调节和控制情绪的质、量、度，使其能在适当的时间、场合恰如其分地表达，既能克制约束，又能适度宣泄，不过分压抑。

3.意志健全，有较强的行动的自觉性、果断性、顽强性和自制力

意志是人们自觉确定目的，并根据目的来克服各种困难。实现预定目的的心理过程。意志健全主要表现为行动的自觉性、果断性、顽强性和自制力。小学生的意志品质正处于发展过程中，尚未形成成人意义上的意志品质。

4.自我观念正确，具有健全统一的个性

自我观念是人对自身环境以及与周围事物关系的认识，个人总是在与现实环境、与他人的相互关系中，在自己的实践活动中认识自己的。只有树方正确的自我观念，才能形成健全统一的个性。具一致的标准为：对自己的认识比较接近现实，不产生自我同一性混乱；能愉快地接受自己，对自己的生活、学习现状和未来有一定程度的满足感和发展感；以积极进取的人生观作为个性的核心,把自己的需要、愿望、目标和行动统一起来。

5.和谐的人际关系

人总是处在一定的社会关系中,人们在相互交往中所形成的个体间的心理关系称为人际关系。人际关系离不开群体背景,受认识倾向调节,并且有相应的情感体验。和谐的人际关系主要表现为:乐于与人交往,既有稳定、广泛的一般朋友,又有无话不说的知心朋友;在与人交往中不卑不亢,保持自己的个性;宽以待人,乐于助人,客观评价自己和别人,取人之长,补己之短;积极的交往态度多于消极态度;有必要的心理准备,在复杂的人际关系中保护和发展自己。

6.较强的适应能力

这里的适应能力包括社会适应、学习适应、生活适应等。这种适应能力的标准是:能和集体保持良好的接触和同步关系,自己的需要和愿望与社会的要求、集体的利益发生矛盾时,能迅速自我调节,谋求与社会协调一致,对社会现状有较清晰的认识,明确自己所处的位置;学会调控解决生活中遇到的各种问题,掌握排解心理困扰、减轻心理压力的方法;学会学习,掌握学习的方式与策略,能够优化和调节自己的学习过程,能够调控自己的学习心理状态,开发潜能,达到良好的学习状态。

第二节　小学生的心理健康问题

小学时期是义务教育的基础阶段，学习内容相对简单，以学生的智力水平，绝大多数都应该能完成自己的学业任务，心理压力应该相对较小。但是，在目前的学校教育中，不少学生存在着这样或那样的心理问题，制约着学生的健康发展。

一、小学生心理问题的表现

（一）初入学儿童可能出现的心理障碍

进入学校学习是儿童生活的一个重大转变。新的环境、新的要求、新的活动都可能引起一定的紧张，出现一些心理上的问题。

1.对学校的消极态度

造成这种消极态度的原因是多方面的。可能是由于理想中的学校与现实中的学校的矛盾所引起的；与家人的分离焦虑可能是引起儿童对学校的消极态度的另一个原因；另外入学后不能立即适应学校生活，在学习活动中遭受挫折，过多体验失败感，这样的儿童也往往不愿意去学校。

2.学习障碍

有相当一部分儿童在入学后表现出或多或少的学习困难现象，这种学习困难可能是由于缺乏入学前的正确引导，在学习习惯、学习方式以及学习积极性方面存在问题引起的；也可能是由于在言语、算术等方面存在学习障碍而导致的。

3.交往障碍

交往障碍主要指儿童在与同学、老师、家长关系上发生的问题，或者在集体中的适应不良等问题。儿童入学后表现的交往障碍，一方面表现为儿童不善于与同学进行正常的交往；他们或者蛮横不讲道理，或者孤僻冷漠，他们在集体中往往受到同伴的拒绝或排斥。另一方面，表现为儿童不能适应集体生活，缺乏责任感，不能控制个人的欲望，经常扰乱集体的秩序，他们常因此受到集体舆论的谴责。

儿童产生这些交往的问题，主要原因在于家庭影响，如家长对儿童的娇惯、庇护或粗暴、严厉等，都是造成儿童行为问题的主要原因。

一般地讲，初入学儿童只要在成人的正确引导和帮助下，可以迅速适应学校学习生活，上述的种种心理问题大都可以在短期内消除。

（二）小学生常见的心理问题

1. 厌学心理

在读书无用论的影响下或因其他原因认识不到学习的意义，加上学习上遇到挫折，面对社会、学校、家庭的压力，对学习感到枯燥无味，逐渐产生厌学情绪。

2. 自卑心理

认为自己不是读书的料，得过且过，做一天和尚撞一天钟。由自卑而产生的问题可能有行为退缩，或破罐子破摔等。

3. 冷漠心理

面对复杂的社会背景，受到了不公平的对待后，少年老成，早早看破红尘，远离本该属于自己热情开朗的学生时代，产生不该有的冷漠心理，出现孤僻、狭隘的精神状态，对任何事都无所谓，没有热情，对学习提不起兴趣。

4. 依赖心理

家庭和社会的溺爱，造成独立性差，意志薄弱，自控能力差和懒惰的习惯，离开家长、老师就成了失去导航灯的航船，严重阻碍个性和心理的发展。

5. 烦躁心理

小学生正处于生长发育的旺盛时期，心理上也是充满矛盾、复杂的时期，极易形成小学生特有的烦躁心理，在学习上缺乏稳定性和持久性，不愿耐心学习知识，好动，怕受约束，情感多变，在接受教育时易产生听起来感动、想起来激动、做起来不动的心理状态。小学高年级学生表现比较明显。

6.求刺激心理

精力旺盛，思想活跃，模仿能力强，对任何事都好奇、感兴趣，对小学生来讲本是好事，但由于受社会文化市场等不良的影响。寻找刺激，"闯禁区"造成注意力转移，对学习不感兴趣，有的甚至误入歧途。

7.逆反心理

好胜、好奇、好变、好动、好疑是小学生的心理特征，这也是学生心理不成熟的表现，往往使学生在主、客观上发生矛盾，看问题片面、偏激，辨别能力差，喜欢唱反调。

8.封闭心理

有的小学生总认为自己已经长大，产生强烈的独立倾向以及自我意识强化，认为已不需要别人和家庭的照顾，不愿讲出心里话，封闭自己，与外界界隔绝。

9.盲目心理

学习能力强的学生易产生好高骛远的心理，自卑的学生有时也有盲目性骄傲情绪。所以，这种心理见于两部分人：其一，骄傲的人一碰到挫折就会走向另一个极端；其二，自卑的人稍有成绩就会飘飘然，忘乎所以，自我形象高大，对别人不屑一顾。

10.妒忌心理

妒忌是人特有的心理，学生好胜心强，分寸掌握不好，就会产生这种心理。其消极作用极大，在学习上失去交流、切磋的机会，学生之间互相封锁，转移学习的注意力，极端者会把心思花在如何超过或压倒对方，甚至打击、报复同学的不良行为上。

11.虚荣心理

这些学生特别希望别人尊重自己和被社会、学校、家庭吹捧。由于过分受到娇宠，在学习上不懂装懂，不愿袒露缺点。为了满足虚荣心，不惜弄虚作假，欺骗别人。

12.性差异心理

社会传统意识行为，女孩子上小学时比男孩子强，上中学后就不如男孩子。这种压力对女学生影响很大，使她们怀疑自己，形成心理问题，严重影响学习进度。其实性别对智力无大影响，学习上的差异基本上不存在。

13.焦虑心理

部分小学生在学习中，总是担心、忧虑掌握不了知识，意识到有可能失败和满足不了自我需求；不相信自己的能力，情绪波动大，产生焦虑心理，久而久之，形成恶性循环，加剧焦虑反应。

二、促进学生心理健康发展

如何使小学生保持愉悦乐观的情绪，避免心理问题的产生，形成一个良好的学习氛围，则需要长期坚持心理健康教育。

1.教师对小学心理健康教育的基本目标以及小学不同阶段的心理健康教育内容有明晰的了解。关于这些内容，教育部制定的《中小学心理健康教育指导纲要》有明确的表述：心理健康教育的总目标是提高全体学生的心理素质，充分开发他们的潜能，培养学生乐观、向上的心理品质，促进学生人格的健全发展。

2.要帮助小学生树立正确的人生观、世界观，学会辨别是非、美丑、真伪、善恶，懂得坚持就是真理，抵制不良倾向，按"有理想，有道德，有文化，有纪律"的要求，逐渐完善自我。

3.给学生营造一个良好的家庭氛围，因为家庭是培养健康的情感、良好的习惯、优良品质和高尚道德的第一基地，对小学生的影响极大，同时对学生心理问题产生和消除具有重要的意义。

4.正确引导学生加强自身修养，虽然社会、家庭和学校可以产生强大的力量，但预防心理问题，必须通过学生内因产生效果。

5.教会学生掌握适合自己的学习方式，让学生相信自己的能力，懂得自尊自爱，在学习上碰到困难不回避，而是积极地找出切实可行的解决办法，使学生在不断地学习成功中体验学习的快乐，树立学习的信心和勇气。

6.培养小学生尽快适应、关心和热爱集体，同学之间建立真诚的友谊，温暖的集体既是良好的学习环境，又是健康成长和生活的园地。

第三节 小学教师的心理健康问题

一、教师心理健康概述

多少年来,教师的地位崇高无比。"一日为师,终身为父"的观念在人们的头脑里根深蒂固,以致过去我们很少怀疑到教师的人格与身心健康问题。直到近些年来这个问题才引起人们的关注。

(一)时代的要求

历史的责任要求提高教师的心理健康。百年大计,教育为本,而教师又为本中之本。这说明教师在国计民生中的重要性。在当今世界上,经济的竞争取决于劳动者的素质,而劳动者的素质又取决于教育水平,也就是说,未来世界是教育竞争,即人才的竞争,而人才靠教师去培养。教师工作是崇高的,他担负的使命是为社会培养一代新人。

(二)教师职业活动的要求

1.教师劳动的复杂性与艰巨性

教师的劳动具有复杂性与艰巨性,这是由教师的基本职能、教师的劳动对象和教师的劳动手段的特殊性决定的。心理健康,是人们正常生活和积极工作的基础。教师的身心健康。既有利于个人的成长与发展,也有利于教育教学质量的提高。

2.教师劳动的长期性与示范性

教师劳动的长期性主要是指教育周期长。所谓"十年树木,百年树人",就说明了培养人才的周期比较长的特点。教师劳动的示范性表现为教师将自身的各种特性作为手段去影响和感染劳动对象,以使受教育者的身心发生预期变化。获得全面发展。

3.教师劳动的创造性与情感性

教师的创造性表现为教师对象的差异性。由于每个学生都有自己的生理心理特点，因此教育教学中要注意个别差异，因材施教，这就决定教师要有创造性。教师劳动具有情感性是因为教育劳动主体与客体都是有思想有感情的人。只有在长期的、连续的教育过程中建立真诚融洽的师生情感，才能提高教师威信，增强教育效果。

（三）教师自身发展的需要

教师也是人，同样有生存和发展问题。同时，难免或多或少地有着某种程度的适应问题。如果这些问题不能及时有效地解决就会形成心理疾病。教师一旦患有心理疾病就会对社会产生负面的影响，对教育事业也非常不利。一个人若有心理疾病，即使先天有较多潜能，也无法将潜能发挥出来。

二、教师心理问题的种类

教师心理问题的出现，既有与其他职业群体的共同之处，也有教师职业的特殊性。下面就教师普遍存在的一些问题分别说明。

（一）适应不良

适应是个人与环境方面的要求取得协调一致所表现的状态与过程。适应不良也就是个人与环境不能取得协调一致。适应与发展是人生的两大任务。因此，只有适应良好的个体才能顺利成长与发展，反之，就会出现各种各样的问题。

教师本来是相对稳定的职业，但是由于教师地位不高，待遇较低，工作辛苦，特别是商品大潮的冲击，社会价值观念的变化及生活态度的改变，这些都会对教师内心造成很大冲击，很容易造成内心冲突。加上现行许多政策不稳定，更加剧了教师不适应的程度。

（二）职业行为问题

1990年。彭驾骍把教师的职业行为问题分为以下五类。

1.怨职型

此类教师把教师职业作为不得已而为之，怨天尤人。在具体教学过程中，表现为怨学生条件差、班级的人数多、待遇低、压力大，等等。对教学不能全力投入，常责怪上级无能，造成人际关系紧张。怨职型经常表现为对教学、学生缺乏热情，职业冷漠和职业倦怠感比较突出。

2.自我型

此类教师以自我为中心，自私自利，自负清高，虚荣心强，钩心斗角，人际关系恶劣。

3.异常型

此类教师由于长期以自我为中心，久而久之便导致情绪极端不稳定，心理异常。表现为独来独往，不能控制自己的喜怒哀乐，性格反复无常，管教方式不一，令学生无所适从。

4.暴戾型

此类教师很难与人相处，稍不如意就争吵、责骂甚至拳脚相加并破坏公物，对学生施以体罚，傲慢之极、唯我独尊、盛气凌人。

5.不良型

此类教师生活和行为不检点，挑拨是非、恶意中伤、在学生面前行为放荡、粗俗、有损教师形象。

（三）人际交往障碍

教师人际交往障碍主要表现在：①对交往的重要性认识不清，很少与人交往和沟通；②缺乏必要的交往技能和手段，交往容易受阻；③某些不良的个性特征阻碍正常的交往，如自负、自闭、自我评价过高、怀疑、苛刻等。

（四）人格障碍与人格缺陷

人格障碍又称病态人格，指明显偏离正常人格并与他人和社会相悖的一种持久和牢固的适应不良的情绪和行为反应方式。其一般特征有：①有紊乱不定的心理特点和不融洽的人际关系。②把自己遇到的一切困难都归咎于命运和别人的错误，把社会和外界对自己不利的条件都看作是不应该的，而对自己的缺点却无所觉察，也不改正。③认为自己对别人不负任何责任，对不道德的行为没有罪恶感，对伤害别人的行为不后悔，对自己的一切行为都执意偏袒和辩护。④在任何环境中都表现出猜疑、仇视和偏颇的看法。

（五）身心疾病

身心疾病，又叫心理生理疾病，它是指与心理社会因素关系密切的躯体疾病。生物—心理—社会医学模式认为，人体是心理和生理两大功能统一的完整的生命体。机体通过心理和生理的统一活动，与外界自然和社会环境不断进行着物质、能量和信息的交换，以适应环境的变化，保持人体的健康。可以看出，影响人体健康的有自然、社会、心理和生理四个方面的因素。在外界刺激作用下，机体的某一方面的功能发生变化，能引起另一方面功能的改变。所以心理因素和生理因素又是互为因果、互相作用的。

（六）神经症

神经症是一种由于心理因素造成的常见病。一般没有任何可以查明的器质性病变，但又确实有心理异常的表现，甚至可以表现得非常严重。它是一组非器质性的轻型大脑功能失调的心理疾病的总和。不过病人对自己的病有充分的知觉能力，并能主动求医，有生活自理能力，社会适应能力和工作能力基本没有缺损。

三、教师心理健康的维护与增进

教师的心理素质是教师综合素质的核心要素，其心理健康水平不仅关系着教学质量，更影响着学生的身心健康和人格发展及教师自身的生活质量。因此，维护心理健康，增强心理健康水平是需要关注的事情。

（一）自我修养的提高

心理健康是人生幸福的基础，教师的个人努力是心理健康的决定性条件，增强心理健康维护的意识和自觉性是教师应该做的工作。

自我不仅在社会生活中为个体所关注，而且也是心理学的重要研究课题。在此主要涉及教师的自我认识与教师的自我职业观念。

1.自我认识

正确地对待自我是一方面，另一方面还要有接纳自己或自我接受问题。一个缺乏一定程度的自我接受的人，绝不可能有真正的成功与幸福。人无完人，每个人难免存在一些不足和不完善的地方。自我接受就是既承认自己的优点，又接纳自己的缺点。

2.自我职业观念

教师的自我职业观念是指个人在教师这个职业中所体现出的态度。具体应当作到以下几方面。

（1）正确认识教师职业。对职业的价值及自己从事这一职业的价值保持清醒的认识是理性工作的基础，过分圣化职业价值和弱化职业价值都是不正确认识。

（2）树立教师事业的信念。教师虽然工作繁重、生活清苦，但是如果有高度的事业心和责任感，愿意教书育人、诲人不倦。有了这种心情与心境，那么教师就已经具备了心理健康的基本条件。

（3）投身教育教学改革。社会要不断进步，就要不断改革，教育也如此。一位心理健康的教师不仅自己研究课程，改进教学，不断进步，而且接受他人的新方法，不断接受新事物。这样才能永葆激情，才会因成功而快乐。

（4）培植人的信与诚。对人要信任，处处以诚待人，才能够建立良好的人际关系。一位心理健康的教师应尊重学生，与学生进行有效沟通，同时信任学生，接纳学生，鼓励学生，是学生的良师益友。

（二）校长与教育行政的协助

校长和教育管理者为了增进教师心理健康，为教师心理健康建立支持系统，可以在以下几个方面作出贡献。

1.营造良好的学校风气

学校风气及由此产生的教师的士气，对教师工作积极性有重要影响。学校领导要树立良好的学校风气，在教师中形成高昂的士气。风气对人的影响不是直接强制的，而是通过微妙的情绪感染和多方面的暗示来体现的。良好的风气可以使人在不知不觉中受到经常性的教育影响，收到潜移默化的功效。士气是在良好的心境中体现的一种能动作用。

2.改善工作作风与方法

校长及管理人员的工作作风与工作方法，影响着学校群体中的人际关系。研究表明，教师在民主、友善的领导气氛中，容易发挥积极性。反之则容易产生心情压抑、郁闷等消极情绪。

3.了解教师需要，合理满足其生活要求

校长和教育行政机构应设法协助教师解决物质生活上的困难。物质生活不仅是教师成长与发展的基本条件，而且对教师的工作情绪有重大影响。许多调查表明，教师的心理冲突与情绪困扰，常与他们因物质生活水平不高，而不安心工作有关。

4.减轻教师负担

减轻课业负担不仅是学生的要求，也是教师的愿望。减少课业负担，表现为减少不必要、纯形式的会议，减少班级人数，减少无意义的评比、考核等。

5.做好教师的闲暇管理

为教师提供更多的娱乐时间与场所。管理者一定要明白，正当的娱乐活动是调剂教师身心最有效的途径。教师只有休息好，才能工作好。

6.为教师专业发展提供方便

增加教师进修机会。教师进修，一方面增加和充实教师的知识；另一方面也为教师进行身心调节提供时机；更主要的是要帮助教师更新观念、丰富经验，为个人更进一步发展打下基础。

（三）专家的处理

专家的处理是指个体在无能力解决自己心理问题时，求助心理专家进行咨询、诊断与治疗的过程。专家的处理一般分为心理诊断、心理咨询、心理治疗几方面内容，其特点各不相同。

1.心理诊断

心理诊断是以心理学的方法和工具为主，对个体或群体的心理状态、行为偏移或阻碍进行描述、分类、鉴别与评估的过程。诊断是一个包括确定同的、收集资料、观察现象、查询原因、实施测量和综合评估在内的完整的过程。教师的心理诊断主要涉及教师适应状况、人格特征、行为方式及心理健康状况。

2.心理咨询

心理咨询是咨询人员运用心理学的理论和技术，借助语言、文字等媒介，与咨询对象进行信息交流并建立某种人际关系，帮助咨询对象消除心理障碍，正确认识自我及社会，充分发挥自身潜能，有效地适应社会环境的过程。

3.心理治疗

心理治疗是指心理医生用心理学的理论、方法和技术，使患者的情绪、人格或行为发生变化，消除或减轻导致患者痛苦的心理因素和由此引起的躯体症状，促进患者的精神康复。心理治疗的对象主要是有身心疾病特别是有明显的心理或行为障碍的人。

（四）社会支持系统

社会支持的概念是20世纪70年代初被人们引入精神病学的。当时一些学科用定量评定的方法，对社会支持与身心健康的关系进行了大量的研究。许多研究发现，相同的压力情境对不同的个体产生的影响是不同的。那些较少发病的个体与受压力影响较大的个体相比，有着更多的社会关系。大量的研究表明，在压力情境下，那些受到来自伴侣、朋友或家庭成员较多心理或物理支持的人，比受到较少支持的人身心更为健康。

社会支持的形式表现为许多方面，大致可分为两类：一类可以概括为客观的、实际的支持，包括物质上的、可见的帮助和社会关系所赋予的直接援助。另一类可以概括为主观体验的支持，主要是精神上的支持。

对教师的社会支持表现为多方面的，既有与教师工作、生活息息相关的物质支持，又有与地位、荣誉相关的精神支持。这就要求全社会、社区、教育行政部门、部门领导真正关心和了解教师的实际问题，对教师各种问题及时有效地解决。同时，教师也要认识到社会支持的积极作用，充分利用可能的各种支持，促进身心健康，为教育事业作出贡献。

第八章 学生管理心理

第一节 学生的心理矛盾与调试

一、小学儿童心理发展中的主要矛盾与调适

（一）心理矛盾的主要表现

小学儿童的心理矛盾主要表现在学习上，情绪上，品德上。

1.学习方面的矛盾表现

入学后，学习成为儿童的主要任务。心理素质好的儿童对学习能应付自如，或能正确对待学习压力与竞争，成绩好的受到老师、同学的尊重，更增强对学习的信心，他们是在良性循环中运转着自己的学习。而心理素质较差的儿童往往显得反应迟钝，对学习中的竞争和压力感到不知所措，或紧张焦虑，或敷衍逃避，或采取蒙骗自己、师长的行为来应付，因此他们是在恶性循环中步入自己的人生，因而处境不利。

学习落后与儿童的注意力不集中，记忆力差，思维和想像不到位，个性不稳定等心理因素有密切关系；生理原因可能和遗传因素有关；此外还可能和环境影响、教育因素有关。

2.情绪方面的矛盾表现

儿童情绪上的心理矛盾表现在焦虑、抑郁和恐惧等不良情绪反应上。

（1）情绪过度焦虑。过度焦虑会影响儿童的学习、生活和身心健康。儿童的焦虑从内容、形式到程度上都可能和大人们的不一致。儿童过度焦虑形成的原因很多，有来自家长或老师期望值过高而形成的精神压力，学习负担

过重而力不从心，担心得不到老师的表扬奖励，或因从来没有得到过应得的奖励和荣誉而自卑，或因他人的学习超过自己而嫉妒，或因儿童自身承受力差等原因。

（2）抑郁和恐惧情绪。抑郁情绪常常指有些儿童会莫名其妙地发愁和烦恼；或胡思乱想，什么也不想干，对什么都不感兴趣，与老师同学很少交往，对人十分冷漠；或为一些小事而生气哭泣，认为自己是世界上最不幸的人；严重的会形成抑郁症，容易导致自杀行为。

恐惧性情绪在儿童生活中时有发生，这是因为他们年幼缺乏生活经验，不知道如何应付处理从未经历过的事情，因而对陌生的环境、陌生的人或异常的刺激普遍存在一种担心、害怕和恐惧的心理，当大人对他解释之后，或让他经常接触、熟悉这些环境和人，消除不安全感之后，儿童的恐惧情绪就会消除。随着年龄的增长，生活经验的积累，儿童恐惧的情绪会逐渐减轻。但是，如果儿童恐惧的对象和恐惧的情绪在逻辑上和强度上不对称，就会形成一种病态心理，造成儿童的精神障碍，应引起教师的重视，或进行及时的心理治疗。

3.品德行为方面的矛盾表现

儿童到了上学年龄后，就会在家长、老师的教育下逐渐懂得什么是符合道德规范的正确行为，什么是妨碍他人和社会的错误行为，从而学习调节自己的言行，不至作出错事和傻事。童品行问题形成的原因来自于不良的家庭教育、学校教育及社会影响。

对这些儿童，应把他们看成是不良教育的受害者，对他们不但不能歧视和孤立，相反要给予充分的理解、同情与关怀，要用爱心、耐心去疏导、感化他们，是可以获得救治的。

（二）心理矛盾的调适措施

1.学校应为儿童生长与发展创造最佳的心理环境与教育环境

这是指不论对学习成功者还是暂时失败者，对品德优秀者还是有情绪障碍或行为问题者，都应促使他们做到相互理解、谅解和宽容，相互友爱、支持和鼓励。学校给每一个儿童以欢乐愉快、充满自信和自由发展的环境，这既是学校、教师的神圣使命和义不容辞的责任，也是每一个儿童对学校、老师的迫切期望和要求。

2.学校教育应尊重儿童的心理需求

"尊重是打开人们心灵的一把钥匙，谁掌握了它，谁就能取得教育的主动权，取得教育的成功。"（乌申斯基）儿童已有了强烈的自尊心与人格感，教师应该用心扶持、维护和引导，而不是摧残和扼杀。自尊心是通向人性、天性、良知的阶梯，是人格精神的支柱，没有自尊就没有廉耻，就会走向堕落和腐败。

3.教师应注意奖惩的策略

奖励与惩罚都是教育的辅助手段，前者是为了激发儿童的上进心、自尊心；后者是为了激起儿童的羞耻感、警觉性。但一般来说，惩罚对儿童形成的精神压力和伤害是难以承受、难以愈合的，有时某种人格伤害会伴随他的一生，因此应谨慎为之。

4.重视对儿童生活技能的训练

初入学儿童带有很强的幼儿心理特征：依赖性强，行为的随意性强，情感的冲动性、变化性大，甚至任性、孤傲、不合群等。这对他们顺利地完成学习任务，搞好人际关系非常不利，因此应对他们加强生活技能和学习技能的培养训练，以增强他们适应学校生活的能力和完成"学生"这一角色职能的转变。

二、初中学生心理发展中的主要矛盾与调适

初中学生正处于青春发育期的初始阶段，是向青年的过渡期，有成熟感。初中学生的成熟感是从生理成熟、社会化发展和个性形成三个方面表现出来的。生理成熟正在经历个体生长发育的第二个高峰期；在社会化方面，由于初中学生在家庭、学校、社会上比过去有更多的机会参与成人活动，社会需要与责任感有所增强，然而在校外的活动范围和社会经验还很有限；在个性

发展方面，初中学生常常以自我为中心，在交往中逐渐形成个性的倾向性、道德品质和性格特征，但还未完全定型。在此过渡期，三个方面的发展既有尚未完全转变的特点，也有新的心理发展阶段独有的、未稳定下来的特点。新、旧特点的矛盾相互交叉、重叠。以下将从四方面说明初中学生心理发展的矛盾及调适措施。

（一）独立性与依赖性的矛盾及其调适

1. 学习和智力方面

进入初中后，学生的学习活动出现了显著变化。初中教材的门类增多，各门学科的抽象概念、原理和阐述科学规律的内容增多，学习的压力加大，竞争的力度加大。学习本身要求他们更多地运用逻辑思维，依据推理的方法去分析事物的因果关系，形成综合运用知识的能力。初中生的思维已经以抽象逻辑思维为主要形式，但仍处于从经验型向理论型过渡的时期。他们喜欢独立思考，不墨守成规，由于缺乏社会经验，知识储备不足，思考问题往往表现出单纯幼稚，处理生活、学习中遇到的问题仍带有很大的片面性和表面性。

初中教师既要促使学生学会学习，又要善于引导他们排除因学习压力而导致的心理障碍，帮助他们克服独立思考中可能产生的缺点和偏向，掌握科学的思维方法，建立科学的价值观、人生观。

2. 生活和交往方面

中学生集体不像小学班级那样完全依赖于教师的组织和管理，学生在这里愿意过着更多民主与自决的生活，并且经常独立地去完成集体所分配的任务。由于他们较少依赖父母或成人而独立地进行活动，因而独立性、自尊心、成人感变得更强。他们虽不满意父母和老师的细心叮咛、无微不至的关怀，但在物质上和情感上又离不开父母、老师的支持与爱护。在这一独立性和依赖性矛盾冲突加剧的时期，极易形成逆反心理。

针对以上情况，在教育管理中教师既要充分鼓励其积极正确的一面，又要理解其发展中尚不成熟的一面，尤其要理解少年期特有的逆反心理，很可能是学生自我意识的发展和独立性增强的表现。因此在教育管理中要做到既充分尊重学生的正当需要，又要引导他们将主体需要与社会环境对他们的要求结合起来加以理解认识，树立起社会责任感和使命感；既要帮助学生完善自我意识，增强自控能力，克服边缘性人格特征，又要提高教师自身的人格素质，发挥言传身教、为人师表的榜样作用，使师生双方建立起信任感，信赖感。

（二）旺盛的精力与能力发展水平低的矛盾与调适

初中生由于身体发育的成熟接近成人，参加社会活动的需要较为强烈，产生了多方面的动机、兴趣和一定的理想，因而活泼好动、精力旺盛。但初中生的旺盛精力和过高的动机需要跟能力发展水平往往不相适应。由于自我控制能力不强而造成行为的失调。

引起初中生这种矛盾心理主要和他们的好奇心、兴趣和理想等几个方面形成的特点有关。

1.好奇、好胜与缺乏意志力的矛盾

初中生思维敏捷，精力充沛，勇于拼搏，但自我控制能力不强，缺乏坚强的意志和毅力。一旦在学校、社会上挨了批评，遇到挫折、打击时，很容易产生悲观失望或厌世情绪。因此，教师应经常观察学生的情绪表现及行为动向，防止消极行为的发生，更要通过各种挫折教育，增强学生对挫折的承受力。

2.富于理想与缺乏辨别是非能力的矛盾

初中生富于理想，但往往知识贫乏，缺少辨别是非的能力。理想的形成和发展既受到社会生活条件的制约，又受到学生认识能力水平的制约。

因此，教师要引导他们沿着正确的人生方向进一步提高学习动机水平、帮助他们正确估计自己的能力，并创设各种条件使其正当的求知欲、兴趣得到合理满足，这也将有助于此矛盾的解决与初中生身心的健康发展。

(三)意志的自觉性与冲动性、易受暗示性的矛盾与调适

初中学生随着独立性的增强,行为自觉性也在增强。表现为能领会教师或父母的要求,不用更多的外部监督去完成某项活动,而且有一定的自我控制能力。但有时也会片面地坚持己见,爱走极端,很爱面子。因此,有时不能控制自己的冲动性情绪,难免不惹是生非,过后又反悔不已。

初中生还容易接受他人或外界消极暗示的影响。有的出于好奇或受传媒影响,盲目模仿反面人物的形象,以致由此出现品德不良,甚至走上犯罪道路。

教师要善于引导初中学生,在集体生活中找到培养意志的途径,懂得意志的自觉性来源于集体生活内容的丰富性。引导学生在集体活动和社会活动中自觉遵守行为规范,自觉克制自己行动中的冲动性和受暗示性。

(四)生理发展迅速与心理发展滞后的矛盾与调适

初中生对身体发育上的巨大变化缺乏思想准备和必要的生理卫生知识,他们想获得这方面的知识,尤其是性生理、性心理、性道德的知识,却又找不到正当的途径。

初中生精力充沛,正处于心理发育逐步完善的时期,男女生在心理上渴望友谊,特别对异性的友谊更有一种神秘感和渴求。与其"神秘",不如通过青春期的性教育,使它转化为"明朗化"。这需要学校做许多认真细致的引导工作,使初中学生了解自身生理与心理发展的特征和规律,并帮助他们走出性的困扰和迷惘。

三、高中学生心理发展中的主要矛盾与调适

高中学生正经历着由少年向成人的过渡,各种心理矛盾错综复杂。他们同样需要学校和老师引导他们正确地了解自己,战胜自己,尤其是树立高度的社会责任感、义务感,帮助他们很好地完成这个"过渡"。高中生心理发展的主要矛盾表现在:

（一）心理的闭锁性与交往需要迫切性的矛盾

高中学生由于社会知觉和情绪体验的增多，开始把注意力集中在自己的内心世界上，意识到自己的思想、情感与他人的区别。同时，社会生活的经验告诉他们，人与人之间既存在着真诚与友爱，也存在着心理不相容。正是这种自我意识的发展使得他们不愿意把自己内心的一切秘密轻易地向不了解自己的人透露。随着内心世界秘密的增多，自尊心的增强，社会经验的日益丰富和个性的明朗化，就会越来越显露出一种特有的心理闭锁性。

（二）求知欲强和识别力低之间的矛盾

高中学生求知欲强烈，无论社会生活领域或自然环境领域中的一切，他们都感到新奇，都想了解和探求究竟。但是由于高中学生的辨别力还不高，有时分不清哪些是积极的、有益的，哪些是消极的、有害的，以致把错误的、含有毒素的东西也接受下来，这样就产生了求知欲强和识别力低之间的矛盾。

针对这种矛盾，教育工作者应注意：

1.教导学生对知识和社会的学习要多分析、多商量，特别是对课外读物和社会上的各种人物，要引导他们用正确的观点，提高自身的"免疫力"。

2.学生每天都面临着物质生活和精神生活的各种诱惑，因此，学校对他们不仅要提供正面范例，还要通过反面典型引起他们的警觉，不要使他们的人性在物欲横流中被腐蚀、被毒化。

3.为了提高学生的识别力，还可通过集体讨论等方式来培养分析能力与鉴赏能力。同时，开展丰富多彩的科技或文艺活动，充实他们的生活内容，使他们避免因内心空虚而去寻求低级趣味的刺激。

（三）情绪冲动性强与自控力弱之间的矛盾

高中学生情绪容易激动，往往因一点小事而发怒、怄气，一旦振奋起来又非常热情，消沉下来就显得灰心丧气。情绪在两个极端摇摆。有时因害怕失败，缺乏信心而产生自卑感，有时又因强烈的好胜心和嫉妒心而痛苦。在极端情况下，甚至会发生伤害、杀人等攻击性行为。激动的情绪平静下来时，又懊悔莫及。

帮助高中生解决情绪与理智的矛盾,最重要的是帮助他们提高思想水平,发挥理智的作用,为此,应告诉他们:

1. 正确看待自己的优缺点

有优点不高傲自负,有缺点不悲观丧气,做到自我克制,自我充实,自我调节,形成自尊、自信、自强的人格特征。还要正确对待他人的优缺点,学人之长,补己之短,才能促使自己全面发展。

2. 正视自己的现实

承认自己主客观的差距,不回避矛盾又正确对待矛盾,迎难而上,有困难问题一个个突破解决。

(四)理想的"我"与现实的"我"之间的矛盾

高中生想像力丰富,往往离开现实条件构想自己未来的前景,这样就形成了一个理想的"我"。理想的"我"与现实的"我",或者由于差距太大,或者由于求之过急,两者便处于矛盾之中。

教育者应注意:

1. 启发学生把远大志向与求实精神结合起来

教育学生明白把个人志向与崇高的人生目标、社会目标联系起来才是有意义的。通向目标的路是艰难的、曲折的,要有充分的思想准备。理想的实现并非一朝一夕的事,需要百折不挠的毅力和实干精神。

2. 帮助学生确定适当的抱负水平

对抱负过高的学生,设法帮助他们适当调整抱负水平,或启发他们依据现实的可能性分步去实现自己的理想;对抱负水平过低的学生,帮助他们克服困难和阻力,增强信心,适当提高抱负水平。

3. 引导学生更多地参加社会实践活动

学生在各种实践活动中,可以了解自己的实际能力水平和优缺点,可以通过脚踏实地、认认真真地做好每一件事来正确评价自我,充实自我,以便缩小理想的"我"与现实的"我"之间的距离,从而为自己理想的实现作出切合实际的安排。

第二节 学生的素质教育与学校管理

一、素质教育与学生良好素质的形成

《中国教育改革和发展纲要》指出:"中小学要由应试教育转向全面提高国民素质的轨道。"党的十五大报告强调指出:"认真贯彻党的教育方针,重视受教育者素质的提高,培养德智体等全面发展的社会主义建设者和接班人。"这一改革人才培养模式,由"应试教育"向全面素质教育的转变,不但是我国国民经济和社会发展对中小学教育提出的要求,也是中小学改革与管理面临的一项重大任务。

(一)推进素质教育是中小学教育与管理的紧迫任务

1.素质教育概念

关于素质教育的概念,教育专家和教育工作者从不同的角度给予界定。"素质教育是以全面提高公民思想品德、科学文化、身心素质、劳动技能及个性品质为目的的基础教育。"(柳斌,1996年)对素质教育的深刻涵义,我们的理解是:

(1)素质教育并不抹杀基础教育已取得的成果和作出的贡献,但是却从根本上否定基础教育中搞"应试"的那一套简单重复、死记硬背、题海战术的办法。

(2)素质教育处处为受教育者——未来人才的发展着想,督促教育工作者要研究每个学生身心特点,用符合教育规律和学生身心发展规律的办法对他们进行教育和引导。

(3)素质教育有很强的针对性,在不同层次有不同的要求。

(4)素质教育不是短期内所能完成的教育工程,要有长期的思想准备。

2.素质教育的现实意义

（1）有利于学生素质的全面发展并学会做人。中小学时期是一个人发育成长的重要阶段，在这个阶段要教会他们求知、健体、做事，但往往容易被忽视的是教会他们做人。

素质教育便有针对性地对他们的做人教育提出了如下要求：

①教学生做一个有同情心、能关心他人疾苦、助人为乐的人。

②教学生做一个能够随时承受困难和挫折，勇于进取的人，善于把困难和挫折当作锻炼与增强自己意志与勇气的机遇，做到愈挫愈勇，不轻易否定自己或失去自信心。

③教学生做一个严于律己、宽厚待人、忠于职守、遵纪守法的人。

④教学生做一个勤俭节约、艰苦奋斗、热爱劳动的人。

⑤教学生做一个堂堂正正的有中国心的人。

（2）有利于学生走生动活泼、健康发展的道路。"应试教育"向素质教育转变是基础教育的自我完善与发展，这是不可否定的，但若不将"应试教育"曾笼罩在孩子们头上的阴影彻底驱散，就无法促使他们健康发展。

（二）推进素质教育的重要因素

1.抓素质教育观念的转变是前提

素质教育的推行，首先要进行一场教育观念的变革，要重新思考"用什么样的方式去培养什么样的人"这一关键问题。在正确的教育思想、教育观念指导下，就能推动教育事业健康的发展。不正确的教育思想、教育观念就会给教育事业带来损失，给学生身心造成损害。

2.建立新的评价制度是关键

过去对教育的评价是单纯地采用分数评价，搞"唯分"论。现在在对学生评价的改革中，采用"等级-评语"或"等级-特长-评语"等模式都可以探索和实践。

关于对学校领导和教师工作的评估，要坚决改变过去那种以升学率高低为主要指标来评估教育政绩优劣、办学水平高低、教师工作好坏的做法。要充分发挥学校领导和教师的主体作用，积极改革和完善对学校和教师的评价工作，使督导评估真正起到正确激励和提高教育质量的作用。

3.建设高素质教师队伍是根本

实施素质教育最根本的一条就是要建设一支高素质的校长和教师队伍，他们必须树立正确的教育观念，具有良好的师德，热爱学生，尊重学生的人格，对每一个学生都能平等、公正地因材施教；要能逐步掌握对学生进行发展性评估的方法，以促使学生都能身心健康，全面发展和成长。

4.优化教育教学过程是核心

优化教育教学过程，首先就要建立和完善以全面提高学生素质为目标的课程体系。目前中小学课程内容过多，教材偏难偏深，选修课程过窄，活动课程太少，脱离学生生活实际，缺乏社会实践等等，这是造成学生知识死，能力弱，效率差的重要原因。因此，要积极稳妥地、有计划有步骤地进行课程、教材改革的研究和实验。

二、中小学学生的素质与素质教育

（一）素质及其结构

1.人的素质的心理实质

"素质"，是当前社会使用率较高的词汇。它最初是来自心理学中的概念，即"遗传素质"，是指个体与生俱来的解剖生理特性，是人的心理特征发展的自然前提和基础，并为人的心理的形成和发展提供了可能性。现代素质教育理论则从广义界定素质为："个体在其禀赋基础上、经过社会环境和教育的影响以及实践的磨炼，然后获得的人的本质力量的内在根据。"它时刻反映在人的思想言行、智慧、情操上，构成人性、人格内涵的依据。

2.素质的结构

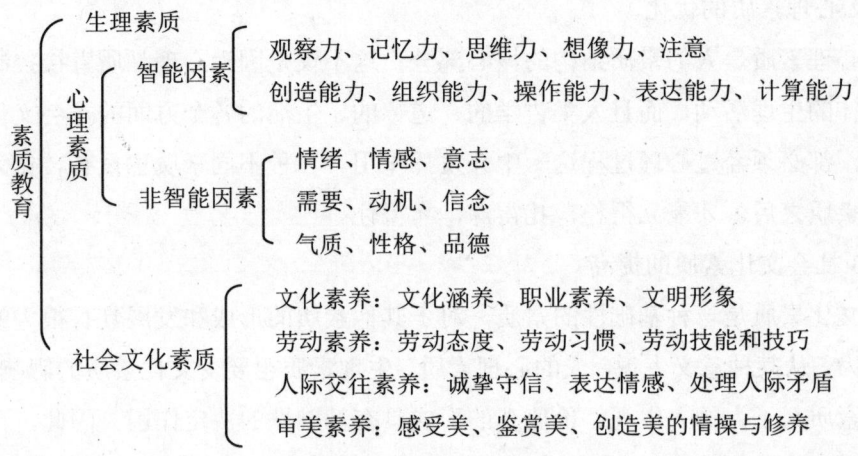

图 12-1　素质结构系统示意图

3.素质的意义

（1）良好的素质能保证人具有坚实正确的人生方向，如爱国主义、人道主义精神一旦确立，就会使人为之奋斗到底。

（2）良好的素质能保证人充分发挥主观能动性，热情而负责地完成承担的任务，并努力提高自己，完善自己，为实现人生理想而勤奋进取。

（3）良好的素质能保证人形成与发展健康的人际关系，与人保持友好的、坦诚的交往，与人并肩共进。

（4）良好的素质能保证人身心健康发展，有助于克服生活中的各种困难和挫折，直至取得胜利。

因此，要重视并采取有效措施提高少年儿童的心理健康水平，主要通过素质教育来实现。

（二）中小学生素质教育的内容

1.生理素质的训练

身强体壮，对外部一定强度的刺激能作出灵活、灵敏的反应，并吃苦耐劳，这便是生理素质较好的表现。

2.心理素质的优化

心理素质是人的素质结构的核心部分，这不仅是因为心理品质直接控制着人体的生理活动，而且人类哲学的、道德的、生活的各个方面的社会文化成果，都必须经过心理过程这一中介发挥作用。各种不同素质也只有转化为心理素质之后，才能立得稳，扎得深，靠得住。

3.社会文化素质的提高

文化素质是一种基础性的素质，对于其他素质的形成和发展具有很大的影响力。从某种意义上说，人的心理素质、生理素质也要受文化素质的影响，文化素质对于人的人生观、价值观的形成具有基础性的决定作用。因此，在中小学应十分重视对学生的社会文化素质的培养和提高。

三、中小学素质教育的途径和方法

（一）创设实施素质教育的良好环境与条件

1.转变教育观念

实施素质教育的关键是努力改革与素质教育相悖的教育观念。

（1）树立正确的人才观。

（2）树立素质全面发展的质量观。

（3）树立新的教学观。

2.构建素质教育的课程体系

素质教育的课程体系是实现素质教育培养目标的具体化，并以课程内容和课程结构的方式表现出来，课程体系又以特定的科目形态和教学操作规程使素质教育的要求落实在微观的教育教学活动中，并在学生的主动参与下逐步内化为学生的素质。因此可以说，课程水平将直接影响和决定着学生某一方面的素质水平，课程结构将影响和决定着学生某一方面的素质结构。

3.发挥课堂教学的整体功能

课堂教学是对学生进行全面发展教育的基本途径。从学生在校活动的时间和空间来看，课堂教学所占的比例都是最大的。因此，应着力改革课堂教学，充分发挥课堂教学的多功能作用，是进行中小学教育整体改革的一项重要任务。改革中应坚持把整体性原则落实到每一学科和每一节课中去，使单一学科的多项任务同步完成，多学科教学之间横向联系，交叉渗透，实现课堂教学的整体优化。通过整体优化，真正实现增强学生体质，开发学生智能，养成良好心理品质。

（二）强化实施素质教育的运行机制

1. 制定评估标准，进一步强化目标机制

素质教育目标是素质教育实施和评估的依据，为适应社会发展对学生素质的要求，符合学生身心发展的客观规律，必须建立素质教育目标体系，它是实施素质教育的重要前提。素质教育的目标体系包括学校教育质量目标、教学质量目标和学生整体素质目标等。

2. 改革考试制度，进一步强化运作机制

全面提高教育质量，必须面向全体学生，必须减轻学生过重的课业负担，出路之一就是改革考试制度和方法，建立一套与素质教育目标体系相匹配，信度和效度较高并易于操作的教育质量评价考核体系。对学生进行动态、综合的测试，不拘一格地培养人才，为学生生动活泼、自主和谐地成长，创造宽松的环境。

3. 完善各项制度，进一步强化激励机制

完善评价体系，把握评价标准。根据各项指标完成情况，客观评价素质教育实施过程中是否有进步，是否有创新，有特色。完善奖励、表彰制度。不断总结推广新鲜经验，树立先进典型。进一步激励广大教师与教育工作者在持久开展素质教育的进程中再立新功。

（三）加强教师队伍建设

在中小学实现素质教育的目标，由应试教育向素质教育转轨，是一项长期而复杂的任务。加强教师队伍建设是实施素质教育的保证。

素质教育对教师提出如下要求：

1.树立正确的"三观"

即全面提高素质的"教育观"，多层次、多门类、多规格的"人才观"和不单纯用分数衡量教育的"质量观"。树立正确的"三观"，要求教师必须面向大多数、面向全体学生，做到因材施教。

2.掌握渊博的知识和必备的职业技能

《九年义务教育课程方案》设计了三种课型，即必修课、选修课和活动课。要求教师向实际学习，向当今最新的科技领域探索，不断提高自己的理论水平和实践能力，做到一专多能。

3.要培养创造性的思维能力和实践能力

素质教育要培养开拓型、创造型人才，教师无疑要首先具备开拓精神，敢于迎接各种挑战。对教师学识、人品和教育能力的素质要求是教师自身素质修养的基础部分，在此基础上，应向教师提出更具时代精神的素质要求。这就是参与、发展和研究三大意识和能力。

4.要学会掌握适应素质教育的新的教学方法

例如，开展愉快教育，搞好兴趣教学；开展目标教学，坚持课内达标；实施"以学生为主体"的教学方法以及贯彻因材施教的原则，搞好层次教学等。

第三节　学生群体管理与自我管理

在学校管理中学生的角色已发生了转变，学生已从"被管理者"转变为"管理者"，这种角色观念的转变反映了管理心理学中对管理认识的巨大飞跃。学生群体的管理问题是学校管理中的重要内容，达到学生群体的自我管理是学校学生管理工作的落脚点。

一、学生群体与学校管理效能

（一）学生群体的一般特性

1.学生群体选择的狭隘性

学生群体，尤其是中小学生群体不像成人社会那样活动频繁，自主性强，选择群体成员的自由度大。学生群体主要包括居住地区较近、年龄相近的同龄人。因此，学生群体在人员的选择上具有狭隘性。

2.学生参加群体活动的双重目的性

学生群体不论是正式的还是非正式的，每个成员都把参加群体活动既视为义务又视为权利，即学生参加群体活动既履行了自身作为其中一员所应履行的义务，又享受了从中受教育，促发展的权利。

3.学生群体共有的年龄特性

学生群体表现出了中小学生共同具有的年龄特性。中小学生进入学校以后，所接触的事物和需求在不断地发生变化。小学生由于刚上学，环境发生了急剧的变化，一时可能不太适应，容易产生情绪上的问题，一旦适应了学校生活，情绪就会变得愉快而平静。在正常的情况下，大多数儿童在这个时期的情绪和生活是最为平静的，有"黄金年华"之称。但也有一些同学，由于种种原因，学习任务未能完成好，又受到成人和同学不正确的对待，可能就此一蹶不振，为以后的发展布下了层层障碍。在学校中，除正式的班级群体外,他们还会自愿组成一些小群体。在任何群体中他们都希望能够得到群体的接纳,对友谊很敏感,任何人都不愿被群体排除在外,因而在群体行为中反映出与群体力求保持一致的特征。

(二)学生群体的功能

学生群体不是孤立的单元,而是社会有机系统的一部分,也是一个小社会系统,一个心理系统。学生群体对其成员会产生多方面的影响,概括起来,群体功能大致有以下几个方面的内容:

1.保持心理平衡,促进身心健康发展

中小学生群体是年龄特征和心理需求相似的个体以共同的目标组成的。中小学生都愿意生活在群体当中,希望能得到群体的接纳,这也说明中小学生有着强烈的归属心理,若归属感得到满足,则中小学生就不会有离群感,其心理就不会失去平衡,有利于良好个性的养成。其次,群体成员之所以能组织在一起,就是因为他们对某些事件和问题形成了共同的认识、态度和评价。这种认同感潜移默化地影响着中小学生心理的健康发展。另外,学生群体扩大了学生的接触面,使他们增长了见识,体验和认识了更多的事情,丰富了心理活动的内容。最后,群体的活动都能体现出目的性、组织性、行为规范性、群体舆论性等特性,增强了学生的自治、自主、自控的能力,同时为个体进行自我教育,自我管理,自我完善奠定了素质基础。

2.提高行为表现水平

犹如其他群体,学生群体对个体的行为具有支持和促进作用,而且这种促进作用在中小学生中表现得十分明显。为了保持群体的统一行动,群体经常注视着成员的行为,当成员表现出符合群体期待和规范的行为时,就会给予赞许和鼓励,支持促进这种行为的持续和发展,扩大这种行为的影响。这样,个体行为无论在数量和质量上,都会进一步在群体期待中增加频率和提高质量。所以,在群体状态下,个体行为水平往往会得到普遍提高。

3.增强信息交流的频率

中小学群体为其成员提供了一种交流信息的机会,他们在群体活动中愿意把各自拥有的信息与同伴分享，这对增强他们的社会经验，加强彼此的情感交流，沟通友情有着不可磨灭的作用。

（三）学生群体的社会心理因素剖析

任何一个学生群体都有着丰富的社会心理因素，有些重要的社会心理现象会直接影响学生群体的形成、巩固和发展。因此，研究学生群体的一般规律对于采取有效的管理措施是非常必要的。群体心理一般是指群体成员普遍存在的共同心理状态与心理倾向，它与个体心理成长与发展是相互影响、相互制约的。

1. 学生群体的目标

学生群体的目标指学生群体成员共同具有的期望和追求，是群体在各项活动中所要达到的预期目的在群体成员主观上的一种超前反映。研究表明，学生群体的目标有导向和激励两种主要功能，对创建良好的班集体有重大意义。

2. 学生的群体舆论

群体舆论是指群体中占优势的意见和言论。群体舆论有正误之分，它作为一种复杂的社会心理现象具有以下心理功能：

(1) 评论作用。舆论总是反映着学生群体内多数人的意愿、态度和倾向。因此正确的舆论必然形成一种巨大的影响力，对学生群体的矛盾和冲突，对群体内个别学生的行为或群体内某些事物的是非、善恶、美丑能够进行评论，并作出"无形的裁判"。

(2) 同化作用。由于舆论本身产生的压力，使一些有离心倾向的学生自觉不自觉地"顺应"这种压力，使错误的言论受到抑制。另外，舆论的形成是一个传播、扩散的过程，作为一种信息的沟通而引起多数人在认知上的共识，情感上的共鸣，行为上的共举，这是一个心理上的影响过程和感染过程，其实质反映的是舆论的同化作用。

(3) 驱动作用。正确的群体舆论对学生中一切道德的行为和美好的事物都是一种肯定、支持、鼓舞和激励。因此，它的一个重要功能是在学生群体内部产生的一种驱动作用,作为一种巨大的影响力推动学生群体克服各种消极现象而向前发展,同时每个积极上进的学生群体成员也都能在正确的舆论中汲取勇气、信心和力量。

3.学生群体规范

群体规范是群体约束成员必须遵守的各种行为准则。学校中存在两种类型的社会规范:一种是由客观社会移植进来并由学校明文规定的各种守则,或由国家直接提出的行为规范。另一种是学生在交往中所形成的为大家所认同的潜在规范,它既无明文规定,也非外力所能强制。其中前者称为正式规范,后者称为非正式规范。规范对群体的发展有重要影响,对促进少年儿童的社会化以及良好群体的创建有突出的意义。

4.学生群体的气氛

群体气氛是在一个群体中占优势的成员的某些态度和情感的综合表现。每个学生群体都存在某种气氛,这种气氛不仅会为学生群体的心理生活笼罩上一层特有的情绪色彩,同时也会影响到每个学生群体成员的心理与行为。这种群体气氛的稳定与发展,就会形成群体的士气,群体士气对群体成员热爱群体,积极参与群体活动,增强群体效能有重要作用。

5.社会助长、群体压力与从众

社会心理学认为,社会助长是指有人在场或多人共做时,可以促进个人活动的效率,出现增量或增质。反之,则称为社会干扰。研究表明,这种社会助长的作用表现在两个方面。一方面,在一定的情境下,群体成员对个人活动所产生的直接促进作用。另一方面,在个体的生活过程中会联想到学生群体的利益,群体受表扬的情境会产生对从事某项工作的信心,增添勇气和力量。

群体压力指个体的言行与群体的舆论和规范不一致时在心理上感受到的一种压力,如果群体的舆论和规范是正确的,则这种群体压力会产生积极的效果,反之则不然。在群体压力下,学生个体往往产生一定的从众行为,即个体由于真实的或臆想的群体压力,而在认识或行为上不由自主地趋向于与多数同学相一致的现象。在教育管理实践中,要对这种现象进行分析,对正确的群体压力下的从众行为应该肯定，对消极的倾向和错误的压力进行抵制。

（四）学生群体与学校管理

1.学生群体的形式

学生群体是一般群体中的一类，与一般群体一样，学生群体的划分依据也是不同的，一般依据以下三种因素划分为六种形式：

（1）从学生群体的社会认可性看，有正式群体和非正式群体，这两种群体都可以成为学生管理的形式。正式群体如班级、共青团、少先队等。学生非正式群体是学生自发联合未经学校正式认可或不需要正式认可的，如兴趣小组、球队等。

（2）从管理作用和对象看，学生中有以自我管理为主的群体和以参与学校共管为主的群体，前者如班级，学生课余小组；后者如少先队组织，共青团，学生会等。

（3）从时间延续长短来看，有固定群体和临时群体，前者如班级，团队组织；后者如为准备某次活动而设立的临时组委会等。

在管理上，各种群体都有其特殊的作用，由于学校管理在某种程度上来讲就是教育，故不妨适当、适时地扩大学生的管理群体，让更多的学生参与管理，使学生在参与管理中受教育并互相促进和提高。

2.学生群体效能的发挥

学生群体参与学校管理的目标就是为了更好地发挥学校管理效能。为使学生群体能发挥更大的管理效能，学校则应在组织上予以高度重视。

（1）明确目标。目标是群体的旗帜和凝聚力源，所以学生管理群体一定要目标明确。另外，由于学生群体受多重目标的交织影响，各种目标的比重不一，故在管理个要统筹规划，做到统一有效。

（2）选择参照体。学校内部信息传播渠道短而多，来自群体间的影响直接而快速，学生中很容易相互对比，模仿，明争暗赛。为发挥学生群体的管理功能，应有意地选择积极的参照体，让学生去对照与模仿，以提高学生自身的管理积极性和能力。

（3）提高灵活性。随着社会发展的突飞猛进，社会对个体的素质要求越来越高，拘泥形式、循规蹈矩、墨守成规等机械的思维方式和活动方式已很难适应社会要求。与此相反，随机应变和举一反三的能力则被视为能很好地适应环境，有利于适应社会生活和个人发展。

二、学生的自我教育、自我管理与自我完善

培养学生自我教育、自我管理与自我完善，是现代学校管理中对学生素质的要求，也是学校中学生管理工作的落脚点。

（一）学生的自我教育

中小学生在群体生活的锻炼过程中，应该逐步养成良好的行为习惯，学会自我把握，规范自己的行为。当然，群体应提供一些适当的自我教育机会。自我教育是对学生发展的基本要求。自我教育的方法很多。在管理中，最奏效的方法是自我调节，它指个体在心理和行为上的自我调节，通过积极的主动的自我调节，以达到自我管理和自我教育的目的。运用这一方法的关键是管理者要创造条件，激发起自我调节的内部动机，并通过一定的实践活动使这种自我调节的心理活动得到强化和巩固。

（二）学生的自我管理

学校管理不能仅仅依靠领导者和班主任，还要靠学生自己。形成群体管理效应的目的在于使每个学生能够自觉地管理好自己、养成自我管理的良好习惯。学生的自我管理是学校学生管理工作中最为有效的途径，其程度如何将直接影响着整个学校的管理效能。自我管理的表现是多方面的，它体现在学生的生活、学习、纪律、卫生等各个方面。在学校中，班级管理是学生形成自我管理的有效途径。

（三）学生的自我完善

作为一名学生，要想成为一名合格或合乎社会要求的人，必须在生活学

习中注意修身养性，不断提高自己的素质，才能不断地完善自己，才有望在人生道路上取得成功。现代教育的主流是素质教育，素质是一个涵盖面极广的概念，它包括身体素质、心理素质等。中小学生在学校受教育的过程，其实是其人生发展过程中最重要的阶段，因而这一时期注重培养和形成一些优良的品质对今后人生的发展具有重要意义。学校管理是学校教育的有机组成部分，在管理中培养学生的自我完善能力有利于中小学生的身心健康。

总之，中小学管理涉及到中小学生健康成长的重大责任，作为管理者一定要把握好管理中的"主导"和"主体"的关系，使管理不仅成为使集体运作有序的手段，而且成为一种育人的手段。

第九章 学校中的人际关系与人际沟通

第一节 人际关系概述

一、什么是人际关系

（一）人际关系的定义

人际关系是人与人之间通过交往与相互作用而形成的直接的心理关系。人际关系的好坏，可以用彼此间的心理距离来衡量。这主要涉及到个体需要的满足程度。交往双方需要的满足程度是形成人际关系发展的内在因素。如果个体在相互交往中获得了各自需要的满足，则个体倾向于维持并发展他们之间的来往；反之，则倾向于减少和断绝他们之间的来往。

（二）人际关系的分类

人际关系有不同的分类标准。它可以按接触人数的多少分为两人之间的关系，个人与集体的关系，个人与组织机构的关系；也可以按个体之间态度的不同分为逊顺型，进取型，分离型等；还可以按人们行为情况的性质分为初级的人际关系与发展的人际关系，正式关系和非正式关系，利害关系和非利害关系，可选择的关系与不可选择的关系等。按学校管理中的人际关系分类，有这样几种关系：教师与学生的关系，学生与学生的关系，教职工之间的关系，学校领导与教职工之间的关系，领导者之间的关系，学校领导者与学生的关系。在这些人际关系中，每个人都有自己的动机、知觉、观点、态度，都有自己的基本倾向；每个人都期望得到别人的信赖、帮助、支持，都有自己的人际关系需要。美国心理学家舒茨（W.G.Schutz）按照人际需要的不同，把人际关系分为三个类型：包容需要型、支配需要型和感情需要型。

（三）人际关系的成分

人际关系包含三种成分：认知成分，情感成分，行为成分。

认知成分反映个体对人际关系状况的了解，是人际知觉的结果，是理性条件。个体通过知觉了解他人与他人、他人与自己的关系以及他人对自己的反应。在这一了解的基础上，个人方能更好地认识自己，调节自己与他人的人际关系。

情感成分是指关系双方在情感上的满意程度和亲疏关系的因素，是人际关系的基础。所谓人际心理距离，主要也就是指情感成分而言的。在人际关系的三种成分中，情感成分是主要成分，它往往被当作判断人际关系状态的主要指标。不同的情感在人际关系中起着驱动、调谐的作用。

行为成分是双方实际交往的外在表现和结果。一般情况下，人际关系好，则行为上多有亲近表现；人际关系不佳，则行为上互相疏远，甚至视而不见。在人际测量时，行为表现往往同情感相联系，也可以以此作为一个比较灵敏的人际关系指标。

人际关系的三种成分不是孤立发生作用的，它们是互相联系、互相影响的，因而如果我们想要改善人际关系，就必须从认知、情感、行为三方面一起入手。

（四）人际关系的测量

通常测量人际关系的方法有以下三种：

1.社会测量法

该法又称为群体成员关系测量法。由美国心理学家莫雷诺在本世纪 30 年代创造。它基于群体成员对他人的喜欢或厌恶，探测群体成员间的人际关系。该法调查群体人际关系时分两步：开始是以问卷形式了解被调查对象的择友意向，如"你愿意让谁做班长""你喜欢与谁一起学习"，要求被调查者根据实际想法填写。再是根据调查所得具体资料，加以整理，进行统计分析。

2.参照测量法

这个方法是前苏联心理学家彼得罗夫斯基提出来的。他认为，人际关系中最重要的是了解个人选择的动机，动机才是人际关系中进行选择的心理机制。但如果直接问被测者，则很难获得真实可靠的答案。用参照测量法，隐去了真实目的，就可以了解群体中最有影响的权威人物。

该方法由于隐去了真实目的，能反映人们的动机，可以获得可靠的结果。不足之处是它适用于较小的群体，在人数很多时，它花费时间太多，操作中应尽力用积极性评价，出现消极性评价时应尽量做到客观公正，以免造成人际矛盾。

3.人物推定法

人物推定法是指先向被试者提供各种类型人物的行为方式，然后由成员写上自己认为最符合某种人格形象的姓名。提出的项目可以根据调查的需要而设置。例如，"群体中谁最无私、热情、勤奋""群体中谁最自私、冷淡、懒惰"，前者是积极的一面，被选上的人可以得正分；后者是消极的一面，被选上的人得负分。最后加以统计，可以知道群体中每个成员的位置。

该方法在人数较少的群体中易于得出每个成员在群体个的位置、作用。在人数较多的群体中，该法施行起来工作量大，比较困难。

学校管理中采用以上三种方法对人际关系测量时，要多采用人际关系积极评价的项目，如果不得不采用人际关系消极评价的项目，必须注意对测量结果进行保密，以免引起不必要的人际纠纷。

二、人际关系与人的心理素质

人的个性特征、认知能力及情绪状态常常给个体的人际关系带来有形或无形的影响。学生的心理适应主要是人际关系的适应。他的人际关系的好坏是衡量他的心理素质的指标之一。如何从提高学生的心理素质入手，来提高学生的人际关系适应能力，是教育工作者必须探究的一个课题。

（一）人际关系与个性特征

良好的人际关系与个体良好的个性特征是分不开的。人们一般都喜欢真诚、热情、友好的人，讨厌自私、奸诈、冷酷的人。国外有些学者曾列出555个描绘人品质的词汇，然后让大学生们挑选出他们喜欢的品质，并标明喜欢的程度。结果发现：评价最高的是"真诚"；评价最低的是"虚伪"。

值得指出的是，个性特征中的热情是相当重要的因素。对别人表现热情的人，会成为喜欢别人的象征，作为酬赏，也引起别人对他的喜欢。

了解了上述人际关系与个性特征的关系，有助于个体在日常交往中不断加强自身修养，提高自身个性品质，建立良好的人际关系，进而以良好的人际关系为酬赏，激励他更好地保持这些良好的个性品质。

（二）人际关系与个体认知能力的关系

良好的人际关系与个体正确的认知能力是分不开的。个体只有对人际关系进行正确的认知才能建立良好的人际关系。对人际关系的认知包括：

（1）个体对他人感觉和行为的认知；

（2）个体对信息传递的认知；

（3）个体对自己感觉和行为的认知等。

如果个体在上述三方面认知中的任何一方面出现偏差，都会导致他对人际关系发生误解。

（三）人际关系与个体情绪状态的关系

良好的人际关系可以使个体产生愉快、喜悦的情绪体验，减轻个体的心理压力。个体具有良好的情绪能产生人际感染力，可加强人际交往。萨尔诺夫和津巴德（I.Sarnoff.P.G.Zimbardo，1961年），泰克曼（Y.Teichman，1973年）等人的研究发现，忧虑将会导致"合群倾向"的减少。另一些研究指出，他人既是自己舒适的来源，又是导致自己窘迫的根源。人类行为遵循着一个基本准则：当指望他人提供舒适时，就寻找他人；而当我们窘迫时，就回避他人。当一个人忧虑重重时，与他人的交往只可能增强窘迫感，最好的办法是回避，减少合群倾向。而合群倾向减少的直接后果是人际关系受损。另外，考恩（Cowen）等人发现，小学三年级时的不良人际关系，与成年早期情绪障碍有较大的相关性。

在正常的人际交往中，我们必须时刻保持乐观、稳定的情绪，才会既满足自身心理健康需要，又能满足对方人际交往的感情需要，促使人际交往向更深层次发展。同时，我们通过良好人际关系还可使自身情绪不良状态得以调节、改善。

（四）人际关系与个体意志品质的关系

意志由于其对个人的行动具有两方面的调节作用：

（1）发动，推动人们为达到预定目的而行动；

（2）抑制，制止与预定目的相矛盾的行动。

所以，它可以调节、控制人们在人际交往中的表现，使人际交往朝向良好的方向发展。社会心理学研究发现，一个具有独立性、果断性、坚韧性、自制力的个体，往往是最有人格魅力的个体，是其他个体渴望学习和交往的对象。另外，良好人际关系也有助于培养个体形成良好的意志品质。

人际关系与人的心理素质是密不可分，互为条件的。人只有具有健全的个性，客观、全面的认知，稳定、乐观的情绪，坚强的意志才会促使人际关系健康、持续地发展；健康、稳定的人际关系对个体心理又有保健作用，可以提高个体的个性修养，培养个体建立正确的价值观、乐观的情绪、坚定的意志品质。这些理性的认识不但是教育工作者必须具备的，而且还会通过自己的操作去改善和培养学生良好的人际关系。

第二节　学校人际关系

学校人际关系，作为一种特殊的社会关系，既带有人际关系的一般特点，又具有其自身的特征。

一、学校人际关系的特点

（一）教育性

学校的最终目标是塑造学生的健康人格，培养学生的知识技能，教育、教学则是学校全部工作的核心。学校人际关系正是以学校的这一主要职能为前提展开的。学生为了求知受教，教师为了教书育人，这样就形成了以师生关系为主体的学校人际关系。教师除了传授知识，还要教会学生如何做人，如何与人相处，即如何建立人际关系，这也构成了德育的内容。因此，为了改善教育成效，必须借助一定的教育手段，培养、建立、发展和协调学校人际关系，才能进一步提高广大教师对教育事业的敬业精神，激发工作积极性，寻求学生对自己工作认可的途径。

（二）规范性

学校同社会一样，也是规范性的群体。学校的各种规范不仅约束着教育者的全部教育活动和教育行为，又是调节人际关系的准则。如尊师爱生，作为学校的行为规范，既是对师生间交往行为的直接要求，又是对师生关系评价的标准。此种规范来源于教师职业道德规范和学生行为规范。

（三）纯洁性

学校是传播人类文明的场所，它带给人们的不仅是先进的科学文化知识，还有心灵上的感染与熏陶。教育者一般是由知识层次较高、品德修养良好的人担任，而受教育者则是知识经验较贫乏、心灵纯洁的青少年组成，二者是由单纯的求知-受教原因定到一起的。这就必然决定了它与社会上其他类型的人际关系相比，学校人际关系受到的污染少得多，纯洁得多。

（四）阶段性

这是学校人际关系的明显特点。学生在学校接受教育的时间是分阶段进行的。一旦学生毕业离开学校，就意味着这种直接的交往关系的终止，但并不说明人际关系的彻底不存在，只是由于时空原因，交往频率减少。

二、学校人际关系的分类

（一）师生关系

1.师生关系的特点

（1）师生关系是教师与学生在教育、教学的双边互动过程中形成的交往关系，是学校人际关系中的主体关系。教师是教学活动的实施者、管理者和监控者；学生也非被动的监管对象，而是积极主动地参与教学活动。因此，双边互动性成为师生关系的首要特征。

（2）教师的主导作用不仅表现在教学活动中，还表现在人际交往中。在师生交往之初，因教师在知识水平、生活阅历等方面比学生丰富得多，成熟得多，学生往往对教师怀有敬畏之情，不敢轻易接近。要建立和谐关系，教师就应主动接近学生，缩短与学生心理上的距离。

（3）师生关系对学生处理其他人际关系具有导向性。在师生交往中，教师表现出的态度、观念和处理问题的方式会潜移默化地对学生造成直接或间接的影响。

（4）师生关系是一种多重角色关系。这既说明了教育工作的复杂性，又说明了社会、家长、学生、领导对教师的多重角色期望。教师既是知识的传授者，又是父母角色的扮演者，还是学生的榜样、典范，同时又是学生的朋友、知己，学生的心理保健医生等。多重角色丰富了师生关系的内涵，形成了除教育者与受教育者，领导与被领导的基本关系之外的多重关系。

2.师生关系的意义

（1）师生关系影响教学质量

教学活动是师生关系开展的主要渠道，教学活动的成效不仅依赖于教师的教和学生的学，还取决于师生双方协同配合、相互作用的程度。因此，师生关系就成为教学活动中一个重要的激励因素。

（2）师生关系影响学生个体社会化的发展

社会化是指个人接受其所属社会的文化和规范，掌握社会公认的行为方式，以便成为该社会的有效成员并形成独特自我的过程。实现个体社会化的主要内容就是通过教学活动增长个体知识、技能，提高认识社会和改造社会的能力。学生在师生交往中，逐渐学会认识自己，认识自己与他人、集体、社会的关系，并从中自然而然地学习到一定的社会规范、行为准则、价值观念，将它们转化为自己的信念和行为准则。师生关系对自我意识的发展有重要影响。

3.师生关系的心理成分

人际交往中，人与人之间必然会因为相互的认知、情感和行为等因素而影响相互之间的亲密程度，这些因素又影响着人际关系的形成和发展。师生关系作为一种特殊的人际关系，同样也包含着这三种心理成分。

4.制约师生关系的因素

制约良好师生关系的因素大致有以下几个方面：

（1）师生角色地位不同。教师作为施教者，是教育、教学活动中的组织者和领导者，这就决定了教师在这一过程中处于主导支配地位。而学生作为受教育者，就意味着学生在教学过程中处于接受教育，服从组织管理的相对被动的地位。

（2）教师的教学管理作风。教师的教学作风和管理方式是影响师生关系的又一重要因素。教师的良好教风是由教师的敬业、勤业、乐教、廉教、爱生等成分组成，是制约师生关系的极为重要的心理因素。许多实验研究发现教师的管理作风有三种类型，即专制型、放任型和民主型。前两类都不利于师生关系的良性发展，只有民主型的管理作风才有助于教学活动的顺利进行和教学质量的提高，而且有利于师生关系的友好和谐。

（3）师生个性特征。良好的个性特征是促进人际吸引，密切人际关系的重要条件。如果教师具有强烈的职业道德感、责任心以及诚实可信、开朗热情、谦逊沉稳等良好个性特征，就会赢得学生的好感和信任，有益于师生关系的建立和稳固发展。同时，学生的个性特征也会影响教师对其的看法、态度和行为。

5.改善师生关系的途径

（1）树立正确的教师观和学生观。教师观是指教师对自己职业角色的自我认知和自我评价，它会直接影响教师角色效能的发挥和师生关系的建立。

（2）加强师生间的交往。交往是加深彼此间的了解，促进人际关系的途径之一。师生双方由于主客观原因，常常忽视了交往的重要性。要改变这种局面，教师首先应增强交往意识，提高交往主动性，增加交往机会。要了解学生的知识水平、个性特点、兴趣、爱好，打开交往的突破口，以缩短彼此间的距离。另外，空间距离也是影响人际关系的因素之一。其次，教师应经常组织并参与学生的活动，这样既可以从侧面了解学生，又使学生感受到教师是集体中的一员，愿意与教师谈心、接近，促进交流与沟通。

（3）教师的期望。期望是一种无形的情感因素，具有强烈的感染力。一旦教师对学生寄予厚望，坚信学生会在知识、技能、人格等方面获得良好发展，就会通过自己亲切的目光、神态、表情、语言、行为在与学生的交往过程中不自觉地流露出来，从而引起学生情感上的共鸣和学生积极的情感体验，以调动学生的主观能动性，提高教育、教学活动的效果。

（4）尊重信任学生。尊重是教师对学生的积极肯定态度，是对学生独立人格的尊重。青少年随着年龄的增长，自我意识的发展，强烈要求有机会认识自己，发展自己，能够独立处理问题，发表自己的独立见解，不再盲目顺从师长的权威。

（5）正确处理学生的问题行为。由于学生年纪小，经验不足，心理尚未发展成熟，意志力、控制力薄弱，所以在成长过程中会暴露出各种各样的问题行为。在处理问题时，应抛开成人的眼光，从学生的年龄特征出发分析问题行为产生的原因，对症下药，让学生深刻认识到问题行为引发的不良后果，以彻底根除导致不良行为产生的内部原因。在处理方式上，澄清事实，不轻易因学生有了问题就对其作全盘否定，而要在尊重学生人格、维护学生自尊心的基础上，公正评判，并为其指引前进的方向，坚定其改正的决心和勇气。

（6）师生双方培养良好的个性品质。个性品质是影响师生关系良好发展的重要内在品质。尤其是教师的良好品格对学生具有榜样示范作用。教师不仅要扩大知识储备，更新知识结构，树立现代教育观念，提高教学能力，还要逐渐完善自己的人格，克服消极不良的个性特征，这样才能增强对学生的人际吸引，创建良好的师生关系。

（二）学生之间的人际关系

1.学生之间关系的特点

（1）处于青少年时期的学生，由于其心理、生理发展的特点，决定了朋友在其生活中的重要地位，甚至超越了以往父母、教师在其心目中的位置。学生心地单纯，往往是基于共同的兴趣、爱好、活动特点和态度而结成的真诚纯洁的友谊。因此，纯洁性是学生之间关系的重要特点。

（2）学生间关系具有强烈的情感色彩。尤其是年龄小的学生，交往目的并不清晰，情感上的好恶成为择友的标准，所以交往关系不稳定。此特点易形成学生重情感轻理智的交往倾向。随着年龄增长，情感因素的作用减弱。

（3）学生间的关系经常受家长、教师的影响。事实上，在孩子成长历程中，家长、教师都一直在关心、指导他们择友交友。特别是在年龄小的学生身上尤为明显，往往是家长将老师与自己都喜欢的孩子作为自己孩子的友伴。随着年龄增长，学生形成自己的交友准则，但家长、教师的影响依然存在。

2.学生间人际关系的意义

（1）学生交往影响集体的形成和发展。如果没有学生之间的交往活动，学生集体将无法形成和发展。积极的交往才能形成学生之间稳定的心理联系，增加对集体的凝聚力和向心力。

（2）学生交往影响个体社会化的发展。交往是个人在社会生活中得以生存和发展的基本条件。学生在交往过程中，增长知识，开阔视野，加深对社会的认识与了解。学生交往影响自我意识的发展。人总是通过他人来认识自己的。在交往中，学生以自己的同伴为镜子，对照自己，正确地评价分析自己，找出缺点不足，努力完善自己。

（3）学生之间交往是学生精神生活的需要。教师和家长往往只满足了学生在知识和生活上的需要，而忽视了更为重要的精神上的需要。学生在面对成长中的烦恼和社会生活纷繁复杂的刺激时，显得束手无策。青少年由于独立意识的增强，他们想通过自己的力量解决思想上的困惑。于是年龄上相近、兴趣爱好与观点上相似的同学便走到了一起，大家谈古论今，展开讨论针砭时弊，扩展思路，满足了心理上的需求。

3.学生间人际关系的类型

（1）友好关系型。其特点是双方满意，彼此信任，感情融洽，亲密等。

（2）对立关系型。其特点是互相不满意，不融洽，不信任，彼此疏远，排斥，反感，有冲突的对立关系。

（3）孤独和孤立型。如果一个学生在集体中不被他人选择和容纳、他也不选择或容纳其他同学，那么这个学生就是集体中的孤独者。孤独者对同学往往冷淡冷漠，但不存在厌恶、憎恶感。

4.影响学生交往关系的因素

影响学生之间交往的因素很多。如心理距离近，座次接近，家庭住址接近的学生来往频繁，感情易融洽。学习成绩好的同学，大家都愿与他接近。思想品德表现好，热爱和关心集体的同学，易受到大家好评。具有良好个性特征的同学，易受到大家的喜爱等。

5.改善学生关系的途径

（1）提高交往水平。人际交往是维护和发展人际关系的纽带。中学生处于生理、心理发展的特殊时期，交往成为一项重要的生活内容。在扩大交往机会的同时，教师还要指导学生提高交往深度，深入了解和理解对方的真实思想与个性特点，真正做到心灵上的沟通和情感上的交融。

（2）培养良好的交往品质。在人际交往中，具备良好的交往品质是搞好人际关系的重要因素。良好的交往品质主要有以下四个方面：真诚、信任、热情、宽容。

（3）对学生非正式群体的管理。非正式群体对学生的成长有重要意义，它不仅能使学生通过群体活动增长知识，锻炼能力，还能满足学生心理上的需要，促进学生间的情感沟通，有助于学生确立自我，同时对学生的人生观、价值现有导向作用。

（三）教师之间的人际关系

教师是怀着对教育事业的忠诚和热爱走到一起的。在工作中，为了实现共同的教育目标，大家便相互支持，协同互助，形成了平等的同志式的关系。对所从事教师事业的相同认识和极大热情是教师联系起来的心理因素，同时也是教师间人际吸引的重要因素。竞争与合作是教师人际关系的基本形态。

1.教师间良好关系的意义

（1）良好的教师关系推动教学目标的顺利实现。集体中的每一位成员都必然处于一定的人际关系中，人际关系的好坏是影响团体成员工作效率的不可忽视的心理因素之一。

（2）教师间良好关系可以促使其精神需要的满足。交往是人类最基本的社会需求之一，是个体心理正常发展的基础和前提。教师作为社会中的特殊群体，同样有着强烈的精神需求。通过交往，可以拉近教师间的心理距离，达到双方的理解和支持，消除内心的紧张感，使心情舒畅。

2.改善教师间关系的途径

(1)加强和改善教师之间的人际沟通。教学成果的取得不是仅凭哪一个教师的力量就能实现的,它需要全体教师的共同努力。因此,教师之间应加强交流,经常传递最新的教育信息,互相听课,取长补短,交流教学经验,共同研讨教育教学中出现的问题。

(2)建立正确的自我认知。自我认知就是对自己有一个全方位深刻的认识和了解,从而形成正确的自我评价。只有这样才能摆正自己在社会关系中的位置,才能恰当地调节控制自己的行为。教师应正确地认识自己的能力和作用,在发挥自身长处时,也应看到自己的不足,取他人之长来弥补自己之短,在教学科研中互帮互学,共同提高。

(3)增强教师的集体意识。集体意识是全体成员对集体的态度,是对集体的共同荣誉、共同目标、共同利益的观念。只有具有了集体意识,组织成员才能做到思想统一、步调一致、关系和谐、行动协调。

(4)创设良好的心理气氛。心理气氛是对群体成员能产生巨大影响,并相对稳定的一种心理状态。良好的心理气氛的重要指标就是群体成员共同具有的积极向上、团结奋进的情绪状态。因此,要建立良好人际关系,增强集体凝聚力,就应该努力创设一种健康的心理气氛。

(四)领导与教师之间的人际关系

领导是学校总体工作的决策者、指挥者、组织者和管理者,他们与教师之间的关系在工作上是一种领导者与被领导者,管理者与被管理者的关系,也就是一种公务性人际关系。在日常生活中,他们与教师间的关系是一种平等的同事或朋友的关系,即一种非公务性的人际关系。

1.领导者与教师之间关系的意义

(1)领导者与教师之间的关系会影响教育质量。在公务性人际交往中,如果领导者注意自己的工作方式和领导作风,公正客观地评价每个教师的能力和工作成绩,知人善任,正确运用奖惩手段,对教师一视同仁,不偏袒,不根据与自己关系的亲疏决定对方职务的升迁或待遇的高低,这样,就会在学校形成一个宽松民主的心理环境，使教师心情愉快，保持良好的心理状态，从而能够激发工作热情，积极、高效地完成领导者安排的各项工作。

（2）领导者与教师的关系会影响教师的心理健康。心理疾患的产生不仅是由生理病变和心理障碍造成的，还会因各种社会因素引发疾患，其中人际关系就是重要的致病因子。如果领导与教师的关系和谐，教师的需要得到满足，不良情绪及时排除，会产生平和、良好的心态，自然不会产生心理疾病。反之，如果领导与教师关系恶化，就无法正常发展自己的能力与个性，还可能产生各种心理障碍，出现各种心身疾病。

2.影响领导者与教师关系的因素

（1）领导的角色认知偏差。领导者处于学校组织的核心地位，对学校内部系统和人员有权进行组织、指挥与管理。领导者的职责虽然决定其权威与地位，而领导者本身并不完全具有权威性，要看他素质水平的高低。

（2）领导作风的影响。领导作风是指领导者在工作中稳定的活动方式。它包括工作方法，对下属的关系等。如果领导作风民主，办事公正，让广大教师信服，就会赢得教师信任，促进教师与领导建立良好人际关系。反之，如果官僚主义严重，专横跋扈，就会使教师产生抵触情绪，影响正常关系的建立。

（3）嫉妒心理的影响。嫉妒心理就是害怕别人超过自己，认为别人的优势就是对自身的威胁，为此而感到恐惧、愤怒，随之采取贬低、排挤对方等手段以消除心理上的不平衡。有些领导者的个性修养不到位，害怕别人超过自己，对那些颇有才华、勤奋工作的教师限制、打击，而对那些安于现状，不思进取的教师大加赞赏。人际关系的建立与发展自然受到影响。

3.改善领导与教师关系的途径

（1）领导建立正确的角色认知。角色认知是学校领导者对自己的职务性质、地位、权力、作用和任务的认知，即认识到职、责、权、利是相互影响彼此制约的。对它们关系的正确认知是指导领导行为的依据和准绳，从而使自身的行为与职务相称，在领导方式上不单靠行政手段开展工作，而是靠自己的德才兼备，身体力行，这样才能赢得广大教师的心，实现预定的管理目标。

（2）端正领导作风。领导如同乐队的指挥，是组织的"灵魂"。领导的工作作风、工作方式既是影响工作成效的重要因素，也是衡量人际关系的重要指标。若领导作风民主，办事公正，一视同仁，不扶植亲信，就会消除人际冲突，减少组织的内耗，使大家心往一处想，劲往一处使，人际关系自然和谐融洽。

（3）关心教师的需要。人是自然属性和社会属性的统一体，自然会有种种需要教师首先作为自然人，要生存，就有物质需要，即工资、住房等最基本的需要。如果这些条件没有满足教师，一方面会影响教师的正常工作，另一方面会使教师感到领导工作做得不好，对领导产生不满情绪。因此，领导者应在生活上主动关心教师，尽力为教师排忧解难，办实事。此外，教师还有更高层次的精神需要，即进一步认识社会、了解自然、掌握知识的认知需要，创造成就的需要，自尊和荣誉的需要。

（4）正确对待能力、个性有差异的教师。要团结整体的力量，提高效能，就应充分调动不同教师的积极因素，创设机会让他们发挥智慧潜能，在实践中不断增长才干。对于性格类型不同的教师，校领导应尊重其个性特长，针对不同类型，采取不同方法，肯定长处，等距离对待大家。这样，他们之间良好的人际关系才有可能真正建立。

（五）学校领导者之间的人际关系

（1）校长是对学校总体工作进行宏观统筹、规划设计和布置安排的"总司令"。各项工作的开展与实施还要通过学校内部各系统的中层领导者领会精神，具体操作。他们承担着实现校长管理理想的中介角色。要实现最终的教育目标，仅靠校领导个人的努力是不够的，还需要领导成员间的齐心协力，团结配合。因此，无论是领导者与上级领导、下级领导和同级领导这三个层次中的哪一种人际关系，都是对工作效绩和管理效能不容忽视的影响因素。同时也为领导者与教师的交往，教师与学生之间的交往起到了示范作用。

（2）工作上职责清楚，不乱干预。每位领导者都有自己的职权范围，各管一方。凡是不属于自己职权范围内的工作，不要乱插手，瞎指挥，以免引起对方的厌恶情绪，影响人际关系。

（3）正确处理合作与竞争的关系。领导者之间除了相互合作，共同处理事务外，还存在着竞争关系。竞争是促进人们改进工作，提高效益的激励机制。随着经济改革不断深入，竞争意识深入人心。作为领导，应是积极进取，富有竞争实力的。

（4）提高领导者素质。要成为一名能团结广大师生，又团结领导班子其他成员的合格的领导者，必须不断地从思想品质、政治思想、工作能力、工作作风、业务知识、个性品质等方面充实和完善自己，才能有效实施集体领导，提高领导家质和管理效能。

（六）学校领导者与学生之间的关系

学校领导者与学生之间的关系既属于一种师生关系，但又有别于师生关系。因为这种关系的发生不像师生关系那么直接。教师的工作对象就是全体学生，自然师生关系的发生不需要任何中介。而学校领导者的工作内容是处理学校内部事务，虽然这些事务中大部分是围绕着教师与学生展开的，但他们的直接工作对象不是学生，他们与学生之间的关系是间接产生的。充当中介的可能是教师、教育信息、教育措施等。但总的来说，学校领导者与学生交往范围小，交往频率低，不易形成稳定的心理联系。学校领导更多的是从宏观上对学生造成深刻的影响。但从另一角度来看，教育目标的实现，教育质量的保证，教学方法的改进，素质教育的实施，都是与学生有直接关系的政策与措施，这些又都需要学校领导者切实地组织指挥，监督保证，才能一一落到实处，也才能促使学生真正实现根本素质的提高和身心健康的发展。因此，学校领导者与学生的关系又具有直接性。

第三节　学校人际沟通

一、人际沟通概述

（一）人际沟通概念

人际沟通一般指人与人之间的信息交流过程，是形成、维持和发展人际关系的基本手段。我们对此概念的理解如下：

首先，人际沟通是在人与人之间进行的信息交流。沟通过程中，沟通双方对应地相互变换角色，前一时相的信息发出者，可转换成后一时相的信息接受者，双方都是沟通的积极主体。而人是认知、情感、行为等多种心理因素协调发展的统一体。人与人之间的信息交流，既是信息的相互作用，又是心理的相互作用。人与人之间的信息交流就是沟通的双方为了达到某种目标或满足某种需要借助语言或非语言符号系统进行思想、观念、情感的交流，以达到相互影响。沟通过程中产生的相互影响，是一个沟通者对另一沟通者的心理作用。沟通效果的测量就是以这种作用达到的程度为标准的，这意味着在一定意义上改变了沟通者之间形成的关系类型。

其次，人际沟通是一个互动的交流过程。从人际沟通对个体影响的角度来看，沟通是一个动态的过程。沟通所获得的信息总会对人的心理产生一定的影响，因此后一时相的沟通总是在前一时相沟通经验的基础上进行的。人际沟通就在这样一个不断变化、互动的活动中循环往复。实际上，人际沟通是个人发展变化的重要前提。每个沟通行为，都是个人发展变化的新起点。

第三，人际沟通中包含着多种心理因素。人际沟通是一种复杂的心理现象，除了涉及沟通双方的沟通动机外，还涉及沟通双方的认知、情感相行为等多种心理因素。沟通双方进行的思想、观念的交流，就是认知成分在人际沟通中的具体体现。它不仅是进一步沟通的前提，也是情感交流的基础。无论沟通是否能达到沟通者的期望,沟通者都会产生各种不同的情绪体验。不管是积极的,还是消极的情绪体验都是情感在人际沟通中的体现。另外,沟通者之间共享快乐,倾诉烦恼也是沟通过程中的情感交流。就行为成分而言,即使有了用来沟通思想、观念与情感的信息,若不借助于用来表达情感、传递信息、表示个性的行为成分,如语言、表情、动作等行为,沟通尚不能实现。从动态的人际沟通过程分析,同样可以得出上述结论。人际沟通的过程包括心理过程与操作过程两大部分。所以说人际沟通是多种心理因素的复合体。

（二）人际沟通的结构

人际沟通主要由信息发出者、信息、信息通道、信息接受者、反馈、障碍和背景七个要素组成。

1.信息发出者。指具有信息并试图进行沟通的人。他们是沟通过程的开始,并决定沟通的对象以及沟通的目的。沟通的目的可以是为了建立和发展某种关系,或扩大共同的经验领域；可以是为了影响别人,改变别人的态度；可以是为了改变个体在群体内的地位；或纯粹为了满足个人娱乐的需要等。作为信息的沟通者,在实施沟通过程中,必须在丰富的记忆中筛选出试图沟通的信息,然后将这些信息转化为可以被接受者所接受的符号,如文字、口头语言或动作、表情等。

2.信息。指沟通者试图传达给别人的消息、观念和情感。但个人的感受无法直接传递给信息的接受者,因而它们必须被转化为各种可被别人所接受的信号,如音形符号等。

3.通道。指的是信息的载体,即信息通过何种方式和工具从发出信息的人传递给接收者。常用的通道有对话、动作、表情或广播、电视、电话、报刊、信件等。

4.信息接受者。指接受信息的人。信息的接受者在接受到携带各种信号的音形符号后,根据个人的知识、经验,并利用各种可能的线索,将其尽可能转译成信息发出者试图传达的知觉、观念与情感。

5.反馈。指信息接受者给信息发出者的回应。在沟通过程中，沟通的每一方都在不断向对方发送回应。反馈可以告诉信息发出者和信息接受者对信息的接受和理解程度。反馈可以来自对方，也可以来自信息的发送过程或已发出的信息。成功的沟通者对反馈都十分敏感，并会根据反馈调整自己的信息发送。

6.障碍。在实际沟通过程中，会出现许多影响人际沟通的因素，如对信息的歪曲理解，人为的干扰、机械故障等，都会造成人际沟通的障碍。因此在调节人际沟通过程中，不能不着力减少或消除人际沟通的障碍因素。

7.背景。背景指沟通发生的情境。它影响沟通的每一个因素，是整个沟通过程中的关键因素。人际沟通的背景一般包括以下四个方面，即物理背景、心理背景、社会背景、文化背景。

（三）沟通的主要类型

1.语言沟通与非语言沟通。按人际沟通所使用的符号系统，可将人际沟通分为语言沟通与非语言沟通。语言沟通指借助语言符号实现的沟通。非语言沟通是指借助于非语言符号，如手势动作、面部表情及空间标志等实现的沟通。语言沟通包括口头沟通与书面沟通。口头沟通指借助口头语言进行的信息交流。如会谈、讲课、演讲、讨论等。其主要特点是简便易行，灵活迅速。面对面的沟通还可借助于非语言沟通形式增强沟通效果。但其主要不足之处是由于沟通的信息全凭记忆，不易保存，容易遗忘，并缺乏反复斟酌的机会，也易出现口误。书面沟通指借助于书面语言进行的信息交流，如文件、通知、书信、笔记等。其优点是信息可以长期保存，有修正内容的机会，准确性较高。其缺点是沟通速度较慢，由于缺乏及时反馈，应变能力差，同时也没有可利用的非语言沟通形式，因而沟通效果差。可见，口头沟通与书面沟通各有其利弊，若把口头沟通和书面沟通相结合，互补其短，各展所长，则沟通效果更佳。

2.上行沟通、下行沟通和平行沟通。按沟通传递的方向把沟通分为上行沟通、下行沟通和平行沟通。上行沟通和下行沟通主要是组织沟通。前者是组织中下级向上级传递信息的沟通，如汇报工作，向上级提出要求、建议等。后者指组织中上级向下级传递信息，如下达命令，发出指示，向下级提出要求等。平行沟通既可是组织沟通，又可是组织中身份和地位相仿者之间的沟通，如学校教师之间，学生之间的沟通等。

3.单向沟通与双向沟通。按沟通是否有反馈信息，把沟通分为单向沟通，双向沟通。单向沟通是单方向传递信息无反馈的沟通，如演讲，作报告，下命令等。其特点是沟通速度快，但比较呆板，没有意见交流和反馈，易使信息接受者感到枯燥、乏味，招致反感、厌倦。双向沟通是发送信息与反馈信息相统一的沟通，即沟通的双方在沟通中对应地变换身份，双方互为信息的发出者与接受者。其特点是沟通信息的准确性较高，使信息的接受者产生参与感，可以增强接受者的自信心，有助于双方建立和发展良好的友情关系。但是由于接受者可以向信息的发送者提出意见、批评等，而使信息发出者感到心理压力。同时双向沟通的干扰大，缺乏条理性，信息传递速度较慢。

4.正式沟通与非正式沟通。按沟通与组织的关系，可以把沟通分为正式沟通和非正式沟通。正式沟通是指在一定组织系统中通过明文规定的渠道，进行信息的传递与交流。例如，发送通知，下达指示，以及定期的会议制度等。沟通的信息真实、准确，但沟通比较刻板，有时速度较慢。

非正式沟通是正式沟通渠道以外的信息交流，如私人交换意见，传播小道消息，议论某人某事等。其沟通速度快，可以提供正式沟通难以得到的信息，可以真实地表露个人的思想、态度、情感等，但信息的可靠性低。不过，只要合理地利用非正式沟通，它不仅可以作为正式沟通的补充，而且还能发挥一定的积极作用。

5.大众沟通与群体沟通。大众沟通也称大众传播，即通过广播、电视、报纸、杂志等大众媒介实现的信息交流。群体沟通指以群体为背景的沟通，它构成了沟通网络。沟通网络在于告诉人们，群体成员是以怎样的形式凝聚在一起的。沟通网络一般可分为五种不同的形态，即链式、轮式、Y式、圆周式和全通道式。群体赖以工作的沟通网络形态，对群体执行任务的有效性，富有重大意义，也与群体士气、态度，甚至与群体成员的创造力、群体成员之间的关系密切相关。

链式和 Y 式沟通，信息传递速度快，但由于信息经过层层筛选，易使信息损耗和失真。同时，会出现群体成员的满意程度低，上级不了解下级的真实情况，下级不能了解上级意图的现象。轮式的沟通网络模式是最有利于群体简单问题的解决和领导的沟通网络，但形成了信息控制中心，不利于群体成员间的沟通和关系的建立。圆周式，特别是全通道式模型在解决复杂问题时最有效，同时还有利于群体成员之间的沟通，但解决问题的速度慢，且难以实施。在现实生活中，这两种理想的沟通网络形态相对较为少见。

二、学校人际沟通的特点

（一）学校人际沟通的一般特点

学校人际沟通作为一种特殊的沟通形式，不仅具有上述人际沟通的共性，还有其自身的特殊性。这里阐述的学校人际沟通的一般特点是相对于其他社会群体或组织的人际沟通而言的。

1. 教育指导性

学校作为有目的、有组织地对学生施加影响的机构，其一切工作都围绕教育学生的目的而展开。所以，教育指导性必然是人际沟通的第一功能。其具体表现如下：

（1）学校的人际沟通都是朝有利于教育学生的方向发展的。以教书育人为目的而建立起来的师生人际沟通是学校人际沟通的主体。其突出表现为知识的传递，情感的交流，个性的相互影响。

（2）人际沟通作为影响改变他人态度、行为的重要手段，在于具有说服他人，消除误会，统一思想，交流情感，缩小心理距离等方面的积极作用。学校中，对于犯了错误的教师和学生，我们主要采取说服教育的手段。

（3）人际沟通不仅是学校实现促进学生发展的主要手段，而且是学校教育的重要内容。在学校中，文化知识的传递，思想品德的教育都是借助人际沟通的手段得以实现的。社会的发展要求学校不仅要把学生培养成"智能人"，而且应当成为"社会人",以便学生进入社会后善于同他人沟通,有良好的适应社会的能力。

2.高雅性

高雅性是学校人际沟通的另一特点。学校是传播科学文化知识的文明场所。这里的教育管理者、教书育人者是文化素养较高,知识比较渊博,精神境界较为高尚,且经过专门训练的专业人才。他们不仅受到教师职业道德的规范,而且受到其特殊角色规范的制约。他们走到一起是为了教书育人。因此,围绕他们工作而展开的多数人际沟通是在较高层次上的信息交流。并在沟通过程中,渗透着尊重对方人格,以礼待人,谦虚好学的良好个性品质。

学生是学校的另一主要群体,他们的心灵大多较为纯洁天真,他们聚集在学校,就是为了接受教育。他们的言行也必将受到其角色规范的制约,师生的评价与监督等。所以师生之间的沟通,同学之间的交流,其内容、形式大多是健康的。可见,学生的人际沟通相对于其他的群体组织机构的沟通而言,是文明而高雅的。

3.时限性

学校人际沟通有较强的时限性。一是因为任何学生在校学习都有一定的时限,一旦期满,就要毕业离去。与之相应,师生、同学之间以教育需求为根据的直接沟通就基本结束。二是因为随着直接沟通的结束或减少,才导致学校人际关系的阶段性特征。

(二)学校人际沟通的意义

1.获取必要信息,有利于学校教育工作的发展

学校与其他群体间的信息交流,可使学校获得外部环境的多种信息,以便制定对策以适应环境变化的要求,求得在环境中的生存和发展。而良好对策的制定与实施,离不开学校群体成员的参与和支持,只有教育管理者广泛与学校成员进行沟通,了解各成员、各阶层的意见,获取制定计划的必要信息,才有可能制订出切实可行的有效对策。而且如果学校制定的计划、对策

同时也反应了广大教职工的意愿，自然会得到大家的拥护和支持。即使在学校内进行必要的变革，也易改变教职工原来的态度，使他们更快地接受新的决策，表现出合作的行为。

2.协调学校各成员关系，促进学校良好人际关系的形成、维持和发展

良好的学校人际关系不仅有利于调动学校成员工作和学习的积极性，有利于学校成员心理的健康发展，而且能够促进教育质量的提高。然而，良好的学校人际关系需要通过良好的学校人际沟通去实现，协调个体之间、群体之间和个体与群体之间的关系，从而消除误解，改变态度，统一认识，交流感情。随着沟通次数的增加，彼此需要的满足，情感的接近，心理距离的缩短，良好学校人际关系就得以形成、维持和发展。在学校管理过程中。协调师生之间，教师之间，教师与领导之间的种种关系，既是学校管理者的职能之一，也是形成学校管理者的威信和相互信任理解的前提。

3.良好的学校人际沟通，有利于个体身心的健康发展

首先，良好的学校人际沟通，意味着学校成员之间知识、信息、思想、观点交流快，从而有利于个体能力的发展。其次，良好的学校人际沟通也意味着沟通双方彼此信任，相互理解，在此基础上，不仅他们的思想得以表达和交流，而且情绪得到宣泄，产生心理的共鸣，交往的需要得到满足而心情愉快，维持生理和心理的正常运转机制。反之，若学校成员交往的需要得不到满足，长期处于紧张压抑的状态，必然会引起生理上的疾病，导致健康受损。对此需及时发现，并尽可能创造条件，改善其状况。

4.良好的学校人际沟通能够促进学校教育质量的提高

学校教育质量的提高是全体学校成员通力合作的结果。它不仅取决于教师、学生的努力，而且更决定于学校领导班子的引导。这是因为当学校处于良好的人际沟通状态时，首先，就意味着校领导在充分听取广大教职工意见的基础上，能制定切实可行的学校计划，并体现广大教职工的心声，使广大教职工产生参与管理学校的责任感，从而调动了他们的积极性、主动性和创造性。其次，意味着教师之间能够经常进行知识、经验的交流，教学方法的切磋，探索适应学生认知结构、知识准备状态、认知风格等方面的教学方法，

从而促进教师教学能力的提高，更有效地促进和提高学生的学习效率。第三，意味着教师在信任、理解、尊重学生的基础上，能与学生进行平行沟通，以了解学生的学习状况，个性特征，真正落实因材施教的教学原则，实现教育面向全校学生的战略目标，确实做到把学生放在教学的主体地位。

（三）学校中不同种类的人际沟通

1.师生之间的沟通

学校中的学生群体是由不同年龄阶段的成员组成，不同年龄阶段学生的认知、情感和个性都处于不同的发展阶段。因此，随着学生的不断发展，在学校人际沟通中的突出表现是处于不同年龄阶段的学生在与教师、同学之间的沟通过程中呈现出不同的特点来。

在小学阶段，由于学生所处年龄的特殊性，表现出教师主要运用权威和自己的期望去影响学生，而学生对教师的反应，主要受情感因素的影响来决定是否接纳教师的教育。几乎每一个学生在刚跨进小学校门时对教师都充满了崇拜和敬畏，教师的要求比家长的更有威力；对小学儿童而言，教师的话是无可置疑的。低年级儿童的这种绝对服从心理有助于他们很快学习掌握学校生活的基本要求。然而随着年龄增长，儿童的独立性和评价能力也随之增长起来。从三年级开始儿童道德判断进入可逆阶段，学生不再无条件地服从、信任老师了。"不一定都听老师的话"的心态随着年级增高而逐步增强，他们对教师的态度开始发生变化，开始对教师作出评价，对不同的教师也表现出不同的喜好反应。对教师的评价影响着小学生对教师的反应，或通过言语和非言语沟通形式表现出来。具体表现为他们对自己喜欢的教师以积极反应，极为重视所喜欢的教师的评价，为了获得好的评价，他们努力学习，表现出听从教师教导的行为反应。

初中学生的年龄特点，使他们对教师也是既依赖又相对独立，故要求教师对他们既要细心组织引导，又要尊重他们的自尊，这就要求教师能与他们进行毫无偏见地真诚交往，平行沟通，在沟通过程中体现出对他们尊重、理解、信任与关心的态度。初中生并不盲目接受任何一位教师，在他们的心目中，喜爱的教师几乎能达到十全十美的程度，并能在行动上对这些教师作出最好的响应。而对于自己所不喜欢的教师的各种意见可能都持拒绝态度。

随着高中学生认知能力的提高，尤其是独立性和自我意识的进一步增强，使他们不仅表现出要求被人理解、尊重的强烈欲望，而且产生了发展自我的需要。这就使得他们对教师的期待与评价已由初中阶段重视教师的优良个性品质，移向教师讲课内容的深度与广度。这就可能导致高中教师更看重教学质量，促使自己知识丰富，口头表达能力增强等。再加上高中科目多，学习负担重，师生之间的沟通多围绕教与学而展开，师生之间的情感交流相对较少。高中学生渴求能与教师进行相互理解、彼此尊重的平等沟通和情感的交流，这是他们逐渐成熟的表现。

2.学生之间的沟通

小学阶段学生之间的沟通主要是活动性的沟通，他们在活动中感到身心的愉快和情绪的满足。随着小学生的独立性和批判性的增长，小学儿童逐渐从对教师和家长的依赖性沟通走向自主性、平等性关系的沟通，同伴、友伴之间的沟通日益在儿童生活中占据重要地位。与幼儿时期相比，其具体特点表现为：

（1）与同伴沟通的频率高，沟通形式多样、复杂。

（2）在沟通中，传递信息的技能增强。

（3）更善于利用各种信息来协调自己的行动和他人的关系。

（4）开始出现同伙团体沟通。

（5）虽已拥有自己所喜爱的同龄朋友，但在感情上仍十分依赖父母。

初中生由于身心的快速发展，同学之间的沟通显示出与小学阶段不同的新特点。这些新特点具体表现如下：

（1）初中生的交往范围较之小学生的交往范围有所增大。

（2）团伙沟通的形式逐步解体。

（3）沟通动机开始趋向于关系和谐性沟通。

（4）沟通对象的稳定化。

（5）"小群"丛生。即小型的非正式群体形成较快，尤以女生为多。

（6）男女有别。

高中生处于青年初期，这一阶段学生的身体、生理、心理都在迅速地发展，自我意识不断增强，追求独立的意识越来越明显。高中生之间的沟通特点表现为以下几个方面：

（1）与同龄人之间的沟通越来越频繁。

（2）对友伴的亲密程度增强，友伴沟通的选择性和稳定性也同时有了飞跃性的增长。

（3）高中生对友谊的理解是较为全面和辩证的。

3.教师之间的沟通

由于教师在文化素养、知识水平、专业训练、工作经验等方面相近，因而为良好的人际沟通奠定了基础。表现为彼此尊重、相互理解、互帮互助、主动友好地进行教学经验的交流，思想情感的沟通。其具体特点如下：

（1）具有较强的道德规范性。

（2）教师之间的沟通多限于工作方面的沟通。

（3）教师之间的情感交流相对较少，自我暴露的广度和深度较低。

产生上述情况的原因，可能是由于教师劳动的个体独立性，使他们易于高估自己，低估他人，习惯于"单干"，淡化了人际沟通，甚至少数教师还出现"老死不相往来"的现象。也可能是因为受私有制度下"文人相轻"的影响，一些教师过分维护自己的"威信"，而不顾实际，有意贬低其他教师，以显示自己的高明，抬高自己的身价，这是不足取的。

4.学校领导与教师之间的沟通

校领导与教师之间的沟通普遍存在着积极与消极两个层面的特点。第一，积极层面的沟通，是指校领导能主动地与广大教师进行沟通，本着真诚、公平、关心他人、尊重他人的原则，就学校计划、教学问题或学校规章制度与广大教职工交换意见.虚心听取广大教职工的意见与建议，检验学校计划与决策的有效性与合理性，并获得日后制定计划所必需的信息。第二，消极层面的沟通，是指校领导很少与教师主动沟通，或只与自己较亲近的人进行沟通，或偏听偏信，从而出现领导者高高在上，脱离群众；制定的计划、目标、缺乏有效性、及时性，教师怨声载道，牢骚满腹。导致教师教得没劲，学生学得枯燥，教学质量必然受到严重影响。

5.校领导之间的沟通

学校领导群体肩负着决策、制定计划、指导下级机构工作的职能，同时又是实现计划的组织者、协调者与激励者。为此，领导成员之间的沟通状况以及彼此之间的心理相容性如何，既影响到群体成员之间的团结性，也影响到群体目标能否顺利实现。

学校领导之间的人际沟通基本倾向应是在彼此尊重、信任、理解的前提下进行友好议事、沟通思想、统一认识、交流感情，在融洽和谐的气氛中，制定出切实可行的学校计划或作出明智的决策。反之，若校领导成员之间不能进行良好的沟通，必然会导致成员间误会增多，勾心斗角，互毁互损，情绪敏感，关系紧张，群心涣散，工作效率低下，学校计划、目标无法完成。

由于学校领导者与学生之间接触的机会少，缺乏沟通，校领导的意图更多的是通过教师与学生之间的联系达到沟通的目的。因此，校领导与学生之间的关系较为松散。

（四）学校人际沟通的障碍

学校人际沟通过程中会因许多因素的影响，而出现歪曲信息和致使信息失真的现象，导致人际沟通受阻。概括而言，造成学校人际沟通受阻的主要原因如下：

1.心理障碍

常见的沟通方面的心理障碍主要是认知方面的障碍，如首因效应、晕轮效应、刻板效应、归因偏见、知觉选择偏见等。另外，沟通双方的情绪状态，彼此之间的心理关系以及他们的个性品质对信息交流的影响也很大。

2.语言障碍

语言表达和语言理解在人际沟通中起着非常大的作用。沟通过程中，若信息的发出者词不达意，口齿不清，就难于把信息准确地表达出来。这就是学校为什么特别强调教师语言能力的原因所在。

3.知识、经验障碍

沟通中，由于沟通双方的知识层次、知识结构或社会生活、工作经验悬殊太大，即使在沟通过程中，使用同一语言、同一词汇，但对同一信息的理解却会产生歧异，出现误解。

4.地位障碍

即社会地位、社会角色不同而造成的沟通障碍。例如，若学校教育管理者官僚主义作风严重，下属成员就会敬而远之，便阻塞了上下沟通的渠道。另外，如果教师在学校中总喜欢用教训人的口吻与学生说话，那么学生与教师就会产生隔阂，导致师生间人际沟通的障碍。

5.组织结构障碍

如果组织庞大，层次重叠，信息传递的中间环节太多，易导致信息的损耗和失真。组织机构不健全，沟通渠道堵塞，会造成信息无法传递。

6.空间障碍

人与人之间的空间位置直接影响着人们的沟通过程。一般来说，空间距离远的人们的沟通次数少，沟通不充分，沟通效果差，难于形成亲密关系。

三、学校人际沟通的改善途径

尽管学校人际沟通的主流是好的，但也存在不足之处。针对上述学校人际沟通的障碍，提出改善学校人际沟通的种种途径。

（一）尽量克服由于认知障碍而造成的沟通困难

我们应以发展的眼光看待一个人，对于暂时处于失败、落后的教师、学生，校领导、教师应采取积极的鼓励手段，而不是嘲笑、讥讽、排斥、打击。另外，要尽可能杜绝由于校领导、教师对教师、学生的负面期望面产生的负效应。

（二）加强个性品质的修养，以减少因个性障碍而带来的沟通困难

良好的个性品质不但能增强人际吸引，而且能获得良好的沟通效果，便于

形成亲密关系。相反，不良的个性品质不只会遭到人们的嫌弃，而且致使沟通难以顺利进行。例如，某些校领导、教师在沟通中，表现出不尊重别人的人格，对他人缺乏感情，不关心他人的情绪变化，有时甚至把别人当作被自己使唤的工具等不良个性品质，致使对方产生厌倦、反感，甚至抗拒心理和抵触情绪，沟通进程受到严重影响或被迫中断沟通。

（三）准确传递信息

沟通双方一方面要准确地表达自己的看法和观点，另一方面要准确地理解对方的信息。课堂教学中，对教师的言语则有更高的要求，这是因为教学信息主要是借助于口头语言传递给学生的。所以，它要求教师必须准确无误地把教学信息传递给学生，教师的语言必须准确精炼、科学规范、生动含蓄。同时为了确保学生能准确地理解教师所传递的知识信息，教师还要根据学生的知识准备状况、认知结构、认知风格的特点，选取适当的教学手段和言语表达形式，尽量减少由于语言表达方式不当或知识经验的障碍而带来的信息损耗和失真。

（四）口头语言与书面语言相结合，互补其短，各展所长，同时把语言沟通与非语言沟通相结合，增强语言沟通效果

学校中，无论是管理信息，还是教学信息主要是借助于口头语言进行传达的。因此，在发挥口头语言沟通优势的同时，可通过适当的书面语言补其不足，使沟通达到良好的状态。例如，课堂教学中，教师精辟的讲授与适当的板书相结合，学生认真听讲与必要的笔记相结合，才能使语言保持良好的沟通。另外运用非语言沟通可增强沟通效果，真正准确的沟通不仅需要语词的帮助，非语言沟通也同样重要。

（五）实行民主管理，实现平等沟通

学校领导要广泛与教职工进行平等沟通，了解不同阶层，不同教研组教师的意见，获取制定有效计划所必需的较为全面的信息，并鼓励广大教师参

与学校事务的管理，尽可能增加学校成员面对面的直接沟通机会，以便管理者察言观色，洞悉其内心世界，联络感情。学校管理者避免只与少数距自己空间距离近或喜欢与他们来往的教师进行沟通，尽量消除由于地位和空间位置而造成的沟通障碍。

（六）多采用平行沟通和双向沟通的形式，少用下行沟通和单向沟通的沟通手段，尽可能避免由于地位、角色而带来的沟通困难

学校领导不仅要与教师进行平行沟通，而且要虚心听取他们的意见，教师要尽量采取启发式与学生对话、讨论等，杜绝"满堂灌""一言堂""填鸭式"的单向沟通，以及校领导或教师高高在上、居高临下的下行沟通。

（七）选取恰当的沟通方式，合理的沟通网络，以确保信息的顺利畅通

各种沟通方式和沟通网络各有其利弊，不同的沟通方式会对学校沟通产生不同的影响。沟通方式和沟通网络的选择要根据学校组织的工作特点及当前的任务而定。尽可能消除因信息沟通方式选择不当，沟通网络不合理，而造成的沟通障碍。

（八）合理安排空间，加强沟通效果

沟通场所对沟通有一定的影响。在安排沟通场所位置时应考虑以下几点：

（1）周围环境是否适合于进行良好的沟通。

（2）沟通双方的位置是否能最大限度地发挥沟通者的影响力。可根据双方的角色地位，沟通信息的特点加以分析。

（3）群体沟通中，位置的安排是否既突出了管理者与下属之间的良好沟通，又注意到了成员之间的充分沟通。

而现实的课堂教学空间形态是所有学生横成行，纵成列，肩并肩地面对教师，即所谓"秧田型空间形态"。这种形式只有利于教师系统地讲授和控制全班学生的课堂行为，但不利于学生课堂沟通和组织小组讨论。研究者们

提出"马蹄组合型",全班学生上课时按小组集中,围着马蹄型课桌就坐,形成一个个小的集体空间,这样不仅便于学生进行集体学习活动,也有利于培养学生的参与意识,尊重意识,学习意识,合作意识和表现意识,以提高他们的社交技能和社会能力。研究表明,采用这种模式进行教学不仅能提高教学质量,而且能发展学生的交往能力。

第十章 学校心理卫生

第一节 学校心理卫生与学校管理效能

一、心理卫生工作在学校管理中的意义和作用

（一）心理卫生与学校心理卫生

心理卫生又称精神卫生，就是对心理健康的维护和增进，一般有三种不同的含义：

1.心理卫生是一门学科，它是研究人类心理健康形成、发展和变化的特点及规律，探讨维护和增进不同年龄阶段、不同人群的心理健康的原则和措施的学问。它是心理学、卫生学和其他相关科学有机结合的交叉科学，是预防科学的重要组成部分，心理卫生学既是一门理论科学，又是一门应用科学。

2.心理卫生是一种心理保健的实践活动，即在普及心理科学知识的基础上，动员家庭、学校、社会各个部门和家长、教师、思想工作者、管理干部以及社会上的每一个成员，结合医疗、管理、教育等方面的工作，开展心理保健服务。其工作目标，一是设法尽早发现心理疾病的不良倾向，积极开展对心理疾病的防治工作，保障人民的身心健康；二是采取各种措施培养健全人格，增强对社会的适应能力，不断改善人际关系，提高心理素质，促进社会成员全面发展，发挥其整体素质的更大的心理效能，从而促进个人和社会的健康发展，促进学习、工作、劳动的高效率。

3.心理卫生是一种状态，即心理健康的状态。其主要表现在能够与社会变革和自身的生理变化保持良好的适应，无论遇到什么障碍和困难，心理都

不会失调，始终保持镇静、愉快的情绪；人际关系和谐，自我意识良好，有幸福感；能充分发挥自己的心理潜能，过高质量的生活。这种心理状态是生命活动的主旋律。

学校心理卫生是心理卫生工作的组成部分，它主要研究学校这个特殊群体中，师生员工心理健康的形成、发展及变化的规律，探讨如何维护和增进师生员工心理健康的心理学原则和方法。其根本出发点在于优化师生员工的心理素质，提高其心理健康水平，预防心理疾病的发生，促进人格的完善与全面发展，并全面提高学校教育教学水平，发挥师生员工最大的心理优势和潜能。

学校心理卫生工作作为现代学校的一个标志，受到许多国家的普遍重视。在一些国家，学校的心理卫生工作与教学工作并列，被喻为现代学校正常运转的两个轮子，缺一不可。

学校心理卫生的必要性和重要性是不言而喻的，它反映在有利于促进儿童与青少年的身心健康发展；有利于实施素质教育，促进师生素质水平的提高；有利于学校德育工作的开展，推进我国精神文明建设的进程。

（二）心理卫生的功能及其在学校心理卫生工作中的体现

1.预防心理疾病

现在在校学习的儿童、青少年正处在激烈变化的社会环境之中，家庭、社会诸多因素都会对他们产生多方面的影响，同时又恰逢他们身心发展最迅速的时期，他们从幼稚走向成熟，从依赖定向独立，从家庭走向社会，因而形成了激烈的心理动荡。当他们面临各种矛盾冲突，又不能及时调节和得到外界帮助时，就可能出现心理适应不良，严重的会导致不同程度的心理疾病。另一方面，学校的教职工和领导者在工作、晋升、工资待遇、婚恋、子女升学就业、人际关系等诸多问题上也可能会面临各种危机、矛盾和冲突，又难以解决而出现心理适应不良或产生心理疾患。所以加强学校心理卫生工作的功能之一，就在于及时发现心理异常者，采取相应措施，积极干预和治疗。

2.完善心理调节

儿童、青少年心理发展尚未成熟，自我调节控制能力不强，当他们在学习、生活、人际交往、文化娱乐等诸多活动中遇到困难和挫折时，心理感受极为强烈，容易引起情绪上极大的波动，导致心理上的烦乱和行为上的失态，进而影响其正常的学习、生活和健康成长。学校的心理卫生工作将要帮助学生学会了解自己身心发展的特点和规律，并了解他人和社会；帮助学生学会自我调节控制的方法和人际交往的技能，增强其心理承受力和社会适应能力，使之在面临心理矛盾冲突时，能正确抉择，自我调节，减轻其心理压力，始终愉快地学习和生活。

学校心理卫生工作更要增强教职工和学校领导者的自我调节能力和心理承受能力，使他们始终维持健康心态，不断提高学校教育质量和个人生活质量。

3.促进个体参与社会的积极性

学生在成长中，教职工和校领导在学习、工作和生活中，由于自身的某些优点、缺点或局限，阻碍其潜能和创造力的发挥，影响了他们身心健康的发展和全面的社会适应，影响了他们改造自己和参与社会的积极性。学校心理卫生工作的高层次目标是促进人的全面发展，促进社会进步。因此，帮助学生、教职工和校领导正确认识和发掘自己的潜能，自觉地保持心理健康，以积极的生活方式，充沛的精力投入学习和工作之中，高效率、高创造性地生活，不断提高生活的质量，便是学校心理卫生要实现的目标。

（三）学校心理卫生工作与学校管理效能

1.学校管理工作引入心理卫生机制是现代教育的标志

现代化是社会历史发展的必然趋势，而社会的"现代化"归根到底是人的"现代化"，是人的现代化支撑着社会的现代化。而人的现代化是教育现代化实施的结果，没有教育的现代化，就无法实成人的现代化。也就是说，社会的现代化对教育提出了新的更高的要求。

心理卫生既是现代化教育的重要组成部分，又是现代化教育在教育方法上的革新。它运用心理学的原理和方法，帮助解决学生的心理问题，使之健康发展；帮助学生发现自身的价值，发挥自己的潜能，使个性得到充分的发展和展现。显而易见，引进和加强学校心理卫生工作，将使教育的功能得到全面的发挥，确实对学生个体的成长，对社会发展起到不可缺少的调节作用。学校心理卫生工作既是教育现代化的需要，又是教育现代化的标志，更是实现教育现代化的有效途径。

2. 学校管理工作引入心理卫生机制是素质教育的需要

21世纪将是一个高科技迅速发展与激烈竞争的世纪，世界范围的经济竞争，综合国力竞争，实质上就是科学技术的竞争和国民素质的竞争，归根到底是教育的竞争，人才的竞争。在中小学全面贯彻教育方针，积极推进素质教育，已经是摆在我们面前的刻不容缓的重大任务。

在人的诸多素质中，心理素质是核心，因为心理素质作为一种精神载体，对其他素质的形成起着中介和基础作用。如果没有学生心理活动的积极参与，任何社会的德育内容都无法内化到学生心理结构之中，任何社会所要求的思想品质，便不能转化为学生个体的思想品质，任何知识也不能为学生所掌握和接受。同时，心理素质又是人的素质中唯一具有能动性的因素，既可以在主客体相互作用中对外部影响起重要的选择作用，对自身起重要的调节作用，也可以便受教育者在社会现代化过程中，保持自身心理的健康。

3. 学校管理工作引入心理卫生机制是提高科学管理效率的法宝

科学管理说到底是以人为中心的管理，"向管理要速度，要质量，要效率"实质上是向人要的，只有高素质的人，才能完成各项高指标的任务。学校管理也一样，在完成教育教学的改革与管理中，必须要有一支高素质的校长、教师和职工队伍才能得以实现，通过他们的优质高效的工作，才能促使全体学生的全面素质得到提高。而校长、教师、职工和学生在统一的管理或各自的自我管理中，确实需要引进心理卫生机制，既做到优化心理环境，又做到自我调节和控制，学校的科学管理才能更上一个层次。

学校管理工作中经常要面对和处理许多矛盾、冲突，注重将心理卫生机制引入管理工作，能使各种矛盾得到妥善解决。为此，心理卫生工作可以从下几个方面发挥作用：

（1）随时清除不健康的心理因素。管理者面对管理的一般要求与教职工的特殊要求相矛盾时，重视心理卫生工作，采取各种疏导措施，使教职工经常保持健康的心理状态，必将有利于各项工作的顺利推进。

（2）协调人际关系，增强团体的凝聚力和战斗力。学校管理者既要向教职工传授心理学知识，培养教职工谦虚、谨慎、豁达、彼此尊重的个性品质，又要及时运用心理学的原理和方法，对上下左右的紧张关系进行心理疏导，增强教职工群体的团结。

（3）防止心理疲劳。管理者重视心理卫生工作，必须处理好统一的组织行动与个人强烈的自主性、独立性的矛盾；处理好工作安排与个人兴趣爱好、能力、个性差异矛盾等就可以消除教职工由厌倦、烦躁、情绪不安引发的心理疲劳，保证其正常的精神状态。

（4）有利于管理工作的现代化和科学化。心理卫生的实施是以多学科的研究成果为依据，如调节人际关系是以社会心理学、行为科学的理论为依据；处理人事关系及其所引起的心理健康问题，以工程心理学、职业心理学、人事心理学、组织心理学的理论和方法为指导；生理学、心理学、医学心理学、保健学等学科的理论和方法，可以为解决教职工身心保健问题提供理论和操作方法的指导。所以，实施心理卫生的措施，无疑会提高管理工作的科学水平。

（5）对管理者自身的重要意义。管理者自觉地讲究心理卫生，就会经常保持适度的愉快情绪，对生活充满希望，促进身体健康；讲究心理卫生，就能使大脑处于最佳状态，更好地发挥大脑功能，有利于作出创造性决策，高效率地工作，不断开拓新局面；讲究心理卫生，有利于克服自身不良的心理特征，达到自我完善，塑造健全的人格。

4.学校管理工作引入心理卫生机制，有助于预防心理疾病和精神病的发生，全面提高师生员工的心理健康水平

近几十年来，世界各发达国家都坚持教育立国的建国方略，在追求民族素质与开发人力资源上强调"质量胜过数量"的指导思想。而在我国，长期以来，不少学校的教育工作以"应试"为目的，使出现以考代教，以练代学，

以分论人的弊病，造成了基础知识教育质量的下降，学生整体素质的降低。来自家庭、学校与社会的多重压力，损害了学生与教师的身心健康，学生疲于应付，缺乏成功的快乐，导致对学习的厌恶与恐惧；教师缺乏对学生心理的理解和对教学规律的掌握，变得心浮气躁，不知所教和无心执教。

许多调查的事实说明，中小学教师的心理健康状况也不容乐观，心脏病、高血压、癌症已成为危及教职工生命的主要疾病，这些疾病都与心理健康有关。教职工偏头疼、失眠、神经官能症、消化道溃疡、支气管哮喘等疾病更为多见，直接影响到教职工正常的工作、学习和生活。

在管理工作中重视师生员工的心理卫生工作，可以帮助师生员工处理好所面临的各种生活压力和矛盾冲突，提高其心理承受力和社会适应能力，在各种矛盾、挫折、竞争面前有足够的思想准备，以积极的心态，采取切合实际的有效措施和对策，度过心理危机，积极预防各种心理疾病的发生。讲究心理卫生能增强学校师生的自我调节能力和自我心理保健的意识，自觉运用所学会的各种方法有效地进行身心健康的维护，不断提高健康水平。

二、学校心理卫生工作的职员和范围

（一）进行心理卫生教育

心理卫生教育在此主要是指进行心理卫生知识的宣传和教学工作。在学校可采用开设心理卫生课程、心理辅导讲座，组织各种咨询活动，利用报纸、杂志、专栏剪报等灵活生动的形式，宣传心理卫生知识，解答师生员工所提出的心理困惑、心理障碍等问题。只有让教职工和学生都掌握心理卫生知识，才能最大限度地发挥心理卫生的功能，使之养成良好的生活习惯、健康的生活方式和优良的心理品质，维护和促进自身的身心健康。心理卫生教育工作是整个心理卫生工作的重要组成部分，是开展其他方面工作的基础，也是提高教职工和学生心理健康水平的重要措施。

（二）运用心理学的方法进行心理普查，建立心理档案

为了有针对性地做好心理卫生工作，必须开展心理普查，具体可采用观

察法、自述法、会谈法、问卷法和心理测验等方法,从多方面搜集师生员工的心理行为方面的资料,按人建立心理档案,写出心理健康状况的分析报告,针对不同情况,区别对待,并及时予以疏导和解决。

(三) 开展心理辅导,预防心理障碍和各种精神疾病的发生

学校中的心理辅导其目标就在于促成学校教育目标的实现,全面提高学生的素质。主要提供两个方面服务:一是预防性和发展性服务,指面对全体师生中的普遍性问题或针对来信、来访的专门问题,传授必要的心理学和医学的知识,采取各种适当的疏导或治疗措施,给予当事人符合需要的协助,使之认识自己的潜能,尽可能消除不利因素,强化其社会适应能力,调整其行为方式,促进人格的健康发展;二是矫正服务,对于来访者出现的精神紧张、情绪冷漠、意志消沉、人际关系不协调、学习压力大、职业选择困难、恋爱受挫、婚姻家庭的烦恼等诸多问题,提供有针对性的咨询与治疗服务,使问题得到顺利解决,使来访者恢复正常心态。

(四) 帮助师生员工改善成长、发展的心理环境

学校心理卫生工作通过心理辅导人员加强学校与家庭的联系;通过"父母讨论班""家长学校""家长会"等方式主动指导家长按照儿童、青少年心理发展的年龄特征和规律进行优育、优教,改善父母对孩子的教育方式,为孩子营造良好成长的心理环境。

学校心理辅导人员加强与教师的联系,建立良好的教风、校风,采用集体辅导、群体活动等多种形式,营造学校师生员工之间团结协作、相互支持的心理环境。加强与社会联系,主动利用社会的积极因素开展心理辅导活动。

(五) 研究学校师生员工心理健康的形成、发展和变化的规律

研究维护和促进师生员工心理健康的原则和方法,制定师生员工在学习、工作、生活的各个领域中应注意的心理卫生问题以及解决问题的原则和措施,制定培养和锻炼健康人格的心理卫生原则和措施,制定领导、教师、员工、学生维护心理健康的一般的和特殊的心理卫生原则和方法。

第二节 学校中的心理健康问题及防治

一、心理健康的标志

(一) 健康观念的转变

长期以来,人们对健康的认识存在着片面性,一说健康就认为是医学上的事,只重视生理的、躯体的健康,而忽视心理的健康。所以,一有头疼脑热就往医院跑,而有了严重的心理疾患却自觉不自觉地掩盖了。平时只着重锻炼身体,而不重视培养健康的心理。

随着科学技术的进步和社会的发展,使人们对健康的认识发生了深刻的变化,从单一的健康观向全方位立体化的健康观转变。《世界卫生组织宪章》中开宗明义地指出:"健康乃是一种在身体上、心理上和社会上的完善状态,而不仅仅是没有疾病和虚弱。"这种对健康的理解就意味着衡量一个人是否健康,必须从生理、心理、社会行为等多方面分析。一个健康的人,不只是身强力壮,没有器质性疾病,还要能适应紧张工作,承受、应付各种压力和挫折,能积极安排自己的生活和活动,使自己的心理、精神、情感融为一体,充满生机而具有文明的意义。这就是躯体健康、心理健康、社会适应良好的全方位健康观,它追求的目标是一种人生更积极的境界,更高层次的适应和更充分的自我实现,是一种身心健康,生活幸福的完满状况。所以心理健康是完整健康观的有机组成部分。

(二) 心理健康标准

人的躯体健康与否,正随着现代科学的发展,运用各种科学的手段,予以比较准确、客观、具体的测定。而心理健康与否,尚无绝对界限,没有一个公认、一致的标准,对此不少科学家从不同的角度进行积极的探索研究,提出各自不同的心理健康标准。

结合我国人民的心理特点，参考国内外学者诸多的研究和论述，我们认为个体心理健康的主要特征是：

1. 正确地认识现实，辩证地对待现实

心理健康的人对社会现状有较清晰而正确的认识，能持客观的态度，真实地看待主客观环境，既不逃避现实，也不沉湎于不切实际的幻想，使自己的思想和行动都能跟得上时代发展的步伐，并不断修正自己的需要和愿望，使自己的思想、行为与社会要求相一致；对他人内心的活动有敏锐的觉察力，而不误解他人；对自己的能力有充分的信心，面对各种困难、挫折和挑战既有心理准备予以承受，又能妥善处理，表现出较强的适应力。

2. 了解自己，悦纳自己

心理健康的人在对事尽力，对人尽心的过程中，体验到自身存在的价值。了解自己思想言行的动机。客观地评价自己的长处和短处；悦纳自己，既不会对自己提出非常苛刻的期望和要求，也不会过分夸耀自己；既不会过分掩饰压抑自己而刻意取悦于人，也不会过分放纵自己，始终保持适度的自信和自尊；既不使自己有无法弥补的缺陷，也不自暴自弃，注意树立积极的自我形象，使周围人对自己也比较满意。

3. 善于自我控制，保持良好心境

心理健康的人能适度控制纯粹的私人欲望和非理性冲动，有集体观念；在群体中有适度的合作能力，独立自主能力，既不盲目从众，也不标新立异而破坏社会规范；能主动调节自己的心理冲突，经常保持愉快、开朗、乐观的心境；对未来充满希望，虽有悲、忧、哀、惧等消极体验，但能迅速摆脱出来，同时也能适度表达和控制自己的情绪，在社会允许的范围内满足自己的各种需要；有自我成长、发展的意识，有效地调节自己的身心力量，在自身特长的领域内实现较高水平的目标。

4. 接纳他人，善待他人

心理健康的人有正确的人际交往的动机和有效的人际沟通技术，乐于与人交往，真诚地认可他人存在的重要性和价值；能用尊重、信任、友爱、宽容、理解的态度与他人相处，能分享、接受、给予他人以爱和友谊，善于合作共事，帮助他人；在与他人相处，沟通交往时，同情、友善、信任、尊重等积极态度总是多于猜疑、嫉妒、畏惧、敌视等消极态度；人际关系协调和谐，在生活中与家人、朋友团聚时能共享欢乐，融为一体，在独处时也无惶恐感、孤独感；不为满足自己的需要而苛求他人，也不一味自我中心或一味利己主义而损害他人。

5.懂得如何做人

一个心理健康的人，懂得如何正确地做人做事，达到一种心理的成熟。例如做到遇事不胆小，无事不胆大，该行则行，该止则止；处变不惊，处惊不乱，临危不惧，镇静自若；在挫折中笑纳苦果，在困境中及时挣脱；对弱者善于奉献爱心，在争执中做到公平气和，得理让人；明白"人先自爱而后爱人，人先自助而后助人"；做到知足常乐而不失进取，淡泊明志而不失追求；在社会变革中，要有"今日之我战胜昨日之我"的勇气。

6.珍惜生命，热爱生活

心理健康的人能积极热情地投身于生活之中，忘掉一切烦恼地享受生活的乐趣，追求生活的充实；珍惜生活的每一个环节，并在每一个生活环节中做到不失时机地显露自己的特长，展现自己的智慧，把握自己的机遇；即使遇到难以逾越的困难挫折，也能及时调整人生目标和行为方式而奋勇前行，决不气馁、绝望或轻生。

7.心理行为符合年龄特征

心理健康的人其认识、情感、言行举止都符合他所处的年龄阶段。随着年龄的增长，其心理行为都要能够达到一定的成熟度。

（三）判断心理健康的依据

判断心理健康的标准总是与心理学家的人生观、价值取向及方法论有关，也就容易因为后者的分歧而出现标准的分歧。现将临床心理学家判断一个人心理健康状况的几种依据表述如下：

1.参照统计常模

人的许多心理品质，如智力、性格特征，都可看成有量的差异。心理健康状况也是这样。如果用一把衡量这种差异的尺子去测量每个人的心理健康状况，必然会发现大多数人的测量值都集中于全尺的中段，越往两端人数越少。全部测量值接近于统计学上所谓的"常态分布"。因此可以认为，大多数人的心理健康状况是属于正常，偏离大多数人状况的视为异常。这种异常实际上有两种情形，一种是心理健康状况高于大多数人，他们为数不多，常常属于特殊人才；另一种则相反，心理健康状况常低于大多数人，临床上常将他们确定为有心理健康问题的人。

2.参照社会标准

在一个高度文明的社会环境中，常常会产生被大多数人公认、共举的社会行为规范。一个心理异常的人，势必在行为上偏离这种行为常规，例如打架、偷盗、自杀等。但在文明程度较差的社会环境中，却难以以大多数人的行为为参照标准，因此，要辩证地看待这一标准。

3.衡量生活适应程度

即看个性是否能根据环境条件及其变化，有效地发挥其心理机能，能否通过适当的行为去适应或改造环境，以满足自己身心发展的需要。

4.依据个人主观感受

即依据被评价者主观上感受到的满意感、幸福感、自觉痛苦与快乐程度等来判断他的心理健康状况。但它只能作为一种辅助的标准使用，不能作为一个完整的单独标准使用。因为真正心理健康的人即使身残仍志坚不屈，为社会做出有益的奉献，有精神的充实感，但肉体痛苦依旧；而严重精神病患者反而缺乏自觉痛苦感，却充满反常的精神快乐。

二、教师的心理障碍及调节

（一）教师中常见的心理障碍

1.自我评价障碍

自我评价障碍是指对自我的评价过高或过低。教师中自我评价障碍常见的表现有：过高估计自己，美化自己，骄傲自大，难我独尊，对自己提出过高要求，事事追求完美，承担无法完成的任务，容易导致失败。有时也易发生自我评价与外界评价的冲突，而导致内心激烈的冲突和情感损伤。有的教师由于强烈的自尊心和荣辱感，对自己因智慧、能力、体力难以达到而出现的工作过失或失败，不能正确对待，怀疑自己的潜能、形象和前途；有的教师在理想与现实的矛盾中，对自己的成功不抱任何希望，甚至引起精神松弛，不求进取。

2.情绪障碍

情绪障碍是指情绪或情感活动的规律受到破坏，表现出某种态度体验上的紊乱和难以自持而影响正常的生活。教师中情绪障碍的具体表现多种多样。

3.意志障碍

意志障碍是指对自己行为缺乏自觉性、批判性、坚持性及自控力。教师中意志障碍的表现为：有的独断专行，固执己见，要求学生无条件地接受自己的一切要求和命令，视服从者为好学生；有时优柔寡断、踌躇不前，难以做出正确选择，或不顾后果，贸然行事；有的好大喜功，大言明志，行动起来虎头蛇尾，见异思迁；有的对工作失误或损失不敢承担责任，文过饰非，嫁祸于人。

4.人格障碍

人格障碍是指有较严重的适应不良症而导致人格结构的破坏，形成人格缺陷。教师中出现人格障碍的不多见，但其行为反映在师生群体中造成的不良影响是不能低估的，应引起足够的重视。教师中常见的人格障碍表现有：偏执型人格、反社会型人格、分裂型人格、自恋型人格、癔病型人格、依赖型人格、强迫型人格等。

5.躯体化障碍

它是由于心理冲突被阻抑，心理压力过强而转变为内脏和植物神经功能的障碍。其行为特点是，强调众多躯体症状，常有夸大倾向，表现出过分的关心和担忧，经常到各医院求治，反复检查，很少或从不提出心理问题。当心理压力消除后，其躯体症状自然消失。

6.心身障碍

心理、生理障碍是指那些主要或完全由社会心理因素引起,与情绪有关,并呈现为身体症状的疾病,在生理机能或组织结构上有具体而明确的损害。常见的心身疾病主要有原发性高血压、偏头疼、心绞痛、心跳过速、消化性溃疡、月经失调、支气管哮喘、神经性皮炎、类风湿关节炎、糖尿病、甲状腺机能亢进或不足等。

7.神经症

这是一种由精神因素引起的高级神经活动过度紧张导致大脑机能活动暂时失调而造成的疾病,一般没有可以查明的器质性病变,却有心理异常表现。常见的有:神经衰弱、焦虑性神经症、神经性抑郁、癔病、疑病等。

(二)教师心理障碍的调节

调节可以从主、客观两个方面进行。

1.客观调节

指中小学管理者把心理卫生工作列入重要日程,采取具体措施,维护教师心理健康。在具体调节时,可以从以下几方面着手:

(1)建设一个民主平等、团结温暖的心理环境,以满足教师爱和归属的需要。

(2)增强教师的职业幸福感,尽量减轻教师的工作负荷和心理压力。

(3)制定和实施符合本校实际的心理辅导计划,并为教师建立心理档案,使心理辅导工作科学化。

2.主观调节

是指教师为自己创造良好的心理环境,保持最佳的心理状态,提高对心理困扰的承受力,尽快地定出心理困境。具体指导如下:

(1)树立正确的人生观、价值观。

(2)在面临各种挫折和心理压力时,积极主动地进行自我疏导。

(3)调节不良情绪。

(4)加强自我修养,培养健全人格。

三、学生心理障碍的表现和疏导

有心理障碍的学生一般有两个最明显的特征：一是不能很好地适应环境，无法完成学习及其他任务，或总是违犯纪律和社会规范；二是自我感觉痛苦。

（一）小学生中常见的心理障碍

1. 行为障碍

其表现为：

（1）咬指甲，吸吮指头和衣物，口吃。

（2）常用哭闹、尖叫、撒泼、地上乱滚的方式来得到他想要的东西，以满足各种欲求；常有骂人、冲撞、打架、咬人、欺侮幼弱同学的攻击行为。

（3）偏食、挑食、少食或对某些食物进食过多，或出现神经性呕吐和厌食。

（4）不守纪律，不服从教导，经常有说谎、打群架、偷窃、逃学、弃家流浪、结成团伙等不良行为。

（5）抽烟、喝酒成嗜好。

2. 性格障碍

表现为：

（1）任性，情绪不稳定，乱发脾气，对自己的要求和主张，无论正确与否，均采取不达目的决不罢休的态度。

（2）孤僻，胆小怕羞，对人冷漠，不与其他小朋友结交，不爱出门活动，对新事物不感兴趣，固执己见，小心眼，爱钻牛角尖，内心积郁的不满一旦爆发就出现攻击行为。

（3）依赖，全部生活均依赖父母或其他成人照料安排，要父母陪伴学习，独立完成作业困难，一遇困难不知所措，意志薄弱。

（4）早熟，言行举止酷似成人，失去孩子天真无邪的可爱之处。

3. 多动综合症

其表现为智力正常或接近正常，易兴奋，活动明显增多，坐立不安稳；

动作多，手眼不协调，不灵活，反应迟钝；易激动，好动怒打架，不易控制自己的情绪和行为；上课或自习时，小动作不断，注意力难以集中，作业错误多，存在不同程度的学习困难；好似有无穷的精力而用之不当，常有破坏行为；情绪极不稳定，常表现出抑郁和自卑。

4.恐学、恐校

恐学，是由于对学习活动产生焦虑厌恶而逃避学习，常见的是厌弃某一门学科，有的对所有学科都厌弃而逃避学习。恐校，是对学校产生极大的焦虑感，在行为上尽量避免与学校接触，表现为不愿上学和逃学。

（二）中学生常见的心理障碍

1.学习障碍

主要表现为：经常逃课，听课不认真，课后不复习，也不做作业，缺乏学习动机，想尽办法逃避学习；学习方法不当，非常用功努力，但成绩总上不去；持续的紧张、焦虑等不良情绪影响学习效率，智力偏低，知识断裂，无法跟上学习进度。

2.情绪过分紧张，焦虑，忧郁和恐惧

与客观环境的威胁程度相适应的紧张、焦虑是一个人适应社会生活所必需的，作为心理障碍是指与客观威胁不相适应的情绪反应。

（1）焦虑，最常见的是考试焦虑。随着考试的临近，心情极度紧张，担心考试失败，表现为失眠、心神不定、头昏脑涨、惶恐不安。考试时，心跳加快，手足出汗，发抖，注意力难以集中，知觉范围狭窄，思维刻板，行为慌乱，无法发挥正常水平。

（2）忧郁，主要表现为情绪消沉，整日忧心忡忡，愁眉不展，唉声叹气，将一切过失和失败都归咎于自己无能、愚笨，干什么事都提不起精神；有疲劳感，失眠多梦，食欲不振。

（3）恐惧，表现为对无特定的危害或场景的非理性害怕。

3.人格异常

中学生处于人格形成和发展时期，由于各种原因，有的学生表现出长期固定的适应不良的行为模式。

（1）过度自卑，怯懦，孤独，依赖他人。

（2）敏感多疑，狭隘，嫉妒。

（3）忧郁寡欢，沉默寡言，常认为自己有错、有罪，行为退缩而消极。

（4）攻击，敌对。

（5）性格怪异，思维奇特，过分关注自己在他人心目中的形象。

4.问题行为

好冲动是中学生的行为特点之一，但有心理障碍的学生行为更为过分，更容易采取直接、简单的敌对方式或攻击行为来解除其困境。有的与同学闹矛盾，恃强欺弱，惹事斗殴等；有的对父母的责备当面顶撞，甚至负气离家出走以示对抗；有的对别人的批评指责记恨在心并采取公开的敌对行为，以至发展到对社会持普遍的反抗态度，多次出现违犯校纪校规，破坏社会秩序的行为。这类学生在一定的环境气氛中易由于情绪上的冲动而产生犯罪行为。

5.性偏差

中学阶段是性发育逐渐成熟的阶段，对性产生探求和尝试的愿望是正常现象。性偏差是指在中学生中个体性行为的异常表现。如：

（1）过度手淫。

（2）过分关注性问题。

（3）对性问题采取忽视、逃避的态度。

（4）性别认同困难，性别角色倒错等。

6.身心问题

它是由心理因素引起不良的生理反应，中学生中常见的有：

（1）失眠。

（2）神经性厌食。

（3）生理应激反应。

（4）自残、自杀行为。

7.精神疾患

中学生中存在一些精神疾患的早期表现，例如强迫症、精神分裂症等。

（三）中小学生心理障碍的疏导

中小学生的心理障碍大多属于发展中、成长中的问题，及时发现并给予积极的科学干预和调节，可以消除或避免他们的心理障碍，增强心理的免疫能力和社会适应能力，使其终生受益。

1. 引导学生认真学习和树立先进正确的人生观和世界观

中小学生喜好睁大眼睛认识人生和世界，渴望探求人生的真谛和世界的本质。学校应积极支持学生的这种探求，引导他们虚心向师长求教求学，努力学习与掌握科学知识；学校可组织各种适合中小学生年龄特征的社会实践活动，共同讨论、欣赏文学艺术作品，或学习英雄模范和先进人物可歌可泣的事迹，以促进学生树立先进正确的人生观和世界观。

2. 加强人际沟通，促进心理相容，建立良好的人际关系

学校应充分运用集体教育的力量，开展多种多样的活动，提供促进师生之间、同学之间、群体之间彼此交往的机会，以开阔的眼界和心胸，增进了解，彼此信任。

3. 培养学生的行为自控力和良好的学习生活习惯

中小学生年龄小，自我控制能力较差，形成有利于学习与生活的习惯比较困难，这就需要教师进行耐心、细致的教育，抓好群体的共同活动，并形成制度化的活动规律。在群体活动中鼓励学生相互学习，相互参照，彼此促进，有利于养成良好的学习和生活习惯；建立正确的集体舆论和班风、校风，学生一旦出现违纪破坏制度的行为，就会受到群体舆论的谴责或劝导，迫使背离群体的个体回到群体规范下活动。

4. 培养积极向上，稳定健康的情绪

良好的情绪状态是一种心理调节的力量，在学生群体中应把争进步、争成长、争先进作为注意的中心，定期开展丰富多彩的活动，使生活充实而有意义，获得愉悦的生活经验，维持良好的心境。

5. 引导学生积极参与课余活动

学校课余生活内容丰富，形式多样，富有时代气息，是学生心理健康活动的重要场所之一。

第三节 学校心理辅导

一、学核心理辅导的含义

学校心理辅导,是指在一种新型的人际关系中,由学校心理辅导人员运用其专业知识技能,给学生以合乎其需要的协助与精神支持,帮助学生正确地了解自己,认识环境;根据自身条件确立有益于自身发展和社会进步的生活目标,使其能克服成长中的障碍;在学习、工作及人际关系等各个方面,调整自己行为,增强社会适应能力,以作出明智的抉择,充分发挥自己的潜能。

在学校开展心理辅导的积极作用在于:有利于预防心理疾病,维护学生心理健康;有利于儿童、青少年社会化和人格的健全发展;有利于全面提高学生素质;有利于推动社会主义精神文明建设。

二、学核心理辅导的目标

确立学校心理辅导的目标旨在为指导心理辅导的方向,选择心理辅导的内容,制定心理辅导的方案,调控心理辅导的过程,评估心理辅导的效能而提供重要的依据、参照和标准。心理辅导目标分为一般目标和特殊目标,前者指心理辅导的总目标,适合于一切学校心理辅导的参照;后者指适用于某一辅导活动单元、某一特定学生、某次个别交谈的具体参照。

(一)一般目标

学校心理辅导的一般目标与学校教育目标是一致的,即促进学校教育目标的良好实现。但心理辅导的一般目标又有自己在辅导过程的独特性,即帮助学生认识自己、接纳自己、管好自己,帮助学生认识、掌握、适应周围环境；帮助学生解决面临的问题，学会应付危机，摆脱困境，增强对挫折的承受力；指导学生自我调适，为消除特殊症状制定行动计划，改善行为策略，认同自己的内在潜力，发挥个人潜能，寻求新的生活意义，促使其身心健康发展。

（二）特殊目标

特殊目标是针对某阶段，某年级学生突出的心理矛盾，针对个别学生的特殊问题而制定的单元辅导活动的目标，或某一次个别会谈的目标，因此，目标针对性强，明确具体。

三、学校心理辅导的内容

（一）学习辅导

帮助学生了解自己学习潜能；提高学生学习兴趣，强化学习动机，端正学习态度；培养良好的学习习惯；改进学习方法和策略；制定学习计划和学会自我监控等。

（二）生活辅导

帮助学生确立正确的生活目标和态度；对学生进行日常生活和社交生活辅导以及情绪辅导，休闲辅导，性问题辅导，消费辅导，安全辅导，家庭生活、学校生活辅导等。

（三）职业辅导

帮助学生了解自己的能力倾向、职业兴趣和职业价值观；帮助学生了解各种工作的特性，社会人才需求信息，有关就业的政策和规定；让学生掌握择业决策，求职的技巧；帮助学生正确处理个人职业兴趣与社会需要之间的关系等。

四、学校心理辅导的基本方法

中小学生心理辅导可以通过个别辅导,小组辅导,开设以讲授为主的心理卫生课,开设心理辅导活动课以及结合团队活动开展心理辅导等各种途径予以实施。一般适宜运用以下基本辅导方法:

(一)建立心理档案的方法

建立心理档案的目的在于了解当事人,有针对性地做好辅导工作;在于发现当事人的心理潜能,促进发展;在于及早发现心理困扰,预防、干预备类心理疾患的发生;在于积累经验提高辅导效能。主要步骤包括资料搜集、建立心理档案。

(二)心理辅导会谈法

1.心理辅导会谈的过程
主要包括开始阶段、探索和回应阶段、实施阶段和巩固阶段。
2.会谈技巧
主要包括聆听、鼓励、询问、反映、澄清、核实和自我开放等。

(三)行为疗法

行为疗法是运用巴甫洛夫的经典条件反射理论,斯金纳的操作性条件反射理论,赫尔、托尔曼、班杜拉、罗特等的学习理论,使思考消除已经习得的东西,或是重新学习正常行为,来矫正和改变病态行为的方法,它所使用的技术有:积极强化、消退、厌恶疗法、满灌疗法、思维阻断法、模仿学习、系统脱敏法、自我管理技术等。

(四)心理分析疗法

主要包括疏导和劝慰法、领悟法、暗示法等。

（五）团体心理疗法

团体心理治疗由辅导者会见 6~12 名有类似症状的当事人，进行指导治疗的方法。团体心理疗法有以下几种形式：交朋友小组、支持性疗法、角色扮演法等。

除此之外，其他的疗法还有合理情绪疗法、自信训练法、音乐疗法等。

第十一章　课堂提问的理论阐释

第一节　课堂提问的概念

　　提问，从广义上讲，是指任何有询问形式或询问功能的句子。课堂提问，确切是指在课堂教学的实际环境中，根据教学的需要，教师以发问的方式对学生所进行的教学提示、启发引导或对课堂教学效果的检查和评价。课堂提问能使学生产生一种怀疑、困惑、焦虑、探索的心理状态，这种心理驱使个体进行积极地思维，不断提出问题，最终解决问题。

　　学始于思，而思由疑生。可以说教学活动的组织与开展是由提问而始的，并以进一步的提问来推进。提问被视为有效教学的核心，课堂教学的"常规武器"。课堂提问，可以启迪学生的思维，开阔学生的视野，培养学生的兴趣，升华学生的情感。课堂提问是一种重要的教学手段，也是最课堂教学活动常用的组织方式，在师生双边的教学活动中发挥着极其重要的作用。

　　课堂提问是一种必不可少的教学技能。恰当地运用提问，可以开启学生的心灵，增长学生的智力，诊断学生遇到的学习障碍，对学生进行个别指导等。因此，提问是否得法，引导是否得力将直接影响教学的效果。

一、问题的类型

　　根据设计问题时检测目标的不同，可将问题划分为两个层次。

（一）低级认知问题

低级认知问题是用来检测学生是否掌握了已学过的知识，理解的程度如何。

（1）回忆性问题用以检测是否记住了所学知识，一般不会引起学生的深入思考。

（2）理解性问题用以检测学生理解物理概念和规律的程度。

（3）应用性问题用以检测学生能否应用学过的物理规律去解决实际问题。例如，船从河里开到海里，是沉下去一些，还是浮上来一些？为什么？初级认知问题通常只有一种确定的答案。

（二）高级认知问题

高级认知问题是用来培养学生创造性思维的问题。包括分析性问题，综合性问题和评价性问题。高级认知问题的答案往往不是唯一确定的。因此对答案的评价就不是简单的对与错，而是优与劣。

二、提问的程序

一个完整的提问过程，大体包括以下过程：1.引入，教师设法使学生在心理上对提问做好准备；2.转向，教师用语言表明即将转向提问；3.陈述教师用简明的语言陈述主问题；4.提名，教师指定某同学作答；5.介入，当学生不能顺利回答时，教师予以鼓励并设法诱导学生回答；6.查询，教师查询学生是否明了问题；7.重述，教师变换不同的词句重述主问题；8.提示，教师提供资料，协助学生回答；9.评核，教师以各种不同的方法处理学生的答案；10.评论，教师对学生回答的内容加以评论；11.追问，教师针对学生的回答提出追问；12.更正，教师针对学生回答中的错误给予更正；13.重复教师重复学生的重要答案；14.重述，教师变换不同的词句，重述学生的答案；15.查核，教师查核其他学生是否理解，是否赞同；16.延伸，教师依据学生的答案，联系其他有关资料，引导学生回答另一主问题；17.扩展教师依据学生的答案，补充新资料，提出新见解。

三、提问的基本要求

1.精心设计问题

（1）问题的难易应适度，以多数学生经过思考能正确答出为宜。若题目难度过大，可安排学生讨论后回答，也可以分解为阶梯式的问题，逐一提问。

（2）题意必须明确，问句不能有歧义，问题不能过大，不能因选词造句不当，引起学生疑惑、误解。

2.充分估计学生的答案

教师设计问题时，就应充分估计学生的可能答案。尤其是错误答案，并且准备好相应的对策。

3.恰当地选择提问对象

教师提问时一般应面向全班，问后察言观色，选择适当的应答者。不同难度的问题应选择不同层次的学生来回答。要注意保护全班学生，尤其是差生回答问题的积极性。

4.诱导学生正确回答

教师应能敏锐地捕捉住学生不确切的表述，及时纠正学生答案中的错误与思维方法上的缺陷，诱导学生正确回答。最后，帮助学生归纳、总结，形成简明的答案。

四、课堂提问的目的

课堂教学，为着要使学生们具有创造性思维能力，则须给予机会使他们进行思考。最普通最简便的办法，便是发出问题。可是所发的问题，不是教师随便想到的主观意见，而是要在教师备课时，环绕课文设想若干有关的重要问题。

如若教师只考察关于信息的记忆，则可应用求同答案的（唯一正确的）问题；如若要发展学生的思维能力，则以求异答案的问题为佳。求异的答案乃是要求学生各抒己见，不与别人雷同的（多数适当的）答案。求异答案的问题，并可成为引起全班讨论的出发点。

根据有经验的教师的意见，认为发问须有一定的目的，才可产生效果，否则教师随意发问，学生随意回答，可能影响课堂里的秩序，不过，教师为着顺应一种情境，利用时机，发出一个问题，引起学生思考，也是可行的。但在一般情况下，教师发问，一定要有的放矢。在发问之先，总须有所考虑，不论是对于教学的目标，教学的过程，教材的内容，学习的动机，学习的方法，学习上的困难、进度、评价等方面的检验与推进，皆可发出问题。实际上，发问之目的不同，作用不一，而问题的意义自然亦有差别。概括起来，在一般的教学情境中，大体上，发问的作用可有几种：

1.引起动机。

发出问题，刺激学生急于想了解课文的内容，激发其学习动机，而使之对于课文感兴趣。

2.启发思维。

用问题启发学生的思维作用，极为重要。在传统的教学情况下，学生没有机会运用自己的思考，听教师讲演，只用听觉；阅读教科书，只用视觉；这与思维能力的发展，关系至为微弱；唯有发出问题，使学生不得不用头脑来思考，便可作出适当的回答。

3.考察理解程度。

关于一个课题的内容，在授课之后，学生是否理解清楚，教师可发出问题，考察究竟，借以反馈，促其进步。

4.激动顿悟作用。

在学习过程中，如若发生困难，学生不知如何克服，这时教师可发出问题，促其发现学习中的意义重点与其间的交互关系，而使之产生顿悟作用，克服困难，解决问题。

5.形成知识结构。

要使学生将获得的新知识，能与已学习得的旧知识，联系一体，形成结构，教师可以发出问题，使学生明白其内含的关系，而可产生优良学习效果。

6.对于理论的评价。

为着发展学生的批判性思维能力,教师可以发出问题,要求学生对于一种理论,予以评价,分别其优点与弱点,以及其在社会上,或学术上,所可能产生的影响。

7.检验学习目标。

关于一个课题学习后,是否已经达到目标,或达到了什么程度,教师可发出问题,以资检验。积极的则反馈促进,消极的则指导学生自行弥补或矫正。

8.给予复习机会。

关于学习的重要知识,关键性的作用,或与下一课文关系密切的理论,教师可发出问题,以为复习或预习的机会,而使学生了解其重要性。

9.唤起注意重振精神。

课堂教学时,如若看到有学生的注意未能集中于学习方面,这时,教师可用问题唤起其注意,使之重振精神,进行学习。

10.总结学习经验。

当一个课题或一单元,学习完毕时,都是可发出问题借以帮助学生组织知识,成为系统,欣赏内容的涵义,总结学习经验。

在上述的这几种情况下,教师皆当发出相应的适当问题,以启发学生的思维作用。这种种思维能力,虽然没有直接联系着创造的行为,但可为创造性思维能力的发展,培植良好的基础。

五、课堂教学的提问艺术

提问是课堂教学的常用方法,教师讲课离不开提问。人们常说:课堂教学是一门艺术。这是因为它不仅要给学生以智慧的启迪,同时还应给学生以美的享受。学生在美的熏陶中获取知识,增长才干,这就是教学艺术的魅力。作为课堂教学方法之一的提问,应该是也必须是讲究艺术的。

教学过程是师生双向的思维交流过程,教师教得怎样,学生学得如何,需要通过一定方式了解。课堂提问即是方式之一。课堂提问不仅作为教学方法，还被作为了解学生学习活动、掌握知识情况的反馈手段。提问过程即信息反馈过程。充分利用提问反馈，捕捉信息，及时对教学过程进行有效调控，就能提高课堂教学的效益。不利用提问反馈，收不到信息，或提问不当，信息反馈受阻，则将影响教学效益。因此，要取得好的、受到学生欢迎的教学效果，也不得不讲究提问艺术。

提问作为一种教学艺术，应该怎样体现在课堂教学过程中呢？

（一）在提问内容上，讲究五讲

1.目的性。目的性是指课堂提问要有明确的目的。

提问是为教学要求服务的。为提问而提问是盲目的提问，盲目的提问无助于教学，只能分散精力，偏离轨道，浪费时间。备课时就要描述出提问的明确目标：为引出新课，为前后联系；为突出重点；为突破难点；为引起学生兴趣；为引起学生争论；为促使学生思维；为总结归纳，等等。要尽可能剔除可有可无、目标模糊的提问，保留目标明确、有实际意义的提问。明确提问的目的性，就能使提问恰到好处，为教学穿针引线，产生直接的效果。

2.启发性。启发性是指提问能触动学生的思维神经，给学生点拨正确的思维方法及方向。

启发性不仅表现在问题的设置上，还表现在对学生的引导上，要适合学生的心理特征和思维特点。教学实践证明，提问后出现冷场，不是学生启而不发，而是问题缺少启发性所致。提问有启发性，是启发式教学原则在提问艺术上的体现。

3.逻辑性。逻辑性是指提问和教材间具有的内在逻辑联系。

提问要按照教材知识结构的内在顺序和学生认知活动的顺序进行。设置问题，环环相扣；解决问题，层层剥笋；由浅入深，由易到难；循序渐进，逐步提高。提问时不注意逻辑顺序，深一脚，浅一脚，重一脚，轻一脚，会造成学生思路混乱，影响学生逻辑思维能力的培养。提问讲逻辑性，是认知规律及教学的系统性原则在提问艺术上的体现。

4.针对性。针对性一方面,要针对教材实际。

提问要紧扣教材,把握住重难点,有的放矢。教材的重难点,是教学的主导方面。在重难点上发问,在关键段落、关键字句上发问,在突出教材结构的关结点上发问,就抓住了主要矛盾。另一方面,要针对学生实际。对不同基础的学生、不同性格的学生、男生和女生,都应有所区别,因人而异。对优生,提问内容要难些,要求应高一些,使其自感不足,有一定压力;对基础较差学生,提问内容要相对容易些,还要适当时给以引导和补充,使其增强信心;对性格内向而又胆怯的学生,不仅要考虑提问场合,还要注意提问方式;对女学生,更要在生理、心理和个性上与男学生加以区别。提问有针对性,是统一要求与因材施教结合的教学原则在提问艺术上的体现。

5.适度性。适度性即所提问题难易适中,不贪大求全。

要防止浅——缺乏引力,索然无味;偏——抓不住重点,纠缠枝节;深——高不可攀,"听"而生畏;空——内容空泛,无从下手。提问适度,就是要掌握好难易间的"度"。太易,脱口而答,无法引起思考,对培养学生思维能力不利。太难,难以下手,造成心理压力,效果适得其反。提问适度,是量力性教学原则在提问艺术上的体现。

(二)在提问对象上,有四忌

1.忌偏食

不少教师只喜欢向成绩好的学生提问。不愿意向成绩中差的学生提问——既担心答不出影响教学进度,又害怕他们不愿意答问。根据调查,各种基础的学生都有答问的愿望,特别是基础差的学生,对教师是否提问特别敏感,认为提问是教师信任的表现,对教师提问时忽视他们的存在很有意见,他们强烈要求一视同仁。偏爱使提问艺术失去魅力。

2.忌惩罚

个别老师特别是个别班主任,将提问作为惩罚手段,专门收拾心目中的"差生"。答不上问题,就罚站,罚作业,罚劳动,甚至惩罚株连全班。惩罚忽视了非智力因素中的情感领域，破坏了和谐的教学气氛，造成了师生对立，产生了消极影响。学生最反感惩罚式提问。惩罚使提问艺术变形、变味。

3.忌讥讽

提问时，亲切的语言、热情的态度、轻松的气氛将消除学生的紧张和压抑感。对成绩差的学生，适宜以鼓励的语气提问，用赞许或肯定的口吻评价。学生一时答不出，绝对不要用"这么简单都答不上，真笨"之类的话伤害学生的自尊心，而应以"不着急，再想想""暂时答不出，没关系，坐下再想想"等亲切话语去抚慰学生心灵。讥讽是提问艺术的大敌。

4.忌齐答

齐答，看来学生适应，但不是积极的适应，不能促使学生独立思维，反使学生养成不假思索脱口而出的坏习惯。齐答造成假象，反馈信息失真，影响教师的判断和矫正。课堂教学一般不宜采用齐答式提问，对小学高年级学生和中学生尤其如此。更不要将齐答式误为启发式，一堂课齐答到底。齐答使提问艺术黯然失色。

（三）在提问时间掌握上，有三点要注意

1.注意层次课堂教学全过程中都可提问，但提问是有时间层次的

一般说来，大概有：开讲时提问引入新课，将旧知识和新知识联系起来；过渡或转折时提问，将教材结构和知识系统联系起来；小结归纳时提问，将理解和记忆结合起来；在关键处提问，将兴趣和知识重点结合起来；总结规律时提问，将求同思维和求异思维的培养结合起来。在具体讲授过程中，不宜频繁提问，不宜边讲边问，边问边讲，一问到底。

2.注意停顿教师提问后，要留出时间让学生充分思考

学生只有经过充分思考，才能回答所提问题。提问结束即要学生回答，学生来不及思考，既达不到提问的目的，又容易形成畏惧心理。提问后时间上有停顿，能够促使学生积极思维。

3.注意整体提问仅仅是教学方法之一，它只有同其他教法有机配合，形成完整合理的结构，才能显示整体功能

哪些地方需要提问，提问什么，怎样问，选择哪类学生答问，什么时间提问，等等，都应同其他教法结合起来通盘考虑，事先设计好。不要想问便问，随便提问。提问的随意性破坏了整体性，影响提问的效果。

（四）在提问及其答问的指导方式上，要争取实现两个转化

1.提问点名回答到提问举手回答

"点名"变"举手"，其意义在于发生了"被动"到"主动"的质的飞跃。

要实现这个飞跃是不易的，年级越高难度越大。一旦实现，生动活泼的课堂气氛和积极主动的学风就将形成。要实现它，教师除了实践前面所述的提问艺术的各点并受到学生的信赖外，还必须对学生答问作大量的、坚持不懈的组织引导工作。

2.提问后个别思考回答到提问后讨回答

讨论，更容易调到学生积极思维，使其认识过程逐步深化。讨论必有争论。争论中掌握的知识更容易记牢，经久不忘。教师提问要学会"煽风点火"，争论中要善于"火上加油"，增大学生大胆设想，质疑问难，既不人云亦云"，学会独立地获取知识和运用知识。实现这个转化，把教师的主导作用和学生的主体作用结合起来，将充分发挥学生主体的主动性、自觉性和创造性，使学生融会贯通地掌握知识，培养学生独立思维和分析解决问题的能力。

第二节　课堂提问的相关理论

　　课堂提问是一种古老的教学手段,关于课堂提问的研究也是相当的丰富。在我国古代的教学实践中就能找到提问的相关依据,近现代教育教学理论更是赋予课堂提问新的内涵和意义。

一、孔子的启发教学理论

　　在我国,春秋战国时期的孔子是世界上最早提出启发式教学的教育家。孔子认为,不论学习知识或培养道德,都应充分发挥学生的积极性和主动性,为了帮助学生形成遇事思考的习惯,培养善于独立思考的能力,他反对机械灌输,提倡启发式教学。

　　朱子在《论语集注》中对孔子的"启发"主张做出了进一步的解释:"愤者,心求通而未得之意,悱者,口欲言而未能之貌。启谓开其意,发谓达其辞。物之有四隅者,举一可知其三,反者还以相证之义,复再告也。"由此可以看出,孔子的启发法是建立在学生积极主动思考基础之上,在与学生的对话交流中以提问为方式来进行引导教学。孔子的这种启发式提问教学,广为他的弟子所称赞。颜回曾说:"夫子循循然善诱人,博我以文,约我以礼,欲罢不能。"

二、苏格拉底的谈话教学理论

　　在国外,晚于孔子几十年的古希腊教育家苏格拉底提出"产婆术"的教育方法。苏格拉底的母亲是一个接生婆,他从小跟着母亲到别人家去接生,帮助递器械,打下手。这一段生活经历在苏格拉底的心中留下了深刻的印象。后来,他从助产中得到了启迪,创立了一种教育方法,他称其为"产婆术"。

这种教学方法包括讽刺（不断提出问题使对方陷入矛盾之中，并迫使其承认自己的无知）、助产（启发、引导学生，使学生通过自己的思考，得出结论）、归纳和定义（使学生逐步掌握明确的定义和概念）等步骤。在与学生谈话的过程中，并不直截了当地把学生所应知道的知识告诉他，而是通过讨论问答甚至辩论方式来揭露对方认识中的矛盾，逐步引导学生自己最后得出正确答案的方法。苏格拉底把教师形象地比喻为"知识的产婆"，这一教育理论，对西方的影响颇大。

无论是孔子的启发式教学，还是苏格拉底的"产婆术"，最主要的手段和方式就是提问。可见，课堂提问是自古而来即有的，是一种古老而又重要的教学组织方式。

三、现代教学论理论

建构主义理论强调以学生为中心，尊重、发挥学生的积极性和主动性，让学生真正成为学习的主人，要求学生由知识的被动接受者和灌输对象转变为信息加工的、认知发展的主动建构者；要求教师要由知识的传授者、灌输者转变为学生主动建构意义的帮助者、促进者。这就意味着教师应当在教学过程中要彻底摒弃以教师为中心、强调知识传授、把学生当作知识灌输对象的传统教学模式，采用全新教学方法和全新教学设计理念的建构主义教学模式，帮助学生积极建构。

课堂提问是一种重要的教学行为，是组织课堂教学的中心环节，对学生掌握、创造方法具有决定作用。课堂提问在教学过程中发挥着启发引导，有效掌控课堂，及时调节课堂气氛，准确检测教学实际效果的重要功能。教学论理论还主张，设计课堂提问必须以认识论为基础，以教学大纲和教材的知识体系为依据，针对教材中的重点、难点和关键以及学生的实际情况，在思维的关键点上提出问题。

四、心理学理论

唐朝韩愈在《师说》中指出:"师者,所以传道授业解惑也"。他认为:"人非生而知之者",所谓学问,就是在既学又问的实践中得到的。人们在"不耻下问"的过程中,通过解"惑",获得了"知"。可见"疑"的存在,是获得知识的客观动力。这样的论断是符合人类基本的心理特点的。

从现代心理学角度看,对学生设疑发问,可以引起学生心理上的恐惧、紧张和兴奋,进而会产生强烈的期待感和求知欲,促使学生积极建构探索新知。可以说,设疑发问有助于帮助学生形成接受知识的最佳心理状态。此外,如果教师在课堂教学中的提问巧妙新奇,亦或是符合学生的兴趣爱好,就容易引起学生的无意注意,稳定保持其有意注意。这对与低年级学生来说,效果尤其明显。因此,在实际的教学情境中,教师应适时适度设置恰到好处的问题。

第三节 课堂提问的几种类型

关于课堂提问类型的划分可以说是仁者见仁，智者见智，按照不同的角度有不同的划分种类。其中以美国教育家特尼创设的"布卢姆-特尼"提问设计模式最为著名。在这种设计模式中，针对学生不同类型的思维活动把课堂教学提问分成由低到高的六个层次水平，也就是知识水平提问、理解水平提问、应用水平提问、分析水平提问、综合水平提问和评价水平提问。

一、知识水平提问

这种提问是要求学生通过回忆检索已有知识来回答问题。问题的答案是现成的，学生往往不需要精深的思考，只需简单的从记忆中提取正确的知识符号，就可以解决问题，如："科举制是哪一年废止的？"，"哈尔滨位于哪个省？"，"《红楼梦》的作者是谁？"。知识水平的提问可以用来确认学生是否掌握了所学内容。但此类提问一般不需要进行深入思考就可以回答，纯粹是对记忆性知识的检查，无法体现对学生学习能力和思维过程的评价。因此，此类问题在课堂上尽量少的使用，主要是导入新课时作为教师检查学生旧知识的一种策略，不宜频繁使用。

二、理解水平提问

这类提问要求学生在理解的基础上，用自己的语言叙述事实或事件，比较事实或事件的异同，实现知识由一种形式到另一种形式的转变。诸如此类的提问："你能用自己的语言简单描述一下自己最难忘的一件事吗？""平行四边形与矩形的有哪些异同点？"。理解水平提问一般适宜在新课讲授完之后设置，主要是作为检查学生理解掌握知识的一种教学手段和方式，以此来帮助学生及时巩固所学知识,进一步强化对所学知识内容的记忆和理解。

三、应用水平提问

所谓的应用水平提问就是要求学生把所学的概念、规则、理论等知识应用于某些新问题,要能把先前所学知识迁移到新问题情境之中,做到学以致用。这种问题在数学教学中非常常见,如利用加法来学习乘法,由三角形的面积公式来学习平行四边形的面积计算公式等。应用水平提问一般适用于课堂新内容的讲授和巩固练习中,以此来考查学生对程序性知识掌握的情况。

四、分析水平提问

这类提问要求学生运用已掌握的旧知识来分析新知识的结构、要素,明辨事物的因果联系。诸如"你如何看待中国晚清的洋务运动",此类型的问题往往需要学生发散性思维,问题没有现成的固定答案,要求学生在掌握一定的相关知识的基础上,查找分析资料,剖析知识结构,透过现象,抓住事物间的本质联系,最终解决问题。因此,此种类型的提问对学生的综合能力要求较高,一般适合高年级的具有一定的分析能力和批判性思维能力的学生。教师在学生回答这类提问时,应给予鼓励和帮助,使学生在教师的帮助下分析能力得到不断提高。

五、综合水平提问

这类提问要求学生根据教师给定的信息和材料,在记忆中检索回答问题所学的相关知识,整体性的理解知识,并以一种新的有创造性的方式将这些知识有机地组织连接起来,建立起一种新的联系,解决问题。如:"你对这篇文章有怎样的看法","我们可以通过什么样的方法来提高我们的学习效率?"。这种提问有利于学生进行深入思维,对学生思维能力特别是创造能力的培养具有重要作用。这种水平的提问适合在课堂讨论、合作学习、探究学习等学习方式中运用,在提问后教师应留给学生足够的时间去思考。除此之外,教师应注意培养学生间的合作和探究意识和能力,使学生不仅掌握综合利用已学知识独立解决问题的能力,也掌握了利用同伴资源进行积极建构、独辟蹊径、创造性的解决问题、掌握新的解决问题的能力。

六、评价水平提问

这种提问要求学生对于老师给出的材料能做出自己的价值判断和选择。这种提问是最高水平的提问,这种问题是根据一定的标准评判事物的价值,帮助学生从不同角度认识和分析问题,评价事物。譬如:"你认为某某同学的观点怎么样?","你认为这篇文章哪儿写得好?"等等,学生要回答这种问题,对事物进行评价,对相应的知识必须要有较深的理解,并有较好的分析、综合所学知识的能力,进而产生新的知识即自己对某事物的独特的看法或观点。

第四节　课堂提问的生成过程

课堂提问有其自身的普遍规律，课堂提问的生成是循序渐进，环环相扣，层层递进式发展的。具体而言，课堂提问的生成一般有以下几个基本阶段：

一、问题的引入

教师在提问之前都有一定的铺垫和暗示，使学生做好提问的心理准备。因此，在讲授和提问之间会有一个明显的临界点或转折点。在实际的教学活动中，最普遍方法是教师用不同的课堂语言或讲授方式来向学生表示即将提问。比如，在准备提问时教学方式由讲解法转入讨论法，给学生一定时间讨论后进行提问；或者是在即将转入提问时，教师会提高嗓音或维持一下课堂纪律，这都是在向学生传递提问即将开始的信号。俗语说："凡事预则立，不预则废"。只有做好了充足的准备，才能保证提问的顺利生成，保证课堂教学目标的实现。

二、问题的描述

在做好提问准备工作、引入问题的前提下，教师会对所提的问题做具体、清楚明了的描述和说明。问题的描述阶段是十分重要的，对问题的描述情况直接关系到学生对问题的理解程度以及学生的思考方向和对问题答案的探究结果。对问题的描述应该从下面几个方面进行把握：

首先，要做到点题集中。对问题要有根本的主题性把握，引导学生彻底弄清提问的主题，也可以说提问的核心概念是什么？或者使学生能承上启下地把新旧知识联系起来。

其次，对问题的描述要清晰明确，要能被学生完全理解接受。只有清晰确定的表述问题，才能使学生明白教师具体提问的是什么内容，教师提问的目的是什么；才能使学生有确定、具体的思考方向，做到有的放矢，有针对性的回答。否则，不知教师所云，只能是徒劳，是无效的提问。

再次，要有一定的提示。主要是对学生答案组织结构的提示。在学生积极思考的同时，教师应掌握好时机，对学生进行恰到好处的提示，引导学生按照一定的结构组织问题的答案，培养解决问题的能力，这是一种方法的传授，是"授之以鱼不如授之以渔"的具体体现。

三、问题的介入

对问题的介入阶段同样是十分重要的，这是对教师组织者、引导者新角色的形象阐释。一般是学生在回答提问遇到障碍或困难和提问不完整、需要补充时，教师以不同的方式鼓励或启发学生克服困难，解决问题。在问题的介入阶段，教师常用的方法有：核对查问学生对问题的理解是否有偏差；催促学生尽快作出回答或完成教学指示；提示问题的重点或答案的结构；对问题进行重复或重述，进一步加深学生对问题的理解。

四、问题的评价

这是问题生成的最后一个阶段，也是完整的提问过程必不可少的环节。在学生对问题回答完毕之后，教师对问题的回答情况作出的评价。一般的方式是：向其他学生重复或重述学生的答案；对于学生回答中的不足，进行适度的追问；纠正错误的回答，给出正确的答案；依据学生答案的具体情况以及对提问的完成程度，引导学生挖掘更深的问题或拓展新的内容，开阔知识视野。

问题生成的四个阶段是比不可少的，也是相互影响，相辅相成的，这四个阶段共同构成完整的课堂提问。

第五节　课堂提问的实践意义

提问作为课堂教学的一种基本方法，贯穿于课堂教学的始终，是教师组织开展教学活动的重要手段，在教学实践中扮演着不可替代的重要作用，具有深刻的实践指导意义。

一、启发思维，激发求知欲

学习活动的核心是个体内部的思维活动。课堂教学只有激发学生个体思维活动，促使学生积极地思考，才能取得最佳的教学效果。课堂提问就是激发学生个体思维活动的一种重要的教学手段，在教学中占有着极其重要的地位，它是教学过程中的重要环节。

著名教育家陶行知先生曾说："发明千千万，起点是一问"。由此可见，课堂提问对于启发学生进行积极主动的思维，激发个体的求知欲，培养发明创新精神有重要的作用。在教学情境中，教师根据教学目标和任务会审时度势的设疑发问，学生的思维活动在教师提问的引导下以教学内容为核心进行发散和流动；在教师环环相扣的追问中启发思维，激发学生的求知欲，进而培养学生积极主动的建构能力和发现问题、解决问题的实践能力。

二、促进对话交流，沟通师生情感

我国中小学目前普遍的教学形式还是以班级为主要组织形式的班级授课制。在教学活动中，教师居于主导地位，是教学活动的组织者和实施者；学生则是教学活动中的主体，是学习的主人。现代教育教学理念提倡，教学活动应是在教师以学生个体全面发展为原则的引导下，学生主体积极建构的过程。可以说，教学活动是师生对话交流的双边活动。这种对话交流是课堂教学活动生成的核心因素,而课堂提问则是维系师生对话交流的纽带。有调查研究显示,课堂教学差不多有一多半是由师生在课堂提问基础上建立起来的对话交流组织起来的。在教学中,教师围绕着教学内容对学生进行多角度、多侧面、多层次的启发和诱导,在师生之间和学生群体内部展开探讨、争论、研究合作等一系列的对话交流,最终达到解决问题的目的。

师生关系是校园人际关系中的核心部分,良好的师生关系对教学及管理等工作有重要的意义和作用。良好的师生关系有助于建立和谐的校园人际关系;有助于营造轻松融洽的教学氛围,提高教学效果;也有助于健全学生的人格,促进学生健康全面发展。良好师生关系的建立主要靠师生之间的对话交流而实现的。作为学校,最重要的的中心任务就是教学,教学活动中主要的手段和组织方式就是课堂提问。通过课堂提问,教师可以利用这种特殊的方式来与学生进行对话交流,了解学生的思维品质、心理特性等信息。在课堂提问中,师生通过共同的努力合作,共克教学难点,共同分享收获的喜悦,在无形之中拉近师生之间的距离,达到感情的升华。因此,课堂提问是促进师生对话交流,沟通师生关系的有效方式之一。

三、督促学生思维活动,评价实际教学效果

我们中学课堂传统的教学方式主要是教师"满堂灌"、学生被动接受的"填鸭式"教学。传统的教学方式有诸多弊端,严重忽视了学生主体的积极主动性,违背了教学规律,实际的教学效果也是很不近人意。一堂课下来,学生掌握了哪些新知,学到了哪些方法和技能,进行了哪些积极、有意义的情感体验,还有哪些重难点尚未突破等等,却不得而知。

新课程改革实施以来,倡导的是充分尊重学生的主体性、强调发挥学生积极主动性的发现式探究合作学习,主张在老师的引导下,学生个体的积极构建,变被动接受为主动探究。在课堂教学中,教师要扮演引导者、服务者的角色,适时适度地利用课堂提问及时督促、检查学生的思维状况,并有针对性的做好引导,启发帮助学生发现问题。解决问题。而学生是否听了,是

否跟着教师积极地思考问题，教师却不知道。

同时，课堂提问还可以对学生个体以前学过知识的掌握情况进行检测评价，了解学生实际的学习情况。而在本节课教学中的巩固复习环节，以提问的方式对学生学习目标的达标情况进行检测，做到心中有数，以便为及时的调整教学策略和教学进度提高参考性信息。

第十二章 对课堂提问有效性的审视

第一节 课堂提问有效性的缺失

课堂提问是组织课堂教学的一种重要形式，也是一种重要的学习方法。在中学课堂教学中，由于各种原因，很多教师对提问的策略以及原则缺乏系统深入的研究和探索，使课堂提问这种重要的教学形式和学习方法演变成了形式摆设，往往是流于形式。表面上看来，课堂教学中有问有答，课堂组织的有条不紊，课堂秩序井然。但是实际上，课堂提问这一教学形式并未真正发挥出其在学生学习兴趣培养、学习能力锻炼和发展以及学习潜能挖掘与开发等方面应有的作用。中学课堂提问存在着不少的误区与诟病，是缺失有效性的提问。具体来讲，主要表现在以下几个方面。

一、提问的内容缺乏启发性

现代教育教学理念以及新课程改革要求充分尊重学生的主体性，要求在教学过程中注重对学生进行启发引导式教学，充分发挥学生的积极性和主动性，变传统式教学中的学生被动接受为新课堂中的积极探究。提问作为启发引导教学的一个关键的手段，是教师的教与学生的学、被动接受与主动探究的结合点与转换点，有着重要的作用。因此，就要求课堂实际教学情景中的提问必须要有一定的思维跨度，要做到"不愤不启，不悱不发"，达到启发引导的实际效果与预期目的。然而，在广泛的中学课堂教学中，教师的提问大多属于一般性的了解性提问，探究性提问的次数、频率却少之又少。例如，"谁能解释一下这个词语的含义""日本的首都是什么""为什么南北半球的季节是相反的",等等,诸如此类的无效性的一般性提问在中学课堂中随处可见。这些基本上都是属于识记性的常识性知识,过于简单,根本无任何的启发引导性可言。效果也就可想而知,对学生几乎起不到任何的启发作用。有的教师为了盲目追求课堂氛围的活跃,毫无目的的随意发问,最典型、最常见的莫过于脱口而出的"是不是","对不对"之类的口头禅式问题,而学生也是"是""不是""对""不对"等的简答回答,课堂貌似热闹,其实华而不实,无益于对学生的启发引导。

与此相反的是,在中学中学课堂教学中,教师提问也往往走向另一个极端,问题的设计过难,过偏,完全忽视了学生的已有的知识结构,完全脱离了学生的实际认知水平,难以被学生接受和理解,思维找不到合适的介入点而难以展开,最终的结果只能是启而不发,浪费了宝贵的课堂教学时间,严重影响了实际的教学效果。而且提问过难。以至于使学生难以回答,会严重挫伤学生的自尊心,长此以往,还会影响到学生积极思考和回答问题的主动性,不利于学生的长远、全面发展。

二、提问的组织缺乏层次性、逻辑性

在中学课堂教学中,教师在提问时对问题的表述、措辞往往模棱两可,对问题的叙述往往过于冗长,导致学生很难理解老师提问的真正意图,不能清楚的理解问题。如,在中学数学课堂上,老师在讲一元二次函数性质时的提问"一元二次函数的图象性质有什么特点?根据这些特点又是如何来求最大值和最小值的?"这样表述模糊不清,这样的提问也令学生如丈二和尚般摸不着头脑,这样的提问显然不是有效的课堂提问。

对问题的组织缺乏一定的层次性和逻辑性,不考虑学生的实际思维特点,没有把学生身心特点与教学实践情境有机的结合起来。一般而言,在中学语文科的讲授是有一定的内在层次性和逻辑性,就是通常所言的"语文学习三部曲",即课文讲了一件什么事情;事情的起因、经过和结果又是如何;通过这篇课文你学习到了什么。很显然，这是顺应教材的线索，教师应由浅入深，由表及内，循序渐进地设置恰当的提问，透过现象看本质，按部就班地把学生的思维引向求知的新高度。

然而，在实际的课堂教学中，教师往往忽视教材的层次和逻辑，处处设疑，随意发问，东一榔头西一棒，有时甚至穷追不舍式的连续提问，学生根本难于招架，头脑里思考的并不是该如何回答老师的提问，而是处于担心、恐惧提问的不良心理状态，致使教学进程变得漫长而低效，课堂气氛变得沉闷而呆板，提问的实际有效性可见一斑。在提问的过程中，教师留给学生的思考时间也过短，在一定程度上局限了学生思维的发散。表面上师生问答有序的课堂实则是学生受困于教师思路的被动接受，不是有效性的课堂教学。

三、提问对象的集中化和片面化

在中学课堂提问中普遍存在着这样的一种现象，提问的对象大多是成绩较好的学生，差等生可以说是老师提问的盲区。由于个体发展的水平不同，存在着差异性和不均衡性，所以每个学生的学习水平也不尽相同。成绩相对不好的所谓差生或后进生回答问题往往要花较长的时间去思考，正确率也较低，很容易出错，在这些老师看来，提问差等生只能是浪费宝贵的课堂时间，影响教学进度，尤其是在讲公开课或优质课竞赛时表现的更为明显，因此往往采取躲避的态度，避免提问这些学生。这就使得差等生或后进生在课堂面对老师的提问时并不是积极参与思考，而是消极等待，甚至觉得课堂提问与自己无关，这样持久下去，这些学生对学习的兴趣越来越淡薄，甚至在课堂上思想开小差或做小动作，不但影响到自己的学习，还殃及周边同学的正常思考学习，最终对整个课堂教学秩序和效果反而是有害无益。教师课堂提问对象集中化、片面化的这种做法，是违背以学生全体发展这一教育基本原则的，也没有做到真正的以人为本，是极其不负责任的教育行为，与新课程改革促进全体学生全面发展这一精神是完全背道而驰的。

四、答案的标准化和理想化

受教育理念和专业素养的影响,教师对课堂提问的预期答案表现的过于标准化和理想化。课堂提问本身而言就是要达到发散学生思维的目的,而在中学课堂教学中,教师往往照本宣科,只期望于固定的标准答案,只按照自己设想的思路去提问,忽视了学生创造性思维和发散性思维的培养。对于有"异议"的回答往往视作错误来处理,这样如何能培养出有创造力的社会主义建设者和接班人。究其原因,这与传统的、标准化的应试考试模式关系甚大。其实,从另一种意义上讲,学生的错误答案也是一种宝贵的教学素材,教学经验丰富的教师善于利用这种宝贵的、活生生的资源对学生进行有效的施教。其效果往往比空洞乏味、脱离生活实际的教学案例好的多。

五、提问手段的工具化

与上面提到的中学课堂教师提问对象的集中化、片面化相比较而言,教师面对差等生或后进生的提问往往是作为工具化的处罚手段。在课堂教学中,教师对这些学生的提问并非采取公平的态度,这些学生和学习成绩优异的优等生,教师并不是一视同仁的。教师对差等生的提问往往不是为了保持有意注意,把控课堂教学秩序,激发学生思维,而是以提问作为一种手段和工具对学生进行的惩罚,这往往是因为学生在课堂做小动作,影响到了正常的教学秩序。这样异化为工具手段的提问方式,不仅仅会引起学生的反感,给学生留下不好的心理阴影;而且是违背教学基本伦理的。

课堂提问的质量和有效性如何直接影响到教学实践活动的展开和学习效果的提高。作为教学活动的直接组织者和实施者的教师应不断加深对教育基本理论以及专业知识素养的学习,深刻意识到课堂提问的重要性,认真备课,精心设计课堂提问,掌握科学提问的原则、策略,了解提问的方式和艺术,使课堂提问真正成为师生对话、交流和互动的平台。这样才有助于提高课堂效率,充分发挥课堂提问的作用,使新课程理念的精神真正落到实处。

课堂提问看似简单，实则是一门复杂的科学，更是一门深奥的艺术。随着新课程改革的深入实施，课堂教学过程更多追求的是生成性和变化性，这就使得实际情景中的课堂提问表现出更多的独特性和复杂性。因此，教师必须深入研究课堂提问的理论与技巧，让有效的课堂提问真正的问出"学问"，问出"价值"。如此，小提问才能创造大智慧。

第二节　影响课堂提问有效性的原因

本人通过半年来听课、评课以及实际授课等途径，结合历史课堂教学提问现状的调查和分析，系统总结了在实际历史教学过程中历史教师容易出现的各种提问方面的问题，并深入分析了这些问题产生的原因，引以为鉴。

一、高中历史课堂提问存在的问题

现阶段的大部分教师的教学观念得到了改善，尽量避免满堂灌现象的出现，开始注重学生主体地位的实现，多采用师生互动、小组讨论等形式取代原先的教师主导填鸭式教学模式。但是在提问形式上依然少有变化，多以低层次的知识型问题为主，缺少分析型问题和评价型问题，提问技巧比较单一。由此可见，目前教师的提问技巧和策略依然有待提高。现将问题归纳为如下几点：

（一）问题具有封闭性

一些教师在课堂中设计的问题大多是判断式或唯一答案，学生只要运用"是""不是""好""不好"等词来回答就完成了一个提问与回答的环节，这样的问题是起不到激发学生思维，引发学生学习兴趣的作用的。长此以往的提问，会使学生失去对回答问题的兴趣。不需要经过思维活动就能得出答案，这样的问题是没有任何效果的。如果一堂课里所有的问题的答案都是唯一的，那么同学们学习的兴趣一定会大大降低，既不利于学生问题思维和创新能力的培养，又不利于课堂教学效率的提高。

（二）问题难度把握不当

根据思维"最近发展区"的原理，教师通过问题引导学生思考，必须建立在学生已有知识基础和认知实际上，脱离了学生的认知基础和思维能力，会使学生面对问题无从着手、不知所措，达不到培养学生思维的效果。过于简单的问题，就会出现上述第一条中问题具有封闭性的问题；相反过于困难的问题，又会严重打击学生的信心，对回答问题产生恐惧感，亦无法激发学生的问题思维。只有那些难易得当的问题，既需要学生进行一定的思维活动，结合他们的固有认知，通过心理上的努力就能得出答案，又不会因为超出了当前学生的认知范围，使得学生无从下手，从而产生挫败感。因此，教师应尽量选择难易得当的问题来进行提问。

（三）候答时间较短

为了追求课堂效率顺利完成课时计划，教师通常遗留给学生思考问题的时间都不是很长，当遇到没有学生作答的情况时，便进一步细化问题或重复问题。这样做使学生失去了思考问题的时间，打击了学生回答问题的积极性和主动性。尽管课堂时间有效，为了及时完成课时计划教师不得不压缩课堂时间，但是预留给学生一定的思考时间是必不可少且至关重要的。当遇到这种情况时，教师应多问些评价型问题或者分析型问题，减少问题的数量，提高问题的质量，做到问题精而少，又能充分发挥学生学习主体作用。

（四）理答不当

教师往往容易忽略理答阶段的重要性，认为自己心中的答案就是唯一的正确的，当学生的回答与自己的答案不符时，就予以否定。对学生在回答的过程中出现的问题和错误没有及时的分析，评价，纠正。事实上许多教师对于学生回答的问题并不从正面回应或引导，而是避而不谈，使学生的回答"落了空"。有时由于教师对问题设置的答案与学生的回答并不吻合，于是出现了自问自答的现象，没有充分体现学生的主体地位。

（五）问题机会的分配不当

在一个班级中，每个学生的学习水平和认知能力都是不尽相同的。总有一些学习程度好的学生,每次都积极主动地回答教师提出的问题,以提高自身水平;而对于那些学习程度较差的学生,则由于自身较低的学习水平,对于教师的提问置若罔闻,避而不谈,充满了恐惧心理,久而久之就会缺乏自信,对学习产生厌倦。因此。教师在设置问题的时候应充分考虑这些学习程度较差的学生的心理,设置些难易程度较低的问题提供他们回答,以培养他们的自信心。对于程度好的学生,则可以多设置些开放型、评价型问题以进一步培养他们的认知能力和问题思维。教师应特别注意问题机会的合理分配,尽量让全体同学都参与到教学活动中来。

（六）用以惩戒

当教师在授课过程中发现某个学生注意力不够集中,心不在焉的时候,提问就成为了教师用来"提醒"该生回归课堂学习的一种特殊手段,借机整治。这样做容易使学生产生畏惧心理,久而久之便会谈"问"色变。

（七）缺乏对问题意识的培养

所谓问题意识,是指学生在学习活动中遇到问题时所产生的一种主动质疑、积极探究的心理状态。这种状态可以促使学生积极思考,不断提出问题,分析问题和解决问题。

现在大多数的教师把提问当作一种检验教学成果的手段,用来检测学生是否完全掌握了本节课的知识点,而忽略了提问最本质的作用——激发学生的问题意识。目前课堂中的提问似乎成了教师的专利,而学生只需回答问题,很少有机会主动提问。教师似乎并不重视学生的提问,每当有学生提出问题时,教师很少有从正面回答学生,大都是采取无视的态度继续进行课堂教学。长此以往,学生就再也不会主动提问,主动思考了。

二、原因分析

针对上述问题产生的原因,笔者主要概括为以下几个方面:

（一）传统教育价值观的禁锢

从理论上来说，现在每个教师都理解：教学的最终目的是为了促进学生个性的全面发展。但是介于当前学校教育的评价模式，依然采用的是总结性评价，一切都以学生的升学率作为学生发展好坏的主要标准；高考仍是当前高中生所面临的最主要问题；课堂教学也仍然以高考这种评价升学模式作为主要参考，使得广大教师群体心有余而力不足，无法在当前教学评价模式下贯彻新课程的教学理念。

现代教育改革改革了教材、课程模式、过程目标，可是却没有改革内在的观念和思维模式。若想教育改革取得实质性的进展，教育实践快速发展，就要避免这种换汤不换药的现象。所以要提高教育水平，让改革有所成效，一定要从源头做起，从根本做起。在实践中切实转变旧的教学评价、学生评价模式，摒弃旧的传统教学理念，才能更好地推动国民教育事业向前发展。

教师是学校教育的主体，是教育行为的执行者、落实者。把以往以教师为中心的教学观念转变为以学生为中心的教学观念，加强学生的主体作用，树立以学生为本的教学观，才能使学生在德智体美等各方面全面发展。落实到具体的实际教学上，就要求教师不仅关注学生智力方面的发展，还要时刻注重心理水平等方面的提高。教师要从根本上转变以往的填鸭式教学，开创民主开放的教学氛围，将教学过程视为师生共同学习进步的过程，用民主开放的观念指导和组织实际教学，从而使学生独立、自主、自信。

（二）对新课标理念的曲解

新课程标准要求教师转变课堂教学中教与学的方式，提倡启发式教学和互动式教学。对此很多教师理解为：教师在实际教学中讲授的越少越好，应该让学生多讲，如果教师讲授的多了就又回到传统的课堂教学模式——填鸭式教学。

在实际教学过程中，不少教师主观上希望通过提问这种方式来实现以学生为主体，教师为主导的新课程理念。其实质上只是为了"提问而提问"，用"提问"这种形式来代替教师的讲授，让学生自己说出教师要讲授的内容，这样做就把"启发式教学"转变成了"问答式教学",用师生问答代替师生对话。课堂上教师问学生答,表面上看起来是在进行师生互动,生生互动,实际上则是以提问这种方式来掩盖传统教师讲授的课堂模式。这样的课堂表面上看起来气氛活跃,师生对话频繁,实质上师生之间并没有什么真正意义上的交流。

教师在教学中要注重启迪学生的思维,引导学生进行自我学习,恰当选择教学组织形式,改变传统教学中过于强调接受的学习方式和机械记忆的教学弊端。新课程改革要求教师在教学中培养学生学习兴趣,学生自主学习能力和创新能力,这些要求并不是通过教师的提问就能实现的,要多采用综合式的教学组织形式,选用最恰当的教学方法,比如创设问题情境,采用启发式教学等。

(三)教师问题设计能力不足

想要提出具有启发性的问题,需要教师对问题具有深刻的理解,具备科学的提问技巧和策略,掌握提问的方式和艺术。只有这样才能设计出好的问题,有效组织问题教学。科学的提问原则、方法和恰当的提问策略是提高课堂效率,充分发挥课堂提问的作用,使新课程改革的理念落实的重要条件。

教师要使提问真正成为师生对话、交流和互动的平台,就需要具备扎实的专业理论知识和必要的自然科学知识,以及跨学科知识迁移能力和立体思维能力。教师需要博览群书,博采众家之所长,积累大量的学科外知识,才能设计出能够培养学生的问题思维,捕捉学生思维中的创造性,激发学生求知欲,锻炼学生的问题解决能力的问题。

(四)教师备课不充分

在实际教学过程中,部分教师由于备课不充分,课堂教学不得已照本宣科,讲授的内容条理不清晰,问题的设计缺乏深度和启发性、思考性,具有随意性。好的问题需要教师深入钻研教材,充分了解学生的知识结构和认知水平,把握住教学大纲和教学目标,这样才能充分发挥课堂提问艺术,切实提高课堂提问成效。在教学中要善于发现易混淆、易出错的知识点，并通过提问来帮助学生加以区别。为了杜绝提问的随意性，教师要把问题设计也当作备课的重要组成部分。

有些教师会在主观上认为某些问题是学生应该理解并掌握的，于是在备课和上课时容易忽略，而学生的实际认知基础恰恰在这些问题上有盲点，造成实际教学效果不佳。而对于那些学生容易误解，易于同其他知识点所混淆的问题，教师在备课时应充分理解并顾及到，并采取有效措施帮助学生突破该难点。

在备课时依据教材的重点和难点，充分挖掘教材内容本身和学生固有认知基础之间的冲突，选择那些具有针对性的问题，运用具有启发性的语言，引出学生学习的悬念，让学生对该问题感到新奇。这样的问题才能抓住学生的注意力，激起学生的问题意识，引发学生的好奇心和求知欲，当问题被解决之后，学生会感到豁然开朗。

教师要把所提出的问题是否具有针对性和启发性作为课堂教学评价的另一标准。在一节课结束后要进行教学反思，判断本节课所提出的问题是否达到了教学目标，是否激发了学生的问题意识，根据所得结论做出提问效果评价。

历史教师应注意和克服上述存在的问题，从而进一步完善自身的提问水平，提高课堂教学效果，促进学生身心全面发展。

（五）教师的专业素养不高

在课堂教学中教师所提的问题主要是记忆性的问题，而且往往是针对知识点就题论题发问，所提的问题缺乏深度、梯度和广度，缺乏适度的拓展、变形和延伸。其实，这最根本的原因是是因为教师的专业知识不扎实，专业素养不高，对课本知识的理解不透彻，没有把握好知识之间的纵横联系造成的。在备课活动中，也经常遇到教师对课本知识的理解出现错误的时候。

第十二章　对课堂提问有效性的审视

（六）教师缺乏必要的心理学知识

课堂提问是建力在一定的心理学基础之上的，要遵循学生的身心特点。然而，中学较多的教师缺乏必要的心理学知识，提问往往是随意即兴的，几乎很少考虑学生对象的心理特点，未能在提问之前仔细揣摩学生学习的实际心理，这样的提问是不具有启发意义的，也不能达到启迪学生思维的效果，提问只能是简单的一问一答，显然是没有效果的，成为影响课堂提问有效性的一个瓶颈。

（七）教师忽视问题设计的重要性

问题的设计是否合理，是否具有科学性直接影响到课堂提问的实际效率。随意性的课堂提问在中学课堂教学中司空见惯，很多教师甚至于根本不去考虑提问的科学性、层次性、针对性和启发性。因而教学过程中常常会出现问题表述含糊不清，具体指向性不明，学生对问题不能准确地接受和理解，甚至还会出现科学性错误，更谈不上提问的艺术性了。提问也仅停留在针对知识点的发问，忽略了提问中的人文意义以及对学生的人文关怀，情感的升华，没有把提问的着重点从"问题"转移到"人"上来，导致无效提问的出现，这样的提问只能是徒劳无益的，也严重影响到教学的效果。

第十三章　课堂提问有效性的积极构建与应对

在广泛的调查中不难发现，目前的中学教学活动中，课堂提问存在着这样那样的误区和诟病，课堂中充斥着过多的没有实际教育价值的无效提问，课堂提问在教学过程的角色和作用被严重的扭曲和人为异化了。新形势背景下的新课程改革要求的是有效的课堂教学，提问是课堂教学最基本、最主要的教学方式和手段，在客观上必然要求提问必须是有效的，是有教育价值和意义的。

第一节　课堂提问有效性的相关概念界定

一、课堂提问

课堂提问是一种教师常用的教学方式。任何口头表述或手势，只要能引起学生的回应或回答，就被看作是课堂提问。依据课堂提问的目标，课堂提问可以区分为内容问题、过程问题与探询问题。教师提出内容问题的目的是让学生直接处理所教内容。问题的正确答案教师已知，学生们可以直接在课堂上或书本上找到答案。过程问题鼓励更多思考和更多解决问题的尝试，要求学生使用个人的知识储备来积极建构自己的解释和意义，而不是通过原样复制来达到理解。"探询问题是教师用来鼓励学生详细阐述自己或别人答案的行为。探询问题不是一个问题，而是一组问题。在探询问题的诱导下，学生将进一步澄清自己的答案，探讨新材料，调整自己的回答，思维水逐渐提升到更高水平，向着更有利的方向发展。"

实际课堂情境里，课堂提问一般有三种表现形式。第一种直接以问句形式出现。如《求简单的平均数》一课中教师所提的问题："除了用'移多补少'的方法来求出平均数外，还有其他好的方法吗？"这种问句式课堂提问是课堂提问的主要形式。第二种课堂提问形式并不以问句形式出现，但包含了问句的意味。如同一课中，教师问道："我们可以把这个方法（把多的数量移到少的数量上去）叫做'移多'，然后期待学生回答"补少"。这一课堂提问虽然未出现疑问词，但也引起了学生对知识的概括，因此也视其为课堂提问类型之一。第三种课堂提问是命令式课堂提问。命令式课堂提问能够引起某一课堂活动。如《落叶》一课中，教师提出："这些落叶不但给我们带来了快乐，还给小动物一些特别的感受呢。下面我们就……到文章中去读一读小动物们的感受。"这一课堂提问引起了学生的朗读活动。

课堂提问是一种师生的课堂互动行为。教师提问行为中有学生行为的介入，是一系列间断的行为，是一列按一定顺序排列的"问答行为链"。一般认为，"问答行为链"主要有四个"链节点"：一是组织，教师提出课题或有待讨论的问题；二是诱导，教师诱导一种回答或向一个或更多学生发问；三是回答，学生回答问题；四是反应，教师给予学生回答反馈。以多项研究结果为基础，卡兹登归纳出三个"链节点"：一是发问，相当于前述的组织和诱导；二是回答，学生回答问题；三是评价，教师评价学生回答或进一步阐述某些问题。课堂提问的部分"链节点"在实际教学中可能会被省略，但教师发问和学生回答是必不可少的。

二、课堂提问有效性

大部分课堂提问由教师备课时预先设计。从课堂提问的设计水平看，教师以哪些材料为依据设计课堂提问，课堂提问是否与教师能力相匹配等都会影响课堂提问的有效性。依据加里鲍里奇的观点——"有效的问题是那些学生能够积极组织回答并因此而积极参与学习过程的问题。"课堂提问的效果看，课堂提问的有效性在于能否引起学生的回应或回答，及课堂提问能引发回应或回答的程度。所引起的回应活动必须对学生的发展所有益处。只有能够引发学生向着积极方向发展的课堂提问才能被视为有效课堂提问。因此，课堂提问的有效性一方面表现在课堂提问与教师个人素质与设计依据相互适应；另一方面表现在课堂提问所引发的学生反应有益于发展其各方面素质。

三、课型

课的类型，简称课型，是教学过程的基本形态。课型一般由一个课时内的教学内容、教学目标、教学方式、师生双方在教学中的地位决定。一指按照不同教学任务或一节课主要采用的教学方法来划分的课的类型；二指课的模型，即抽象、概括各类型的课在教学观、教学策略、教学方法、教材等方面的共同特征，在此基础上形成的模型、模式。一节课中，主要的教学活动方式是什么，这节课就可以称为什么课。根据一节课中完成教学任务的数量，课型分为单一课和综合课。从任务特征上，单一课还可以进一步分为传授新知识的课（新授课），巩固知识的课（复习课），训练技能技巧的课（练习课），检查知识技能的课（考试、测验课、实验课）。根据教学过程的基本阶段，课型分为绪论课，初步了解教材课，形成概念、弄清规则、原理课，运用知识课，技巧课，练习课，复习、总结课，检查课，混合课。本研究采取依据课堂教学过程对课型进行分类的方式，将课型重新划分为新授课、巩固课与复习课。新授课对应教学过程中初步获得知识的过程；巩固课对应知识的保持，技能的整合阶段；复习课对应知识的再认、回忆，技能的内化阶段。

第二节　课堂提问有效性的分析维度

本研究主要从层次、开放度、序列三个维度对课堂提问有效性展开分析，以下就课堂提问的层次、开放度、序列的内涵进行说明。

一、层次

课堂提问的层次是依据解决问题时所需思维活动的复杂性对课堂提问进行划分。布卢姆、恩格尔哈特、希尔、弗斯特和克拉斯沃尔将认知复杂性划分为从低到高的六个等级—识记、理解、应用、分析、综合、评价。课堂提问也相应地分为由低到至高的六个层次：

表 1.4　课堂提问复杂性层次说明表

复杂性层次	预期学生的行为	教师组织问题常用动词
识记	学生能够回忆信息，识别事实、定义和规则	定义　列举 描述　命名 识别　背诵
理解	学生能够改变交流的形式，能够转述或重新组织读过或讲过的知识	转换　重述 解释　改述 扩展　概括
应用	学生能够将所学知识运用于新的环境之中	应用　操作 展示　解决 使用　运用
分析	学生能够将一个问题分成几部分，病能建立各个部分之间的联系	分解　指出 区分　关联 分辨　支持
综合	学生能够将各个部分的知识加以整合，构建出独特新颖的回答	比较　组织 创造　预测 设计　提出
评价	学生能够按照一定标准对不同方法、思想、人物或产品的价值做出判断	评估　辨别 评价　判断 决定　证明

识记型课堂提问要求学生回忆、描述、界定或识别记忆中的已有知识。这一层次的典型课堂提问如下：

这里的"得"是什么意思啊？

你对词有多少了解呢？

"旧曾谙"是什么意思？

理解型课堂提问需要学生理解所记忆的知识，要求学生表现出解释、概括说明所学知识的能力。学生要回答这类问题，必须变化掌握的知识形式再加以使用。教师常用的理解型课堂提问如：

你是通过什么方法使它们相等的？

请同学们回顾并讨论一下，刚才我们列方程解应用题经过了哪些步骤？

在刚才的学习中你领略到了什么样的意境，能描述一下吗？

应用型课堂提问超越了记忆和转述知识的阶段，要求学生把知识应用于与初学时不同的问题、语境及环境中。常见的应用型课堂提问有：

请你看一看周围，还有哪样东西比哪样东西重，哪样东西比哪样东西轻？

你们能用今天所学的知识来解决吗？

能借助注释读懂这是一个什么样的春天吗？

分析型课堂提问是探究或解决问题的开始。分析型课堂提问要求学生把一个问题分成几个部分，并在各部分之间建立联系。分析型课堂提问的目的包含识别逻辑错误，区分事实、观点和假设，细化推论过程，得出结论。常见分析型课堂提问有：

那你有什么办法能够知道这两个球究竟哪个重，哪个轻呢？

在这个移多补少的过程中，有一个什么数量没变？

（这道题）能用不同的方法解答吗？

综合型课堂提问要求学生得出一些独特、新颖的思考结果——设计一个解决方案，组织一个回答，预测一个问题结论等。综合型课堂提问的实例有：

如果老师将这按住管口的食指放掉，你们猜水会发生怎样的变化？

如果你是那个拔苗人，你会怎么做呢？

评价型课堂提问要求学生根据一定的标准，对某些内容进行判断或做出决定。这里的标准可能是主观的个人所持有的价值标准；也可能是客观的科学证据或程序。课堂教学中常见以下几种评价型课堂提问：

这说明"掂一掂"这种方法怎么样？

你们认为他读得怎样？

二、开放度

开放度指课堂提问引起学生正确回答数目的多少。根据正确回答的数目，课堂提问分为封闭性问题与开放性问题。封闭性问题将回答限定在一个或少数几个答案之内。回答这种问题，学生已经读到过或听到过它的答案，只需要回忆某些知识点。一堂课中，可以经常看到以下几种封闭性课堂提问：

（"能不忆江南？"）这是个什么句式？

诗人在哪里忆江南？

你能说说江南的风景美体现在哪些方面吗？

与封闭性问题相比，开放性问题没有唯一正确答案，能够激发各种不同回答。为了回答开放性问题，学生必须注意更多细节和信息。对于教师而言，开放性问题是一种丰富的资源，能使教学更加新鲜、有趣。以下几例课堂提问是实际课堂中教师们经常使用的开放性问题：

请大家反复读读，一边读一边想……你读懂了什么？你会告诫自己和他人怎样接受拔苗人和以上一些人的教训呢？

你能用一句话或一句诗来说说你心中最美的江南吗？

三、序列

课堂提问的序列体现的是课堂提问间的先后关系。哈金斯、布朗和爱德门德松江归纳出了七种课堂提问的顺序类型，分别为扩展型、"漏斗"型、"播种收获"型、扩展提高型、逐步提高型、逐步下降型与"空降"型。

表 1.5 课堂提问序列说明表

类型	描述
扩展性	同一主题的以系列同一类型的问题
"漏斗"型	先是一个开放性的问题,然后将其范围缩小,要求进行简单的推理或会议,或是得出推论和解决问题
"播种收获"型	提出主题,在提出开放性问题,然后是具体问题,对最初的问题重新界定
扩展提高型	先是要求举出同一类型例子的问题,然后再跳跃到不同类型的问题,常见的顺序往往是:回忆,简单推理和描述,推论和假说
逐步提高型	一系列的问题,有系统的从回忆进行到解决问题、评价及得出结论
逐步下降型	开始是评论性的问题,然后有系统的从解决问题进行到简单的回忆
"空降"型	开始是评价和解决问题,然后直接进行到简单的回忆

"漏斗"型与"播种收获"型针对的是开放性问题与封闭性问题的使用。扩展提高型、逐步提高型、逐步下降型与"空降"型针对的是各种思维水平课堂提问的使用。扩展型二者兼涉及。不同课堂提问顺序在课堂教学中将产生不同教学效果。具体的提问顺序以具体的行为目标、教学内容和学生水平为依据决定。

第三节 有效的课堂提问

一般而言,课堂提问主要指教师的提问。国外对于教师有效课堂提问的概念界定,从关注的角度大致可以分为三类。一是关注学生,认为"有效提问"应能够使学生做出相关的、完整的答复,同时激发学生的参与意识;如果提问造成学生长时间的沉默,或者学生只能做出十分简短的或不当的回答,那么,提问就一定不是有效的问题。二是关注问题,认为有效的问题是那些学生能够积极组织回答并因此积极参与学习过程的问题,问题的有效性不仅仅在于词句,还在于音调的变化、重读、词的选择及问题的语境。只要引起了学生的回应或回答,就被看作是问题;如果这种回应或回答能让学生更积极地参与学习过程,那么,这种问题就是有效的问题。三是关注思维,认为有效提问是通过指向开放性思维,而不是希望特定的回答或反应的提问,通常以"什么""怎么""为什么"等开始。

有效性的课堂提问应该是指教师根据课堂教学的目标要求和具体内容,在尊重教学规律和学生身心具体特点的基础上,采取多种手段和方法在课堂教学过程中创设良好的课堂教学环境和氛围,根据课堂生成的实际情境,设置适时适度的问题情景,使提问具有启发性、科学性、针对性、发展性等特点,使提问真正为课堂教学服务,发挥其激发学生兴趣和求知欲,培养学生创造性思维,升华学生认知情感的教育功效,最终实现有效性教学的教育愿景。

有效课堂提问不仅是一个概念,是一种教师必备的教学技能,更重要的它是一种教学理念,一种对课堂提问走向有效和高效的价值追求。

第四节　衡量课堂提问有效性的标准

课堂提问是否有效不取决于每节课教师提问的数量，关键在于提问的质量。有效的课堂提问有着十分重要的教育实践意义。有效的课堂提问具有以下特点：

一、有效的课堂提问要有利于学生知识的掌握

教师的课堂提问不能单纯的为了提问而提问，更不能随意质疑发问，要有一定的目的性，在该问之时提问。提问不能过于简单，应与所讲授的内容密切相关。课堂教学行为的主要目的就是帮助学生掌握教学目标所要求的知识。所有的教学策略都是围绕教学目标而组织实施的，对教学内容是有所取舍的，有一定的侧重点。因此，有效的课堂提问应根据教学目标来具体设计，是围绕着教学的重点、难点和关键之处而设定的，这样才能真正的提高教学效率，才切实的有利于学生知识的理解和掌握。

二、有效的课堂提问要有利于学生综合技能的提高

教学的目标不应仅仅停留在学生掌握基础知识的表面，更重要的要帮助学生提高综合技能。传统、无效的课堂提问过多的关注于学生基础知识的掌握，只能使学生亦步亦趋的机械回答问题，不利于学生思维能力的训练和独立思考能力、创新能力的培养。有效的课堂提问是具有启发性的，引导学生独立思考、分析问题，最终形成独自解决问题的实践能力，达到自动化。有效的课堂提问是以提问为方式来促进学生综合技能的形成和提高。

三、有效的课堂提问要有利于学生情感的升华

课堂教学的最高目标关注的是学生的情感、态度和价值观。有效的课堂提问能让学生在具体的教学情境中得到情感的体验，情感的升华以及正确价值观的树立。现代教育理念追求的是对学生终极的人文关怀，在课堂教学提问中提高学生的认知水平，磨砺解决问题的意志，达到升华情感，指导行为的目的，新课程改革形式下的课堂提问更应如此。

第五节　有效课堂提问的特征

"学起于思，思源于疑"。新的课程标准要求，教学应该坚持以学生为中心，帮助学生学会学习，掌握学习技能，变学生被动接受的学习过程为在教师引导下的主动构建知识，独立思考，分析问题，解决问题的过程。讲究科学性的课堂提问能够把学生带入教师预设的"问题情境"，把学生的注意力集中到特定的问题指向上，引导学生展开联想，发散思维，进行创造性思维；能够帮助教师通过课堂提问及时得到有效的反馈信息，不断调控教学方法和策略，实现教学目标。有效的课堂提问有其具体的的特征：

一、目的明确，表述清楚

有效的课堂提问首先是有明确的目的的。具体来讲，也就是教师为什么要提问，提问的意图是什么，提问最终要达到怎么样的实际效果。基于此，在课堂提问时，教师应始终紧扣教材，围绕教学目标来设计提问。在要求学生回答时也要有明确的目的性，不同难度的问题应由不同学习程度的学生来完成。这样，学生在经过认真思考，回答问题后，教师也就能准确地判断出学生理解、掌握某个知识要点和教学方法的程度，对课堂的调控提供了一定的参考性信息。

对问题的表述一定要简洁，语义一定要清楚，切忌含糊不清，模棱两可，语言内涵不应过于丰富和深奥；否则，在实践教学中会造成学在理解提问方面的障碍和困惑，克服解决问题的障碍，教师就不得不在提问的过程中给予学生必要的机械重复或暗示，既浪费课堂教学时间，增加学生学习负担，又影响有效课堂教学的效果。一旦出现学生的回答出乎意料的教学情况，就有可能导致出现教师束手无策，中断提问的教学尴尬局面。所以对问题的表述必须是清楚明了，易于学生理解接受的。

二、时机恰当，启发思维

课堂教学中提问要把握恰当的时机，抓住提问的关键火候，而并非"满堂问"。在提问时，尊重中学生的思维特点和心理特点，问题由简入难、从具体表象向抽象本质逐渐过度。把握课堂教学的重点、难点，有侧重、有选择地提问，做到当问则问，一般在引入课题、导入新知时，课堂小结时，讲授教学重点难点时，学生疑惑时，往往是提问的最佳时机。把握住了课堂提问的时机，也就把握住了教学的实际效果。

在把握恰当时机的基础上，才能保证启发学生的思维。教师就应该对学生有充足的了解，清楚把握和正确估计学生现有的学习水平，保证提出的问题与学生思维发展水平是相符合、相适应的。问题的难易也应适度，利用好学生的最近发展区施教，使得每一个学生"跳一跳"都能"够得着"，才能调动起每个学生积极思考，创设活跃的课堂气氛。

三、讲究艺术，发展评价

提问不仅仅是课堂组织的一种重要方式，更是一门充满艺术的科学学问。中学课堂提问的有效性还体现在它的艺术性上。提问的艺术性主要体现在提问的角度、提问的呈现方式和提问的引入方式这三个方面。提问采取的是开门见山、直截了当的方式还是变换角度、迂回渐进的策略？不同的提问方式会带来不同的课堂效果。通常情况下，教师习惯于使用直截了当的提问方式。这种提问方式设计简单，意图明确，容易操控。但是却显得单薄呆板，不能很好的活跃课堂气氛。为了追求课堂提问的艺术性，使提问富于变化，增加趣味性，以此来吸引学生的注意力，不妨变换多种问题的呈现方式，可以将开门见山、直截了当的方式与迂回渐进的策略结合起来，穿插配合使用。比如，在直问和正问中辅助以旁敲侧击式的问和倒问方式，避免课堂提问落入单调乏味的窠臼。

课堂提问中教师的评价也是至关重要的，教师适时对学生的回答作出评价是课堂提问中不可缺少的一个环节。及时正确的反馈对学生的学习可以起到良好的催化作用，既可以纠正错误，强化学习动机，又可以激发更进一步的深入思考。课堂提问评价要坚持发展性评价的原则，多以肯定和赞扬的积极反馈方式让学生保持学习的积极性，增强学生参与课堂交流的愿望。评价关注于学生的长远全面发展，体现个性化和多元化。既关注学生知识技能的理解和掌握，更关注情感、态度与价值观的发展，既关注学生学习的结果，更关注他们在学习过程中的变化与发展，帮助学生建立自信，提升自我。

总的说来，有效的课堂提问要目的明确，表述清楚；要把握恰当的时机，具有启发性；要发展评价，体现艺术性。精心设计，科学组织，有效反馈，及时调控，让有效课堂提问成为有效教学的有力支点。

第六节 课堂有效性提问的原则

有效性课堂提问的原则是进行有效教学必须遵循的基本原则,贯穿于课堂教学的始终。具体来讲,就是教师在课堂教学的实际情境中,在问题的生成过程中所遵循的规律、规则,所坚持的立场和观点。进行有效性提问要把学生的个体特点、实际水平以及具体的教学任务作为最基本的科学依据。中学课堂有效性提问所应坚持的重要原则有:

一、科学性与思想性相统一的原则

科学性与思想性相统一的原则,是培养德智体全面发展的人才的要求,是建设社会主义物质文明和精神文明的需要,是我国教学根本方向和质量标准的体现。科学性与思想性相统一的原则具体到中学课堂提问的实际中,是对提问知识的思想性与教学的教育性规律的反映。

我国自古以来就有文以载道,教书育人的好传统。在新时期、新课程改革的背景下,学校的教学活动更应坚持科学性与思想性相统一的原则。科学性是思想性的根本基础,在提问中不讲科学性,出现低级的知识性错误,给学生以错误的引导,就是误人子弟,没有了科学性,教学活动的思想性就如无本之末、无源之水。思想性是科学性的核心灵魂,只有科学正确的知识才能揭示事物之间的本质和规律。

中学课堂有效提问中,要做到科学性与思想性相统一的原则,首先,必须保证提问知识的科学性和正确性,对问题的表述务必使准确、正确的,不能把错误的、有争议的知识传授给学生,这就要求教师要有扎实的专业基本知识和专业素养,认真钻研教材,精心设计提问,才能保证整个课堂提问的科学性。其次,要深入挖掘教材的思想性,结合具体的教学实际在提问过程中对学生进行思想教育、态度的体验、情感的升华和和价值观的树立。将思想性渗透到课堂提问的每一个环节中,达到潜移默化的教育实效。再次,要讲究课堂提问的变通性。有些问题提出后,学生难以下手,难免会出现"冷场"局面时,此时就需要教师及时、灵活地变通一下提问的角度,就会收到异曲同工的教学效果。如在讲《小桔灯》一课时,在最后总结时可以向学生提问:"小姑娘的镇定、勇敢、乐观"的精神体现在她的哪些方面?这个问题表面上显得宽了些、太笼统,学生无所适从,出现了一时的冷场。此时可以从另一个角度再次对学生进行暗示性的提问:"同学们可以在小姑娘的语言、动作、行为中找出她的镇定、勇敢、乐观的精神。"通过类似于这种的提问,课堂气氛会顿时出现大的转机,顿时活跃了起来。可见教师在课堂提问中的灵活变通也是极其重要的。最后,教师必须与时俱进,不断更新自己的知识结构,不断提高自己的专业素养。归根结底,提问是由教师实际操作来完成的。如此,才能在不确定的教学实际中更好的驾驭教材,把控课堂提问的发展方向,保证课堂提问的有效性。

二、启发性原则

启发性原则是指教师在提问过程中要尊重学生的主体地位,把学习的主动性还给学生,让学生真正成为学习的主人,采取各种提问方式调动学生学习的主动性和积极性,启发引导学生独立思考,积极探究新知,提升发现问题、分析问题和解决问题的能力。

《学记》有关于"启发原则"的表述:"道而弗牵,强而弗抑,开而弗达"。在西方,苏格拉底用"产婆术"来引导学生探究新知;第斯多惠也曾说过:"一个坏的教师奉送真理,一个好的教师则教人发现真理。"

启发性的课堂提问能使学生产生浓厚的学习兴趣,激起学生探求知识的欲望,促使学生积极思维;具有启发性的问题能打开学生的思路,发展学生的创造性思维。因此,教师在提问时要尽量避免简单的,封闭式的提问,如"是不是""对不对""理解了没有"等等。这些提问带有很大的猜测成分,不具有启发意义的。什么样的提问是有效的启发性提问?

首先,启发性提问能激起学生的学习兴趣。南斯拉夫教学论专家弗•鲍良克说:"情绪调节着学生对教学的态度和积极性。"在课堂教学中,教师的提问如果能引起学生的学习兴趣,必然会调动起学生的学习情绪,激发起学生回答问题的积极性。布鲁姆把课堂教学提问归纳为知识水平的提问、理解水平的提问、应用水平的提问、分析水平的提问、综合水平的提问、评价水平的提问等六种模式。因此,教师在提问时要注意理论联系实际,根据具体的教学情境采取适宜的提问模式,使其形式富有变化性,而非单一乏味。其次,启发性提问能引起学生的认知冲突,启迪思维。有效的启发性问题一般应在新旧知识的结合点、低级知识和高级知识的转化处设置,这样能引起学生认知中已有知识和新知识以及低级知识和高级知识只之间的冲突,激发学生探究新知的求知欲,教师要是如能在这些关键之处恰当地设置符合教学实际情境的课堂提问,肯定能在促使学生形成新旧知识、理论与实践,低级知识与高级知识之间的认知矛盾,激发学生去主动积极地思考,在教师的引导下,共同完成既定的教学目标。再次,启发性课堂提问能培养学生的创造性思维。评价一堂好课的标准不仅仅是学生掌握了哪些知识,更重要的是帮助学生学会哪些技能,掌握了哪些思维方法和是否教会学生学会主动学习。因此,在课堂教学中就要注意对学生创造性思维的培养。江泽民同志曾说过:"创新是一个民族的灵魂。"有助于培养学生创造性思维的启发性课堂提问主要有两大类。一类是问题的正确答案不是唯一固定的,而是多元开放的。如中学数学课堂中的一题多解、多向求解等类型题,它要求学生从不同角度、不同侧面用不同方法的方法解决问题,从而有利于发展学生的创造性思维。另一类是基于综合理论基础之上的提问,这类问题对学生基础知识的掌握和熟悉度要求较高,它要求学生把学过的知识纵向、横向或纵横交错地联系起来,进行一番加工创造、灵活地运用。这也会促进学生创造性思维的发展。

三、量力性原则

量力性原则又叫可接受性原则。具体到课堂提问中而言就是课堂提问的问题要适合学生的身心发展，要能为学生所接受，提问要从学生的实际水平和教学的实际内容出发，但是也不能为了一味追求提问的可接受性而使问题过于简单，那样是达不到任何实际的效果。

因此，课堂提问在坚持量力性的原则上要使问题有一定的难度，使学生经过一定的思考之后方能解决。针对不同学习水平的学生提出具体的不同难度的问题，真正做到从实际出发，实事求是地提问。比如，针对于差等生或后进生，提问的内容适宜粗浅一点，一般以识记性的陈述性知识为主，帮助后进生树立起上进心和进取心；针对于中等生，提问的范围要广一点，帮助学生及时的进行复习和知识的系统化；针对于尖子生，可以适量提问有一定难度的问题，所提的问题一般宜深一点，思维跨度稍微大一点，帮助其发散思维，树立不断挑战更大进步的勇气。

需要注意的是，教师要在提问时准确地把握住量力性这一原则，不仅仅要吃透教材，掌握熟练的教学技巧；更重要的是要吃透学生，了解学生的实际知识水平，做到胸中有数，有的放矢。只有做到这一点，提问才真正做到了坚持量力性这一重要原则。

教师提出的问难易适度，是激发学生积极思维的一个关键因素。问题过难和过易都不能有效地促进学生智力的发展和能力的提高。提问过于简单，不能激发起学生探究的兴趣，不能调动学生积极的进行思维。提问过难，超出了学生的接受水平，就会经常出现启而不发的教学尴尬，也达不到有效的目的。前苏联著名心理学家维果茨基把儿童的发展水平分为"现有发展区"即儿童业已达到的发展水平和"最近发展区"即儿童正在形成而尚未形成的发展水平两种类型。正是"现有发展区"和"最近发展区"这两种水平之间的矛盾推动着儿童身心的发展。因此，教师在课堂提问时，要遵循"最近发展区"这一理论，问题的难易程度要控制在"最近发展区"之内。有些教师在提问时，往往轻易的满足于学生能轻松地回答出提问的问题，而对于回答有困难的学生不加任何启发引导就命令他们坐下。这种做法是不符合教育规律的，也是很不利于学生的智力发展和能力提高的。

因此，教师在课堂提问时，必须根学生的实际水平和教材的实际内容设疑发问，针对不同的具体对象选择难易程度不同的问题。这样不仅仅是真正坚持了量力性这一提问原则，同时也使不同发展水平的学生都在符合自身"最近发展区"提问中得到了身心的发展。

四、针对性原则

所谓的针对性原则，是指教师在提问中要有明确的教学目的和具体的指向性，并非是为了追求形式，纯粹地为提问而提问；而是从学生的实际情况、个别差异出发，有的放矢地进行差异化提问，使每个学生在提问乃至每个教学环节中都能得到最佳发展。这就要求每个提问都要明确的教学目的，而非漫无目的地提问。

为了贯彻好针对性这一课堂提问原则，教师首先应精心设计问题，围绕教材的重点、难点、关键点、易混淆和易错点，针对教材的中心、重心以及教学的目的和要求提出问题，引导学生不断地揭示矛盾、分析矛盾和解决矛盾。例如，在讲授契诃夫的《变色龙》这一课时，教师紧紧围绕着奥楚蔑洛夫基本性格"善变"这个中心，目标明确地向学生提问：1.主人公奥楚蔑洛夫的基本性格是什么？（善变）2.变的特点是什么？（变得很快）3.善变中不变的、最本质的是什么？（媚上压下、奴才本色）4.造成奥楚蔑洛夫性格的根源是什么？（反动阶级的精神统治）如此这样的提问，目的明确，环环相扣，层层深入。

五、准确性原则

准确性原则是指在提问时要具体，做到适时适度。

所谓适时，就是要把握和选择合适的提问时机。在整个教学过程中，并不是任何教学时机都需要提问，只是在当问之时要恰到好处的发问，这样的提问才是有效的提问。把握时机，当问则问，有效的课堂提问要善于捕捉良机。从教学过程来看，上课开始时，为了引起学生的注意，宜于设问；上课过程中，为了梳理学生思路，引导学生深入思考，开阔学生视野，活跃课堂气氛，调整课堂节奏等，宜于设问；课堂接近尾声时，为了引导学生复习巩固所学，宜于设问。从教学内容来看，教材的关键处是学习、理解、掌握知识的最重要之处，教学进行到此处应该提问，引起学生注意，使学生弄清关键问题，学会新知识。

从学生的心理来看，及时发现学生的存疑状态，据以设问。当学生的思维囿于一个小天地而无法突围时，教师要精心设问，引导学生冲出困境，从新的角度思考问题，找到答案；当学生受到旧知影响，无法顺利实现知识迁移时，要精心设问，帮助学生实现知识迁移；当学生疑惑不解时，要恰当设问，帮助学生解惑，弄清问题，理解新知；当学生有所领悟，心情振奋，跃跃欲试时，要通过设问，给学生表现的机会，使他们品尝成功的喜悦，激发他们的学习热情；当学生胡思乱想搞小动作、精力分散时，要通过设问，引起学生注意，把他们的精力引导到学习上来。

所谓适度性原则是指在设计课堂提问时应把握分寸，注意难易适当。如果问题设计的过难，超出了绝大多数学生的知识水平，只有学习成绩较好的优等生才能回答上来的话，这样的提问就是不合理的，就是无效的。长久下去，就会影响到中等生和差等生的学习兴趣和积极性。与此相反，如果问题的设计过于简单，甚至连较低学习水平的学生不假思索就能脱口而出的话，那么较高学习水平的学生来说，肯定是毫无意义的，也是徒劳无益的。因此课堂提问，要面向全体，照顾大多数。让大部分学生想一想都能回答出来。同时应注意在不同的知识环节上设置问题的难度要有差别，有些问题是给差生答的，还有些问题是给优等生答的，尽量使每个层次的学生都有机会回答问题。而对同一个知识点的提问应注意设置问题的梯度，由易到难。

六、全面性原则

全面性原则就是提问要面向全体学生，每个学生都不能被边缘化，要充分体现"学生为主体"的教学思想，调动每个学生思考问题的积极性，让全体学生参与教学过程，让每一位学生都有回答问题的机会，体验参与和成功带来的愉悦。

  在课堂教学时，一些简单的问题分配给比较内向、学习程度不太好的学生，由他们来完成，以此激发他们的参与热情，增长自信心；有一定难度的问题则交给平时表现积极，思维活跃、学习程度较好的学生来完成；对于一些开放性、发散思维的问题，可以采取小组讨论合作的方式，不但能调动学生的积极性，还能增加学生的合作探究意识。只有在选择提问对象时，具体照顾到学生的个体差异，照顾到优、中、差不同层次的学生，有针对性的提出不同难度的问题，才能调动全体学生学习的积极性和主动性，使各层次学生的能力都能得到一定的提高。

第七节　课堂有效性提问的策略

有效教学的关键在于有效的课堂提问，有效的课堂提问的生成就要依赖于科学的提问策略。提问的策略可以理解为在课堂教学中，提问时所采取的技巧和方法，是教师教学理念和思路的体现，是教师教学经验的积累，更是教师教学艺术的写照。

一、发挥教师的主导性，精心设计问题

教师是课堂的组织者和管理者，是课堂教学的直接实施者和完成者。新课程理念认为，在教学过程中应该坚持以教师为主导，充分发挥学生的主体性，在教师的引导下，帮助学生积极地建构知识，掌握各种学习技能，进行有意义的态度和情感体验。在课堂教学提问中，为了保证提问的有意义和有效性，同样，必须发挥教师的主导作用。在课堂教学进行之前，教师要根据课程标准和教学大纲认真备课，了解教材和学生，确定科学的教学方法，这样在提问中才能胸中有数，有效地掌控整个教学环节，保证教学目标的实现。在具体的操作中，应围绕教学目标进行提问，按照预设的思路设置问题，有目的、有计划地启发引导学生的思维，根据学生回答的反馈信息，适当地变通。对难以回答的问题要及时暗示或补问、追问，引导学生按照正确的思路去思考问题，分析问题，解决问题。

要提高课堂提问的有效性首先就要精心设计问题，没有精心的设计而去大谈提问的有效性就都是无源之水、无本之木。精心设计问题应从以下几个方面改进：

第一，精心锤炼提问语言。课堂教学语言是教师的一项基本技能，更是一门教学艺术，课堂提问更是如此。首先，课堂提问的语言应该是优美的，是富有节奏感的。提问的语言必须抑扬顿挫，能引起学生的注意，能

激发学生的兴趣的。其次，提问的语言应注重精确性。语言要言简意赅，表述要准确到位，让学生听清楚提问的内容和要求，切忌含糊其辞，给学生颠三倒四、重复累赘的感觉。再次，提问的语言要带有激励性，这样才能引起学生心灵的共鸣，唤起学生的求知欲，引发学生积极思考。

第二，精心选择提问内容。在课堂教学中必须从教材的系统性、知识的连贯性和学生的实际水平等方面考虑提问的内容。首先，要善于对教材的内容进行归纳、筛选，抓住教材的重点和难点，尤其是在讲新课时，要对各个知识点逐个梳理，步步为营，这样学生才能理解透彻，学得扎实。其次，要善于利用学生易混、易错的问题进行提问，例如：漫反射遵守光的反射定律吗？通过对概念、规律和例题的剖析，达到解惑的目的，让学生有一种思路清晰、解题驾轻就熟的感觉。

第三，精心设计提问的方式。课堂提问的方式多种多样，在实际教学中，采取什么方式进行提问应根据授课内容、学生的反应来灵活掌握。所谓的教无定法，贵在得法就是这个道理。采取正确、得当的提问方法，不仅能使学生正确理解教师的意图、达到预期目的，而且能培养学生的逻辑思维能力，提高学生的智力，使教与学在良好的气氛中得以顺利完成。

二、注重问题的情景性

俗话说，景由心造，情由景出，问由景生。在课堂教学中，问题总是伴随特定的情景而产生，而知识的获取也需要情景之中得以完成的，这样建构的知识与技能才是生动形象、充满活力的。在教学中，教师要善于引导学生从真实的情景中主动发现和提出问题，有针对性地展开讨论，提出解决问题的思路，通过积极的探究最终解决问题，使学生的认识逐步得到发展。教师在课堂教学中如果能创设有一定难度、目标明确、需要学生做出一定努力才能完成学习任务的情景，激活学生的思维，激发学生的求知欲，引发学生的认知冲突，使其产生强烈的探究愿望，主动积极地思考，从而创造性地解决问题。有效的问题情景的创设，能有效地讲学生的思维聚焦到教学的重点上来，实现学生思维的"聚变"，学生后续学习的兴趣和动力激发与保持至关重要。

具体说来，在课堂设计问题时，教师应根据教学内容作合适的设计，并依据教学目标和学生实际选择最佳的问题情境。如果教师选择合适的角度，往往很容易引导学生自然地进入到问题情景，结合现实构建合适的问题情境，从而激发学生研究问题的积极性，学生会很容易理解整个知识的前因后果和内在联系，从而达到预期的教学效果。反之只会让学生一头雾水。如在数学课堂讲到立体几何时，创设一个简单的问题情境，让学生身临其中，让同学们观察教室内的几个立体面的位置与关系。因为学生都身在其中，所以他们每个人都会去看、去想，每个人都有自己的答案。到底谁的答案正确，这时再进入新课，学生的注意力提高了，兴趣增强了，那么这堂课的教学效率也就提高了，假如直接让学生凭空想象，学生就会感觉很困难。再比如在讲解集合的概念这一节的时候，在给出集合的性质之前，给出问题"请大家挑选出班上个子高的人"，这时肯定学生不知所措，那再问"请班上身高在170cm以上的站起来"，这时学生肯定会在老师的两次提问中找出答案。在这样合适的问题情境中学生会很快进入到自己的角色中去很顺利地完成了教学目的，最终真正提高课堂效率。

三、留足思考时间，注重思维的过程性

在课堂教学中，提出问题之后要给学生留有足够的思考时间，切忌没有留足思考时间就指明提问或先指定对象再提出问题。这是因为学生的认识发展能力、已有的知识经验和个性特点是不一样的，学生理解问题、回忆相关信息、组织答案所需时间是不一样的。时间过短学生就会放弃思考，不利于学生思维的形成，也与实施素质教育和探究性教学，培养创新型人才的目标相悖。给予学生思考的时间，能够提高其正确回答问题的概率，提高学生的自信。思考时间的长短应以中等偏上知识水平的学生为参考标准，照顾考虑到全体学生。一般来说，随着学生掌握知识的不断丰富，认知水平会不断地

提高，在回答问题时，由于答案的涉及面变广，信息变得复杂，需要的思考时间也就越长。心理实验表明，教师提问后，学生的思维活动常常会出现两个高潮。第一个高潮出现在教师提出问题以后不久。在一般的设想、答案讲完以后，学生的思维活动便进入低潮，但这时仍有不少学生在积极进行思维。当某一个学生首先取得突破以后，又开始形成第二个高潮。创造性思维的成果大多是在这第二个高潮阶段涌现的。因此，适当延长学生回答问题的思考时间对训练学生的思维，培养和发展学生的创造力意义重大。

此外，在提问中要重视学生思维的过程性，加强对学生思维的训练，有意识地训练学生的探究思维。前苏联著名教育家苏霍姆林斯基曾说："在人的心灵深处，都有一种根深蒂固的需要，就是希望感到自己是一个发现者、研究者、探索者，而在青少年的精神世界中，这种需要特别强烈。"培养学生科学的思维方法是提高学生科学素质的主要内容。教会学生思考的方法和思路往往远比直接告诉答案和结论更为重要。学生只有学会了思考，掌握了具体的方法和技能，才能举一反三，触类旁通，独立掌握获取更多的知识和技能。不妨在提问中多问几个"为什么"，全面了解学生的思维方式和过程，这不仅仅使教师了解到学生看待问题、思考问题的方法，而且在学生之间可以达到相互交流思路的目的，相互启发，取长补短，提高分析问题的能力，同时，在师生问答的对话探究中相互学习，真正达到教学相长。

四、培养问题意识，注重问题的生成性

学贵有思，思贵有疑。提出一个问题远比解决一个问题更重要，提出一个有价值的问题反映了学生对事物思考的深度和广度，是衡量学生思维能力的重要标准，反映了学生在思维活跃性、深刻性、独立性和创造性方面的差异。科学发明创造往往始于问题，有了问题才能进行探究，有探究往往就会有发明创造。

我国古代的大教育家孔子说："疑是思之始、学之端"，宋代学者陆九渊也说："为学患无疑，疑则有进，小疑则小进，大疑则大进。"都阐明了

发现和提出问题的重要性。问题的生成有赖于课前精心的预设，在课堂教学中，有价值、有效的问题的生成是对学生思维的广度、深度和发散度的集中反映，也是衡量课堂教学效率的重要标志之一。教师在课堂上要想千方设百计地激发学生的思维，引导学生积极思考并提出问题，进而找到解决的方法。在探究性学习中，问题的形成是科学探究的"起点"，问题的生成更是有效探究的"拐点"，"起点"决定了学习的内容，而"拐点"决定了深入探究的方向，二者同时决定了科学探究的出发点和最终归宿。由此，可见问题生成的重要性。亚里士多德有句名言："思维是从疑问和惊奇开始的"。在课堂教学中，教师就要注意有意识、有目的地培养学生的问题意识，让学生养成思考问题的良好习惯，注重问题的生成性。问题意识不仅会激发学生强烈的学习欲望，集中注意力积极主动地投入学习，而且问题意识还可以激发学生勇于探索、创造和追求真理的科学精神。没有强烈的问题意识，就不可能激发学生认识的冲动性和思维的活跃性，更不可能激发学生的求异思维和创新思维。

五、提问及时反馈，注重评价的发展性

课堂教学中，教师提问后要及时对学生的回答应当作出适当的、有效的评价。一般而言，有效评价主要有激励性评价和否定式评价。过多的激励性评价会是学生产生骄傲自大的心理，容易夜郎自大，久之成绩有可能下滑，也不利于学生身心的健康发展。过多的使用否定式评价会严重伤害学生自尊心，不利于学生树立起主动思考、回答问题的积极性，对于学生的全面发展也是没有益处的。以此，在课堂提问中，教师应将激励性评价和否定式评价有机地结合起来，并注意方法和方式，以关心、爱护和理解学生为出发点，对学生进行发展性的评价，帮助学生树立健全的人格。另外，在课堂上还应鼓励学生提问。学生成为提问者，教师成为提问对象，这对于学生提出问题能力与探究学习能力的培养大有裨益，更能突出学生的主体地位。

评价是对学生回答问题正确与否的信息反馈，具有重要的导向作用。其

是促进学生全面发展，激发学生学习积极性，使课堂充满生机与活力的有效手段。评价也反映了教师的教学观念、能力和教学语言艺术。一般情况下，学生在回答完老师的提问后，都会期待着老师做出反馈，给出一定的评价。作为教师，承担教书育人的使命，不能吝啬赏识性的反馈和评价。对学生回答问题的评价要遵循每个学生的个性，允许其从不同的角度认识问题，运用不同的方法解决问题。学生不必担心因回答错误遭到同学嘲笑和老师批评。评价要针对具体问题而不是针对人，不能因为回答正确与否而给一个人定性。要避免评价的形式化，要对学生的情感和反映具有敏锐性。要讲究语言艺术，对错误回答的同学给予否定的同时，不要挫伤其自尊和自信，使其认识到自己的价值。对课堂提问要多给予宽容、鼓励和表扬，从学生的问答信息反馈中，准确地掌握有价值的信息，给予学生恰当的评价，正确地引导学生，提高学生学习的积极性。积极的反馈和评价是对学生回答问题，完成课堂提问任务的积极肯定，同时通过发展性的评价还能增强他们的学习动机，消除习得性无力感，有助于自我效能感的培养，树立积极进取的信心和勇气。

六、及时总结，进行必要的教学反思

　　课堂提问有效性的构建是一个循序渐进，反复上升的动态过程。因此，要真正做到课堂提问的有效性就要做好及时总结，进行必要的教学反思。

　　教学反思，是指教师对教育教学实践的再认识、再思考，并以此来总结经验教训，进一步提高教育教学水平。教学反思一直以来是教师提高个人业务水平的一种有效手段，教育上有成就的大家一直非常重视之。现在很多教师会从自己的教育实践中来反观自己的得失，通过教育案例、教育故事、或教育心得等来提高教学反思的质量。一般而言，教学反思有以下四种方法：1.反思日记，在一天的教学工作结束后，要求教师写下自己的经验，并与其指导教师共同分析；2.详细描述，教师相互观摩彼此的教学，详细描述他们所看到的情景，对此进行讨论分析；3.实际讨论，来自不同学校的教师聚集在一起，首先提出课堂上发生的问题，然后共同讨论解决的办法,最后得到的方案为所有教师及其他学校所共享;4.行动研究,为弄明白课堂上遇到的问题的实质,探索用以改进教学的行动方案,教师以及研究者合作进行调查和实验研究。它不同于研究者由于外部进行的旨在探索普遍法则的研究,而是直接着眼于教学实践的改进。

因此,教师必须要具有反思意识,要对每次教学过程、教学行为、教学结果进行审视与分析,改进教学实践。课堂提问的反思主要是指对整个提问过程的"课前——课中——课后"的系统思考,对课堂提问的"精彩"和问题进行剖析,总结成功与失败之处,探究课堂提问出现问题的解决办法:如学生情绪低沉、回答问题积极性不高;课前设计与课堂实践差别较大如何应对;再次提问相同的问题,如何修正与完善;提问的方式、时机、语言、手势、体态、眼神、语气等非正规评价等如何改进。教师要写好教学反思日记,积极听取学生的课堂评价,与其他老师加强沟通,吸取其教学实践的精华,加强学习,提高自身综合素质,不断处理好课堂现场提问与课前设计之间的关系,增强提问的有效性,以取得良好的教学效果。

新课程的主战场在课堂,有效的课堂提问能帮助学生走进新课程,使他们成为学习的主人,能开发学生的潜能,培养学生的创新精神,优化教学效果。当提问成为学生积极思考,主动探究的积极力量时,课堂就成为了真正有效的课堂。

总之,有效的课堂提问要从学生的认知水平和教材的具体内容的实际出发,千方百计地创设生动形象的问题情境,在具体的情境中,发挥教师组织和实施者的主导作用,有意义、有目的地培养学生的问题意识,发散思维,启迪智慧,及时反馈,发展评价,在教学相长中完成教学目标,促进每一个学生全面发展,培养合格的社会主义建设者和接班人。

第十四章 课堂提问有效性的案例分析

第一节 相关概念界说

有效教学很大程度靠有效提问来达到,而有效的提问策略关系到课堂提问效率的高低。要解决这个问题,必须弄清楚有关提问的一些基本概念。

一、提问的课程内涵

根据艾伦·C·奥恩斯坦课程论的观点,"促使课程形成的核心因素是教学目标的确立和教学内容的选择和组织,它要解决的是课程'应该教什么'和'为什么教这些'的问题。"因此,"语文课堂提问作为教师在课堂教学中运用最为广泛的教学行为和手段,必然要关注教学中'应该提问什么'以及'为什么提问这些'的问题。这是语文课程在教学内容和教学目标上对它提出的本质要求。'提问什么'是老师在上课前备课时应该重点考虑的问题,老师要考虑本节课的教学会涉及哪些问题,如何根据这些问题来组织教学,完成教学内容。因此,课堂教学'提问什么'的实质是选择和组织什么样的教学内容的问题。课程论告诉我们,选择和组织教学内容是编制课程不可缺少的重要步骤和方法,教学内容的选择和确定是形成课程的重要基础和方面。课程内容的选择简称'课程选择'(curriculum selection),'课程选择问题成为课程论的基义和价值'。由于语文课程教学内容的特殊性(由选文构成、具有明显的丰富性和不确本问题之一。关注教学内容的选择和组织,因而具有课程建构的意定性),在课堂教学前认真考虑和审慎思考'提问什么'的问题，对于语文课程精选教学内容、优化教学过程具有尤为突出的意义和价值。"

二、提问与提问策略

"提问，是教学语言中最重要的组成部分，是启发学生思维的主要形式。语文课堂提问是试图引出言语反映的任何信号。如果从语文课堂语言交际的角度来讲，提问是一种以语言为媒介来传递信息的方式，是师生之间的直接对话，表现为'师生问答'"。

提问策略，包括教师提问和引导学生提问与解疑的方式方法和技巧艺术。教师怎样将教学内容转化成问题？结合对相关文献的学习和本人的教学实践，笔者认为，首先，教师应该通过文本中的隐含意义或者使用间接语言、采用疑问句等方式将文本变成学生易于探讨的问题，以达到教学目标的目的。其次，教师应根据学情选择能激发学生兴趣，引起学生探究欲望的问题，做好预设；再次，教师提问时还要注重提问方法，讲究提问艺术，相准提问时机，把握提问节奏；第三，教师还应根据教学内容适时、适度地使用探询性问题，用于澄清学生的回答，激发新信息，或重新调整回答，使之朝着更有成效的方向扩展，或者创设问题情境，启发学生自主提问；最终通过有效提问来提高课堂教学的有效性，这就是提问的策略。

三、有效提问的内涵

我国著名教育家陶行知说："发明千千万，起点是一问。禽兽不如人，过在不会问。智者问得巧，愚者问得笨。人力胜天工，只在每事问。"《中庸》中有"君子尊德性而道问学"，从其中"问学"来看，古代君子素质"问"为"学"先。同样，有效提问也是当今课堂教学中衡量教学效益高低的一个极为重要的因素。"有效的课堂提问应是从教学目标出发，根据学生已有的知识与能力及心理素质水平，向学生提出有价值的问题，并能引导学生积极思考、分析，寻求最佳答案，进而获得新知、提高能力、开发智力"。"有效的课堂提问是相对于课堂提问的低效、无效和负效而言的。提问的有效性,从教师的角度讲,首先指教师所预设的问题能够紧扣教学目标和学生实际,能够激发学生探究和学习的激情;其次,指教师所提问题必须符合学生的认知发展水平和思维发展规律,提问能够促进学生知识迁移和认知能力的发展。有效提问具备以下一些基本特点:

1.备课时应将设问写入教案;

2.语言阐述要准确、简洁、精当;

3.问题既要能吸引学生,又要符合学生的认知和思维发展规律;

4.问题具有开放性,能满足各个层次学生的需要。

有效提问,从学生的角度讲,指教师创设情景,启发学生提出有意义、能启迪思维的问题。在这里,学生分析问题归纳问题的能力有无提高,学生的思维能力有无发展就成为判断课堂教学有无成效的标准。老师提出问题,不是老师预先设置好标准答案,提示学生按照自己的预设说出标准答案,而是启发学生动脑筋,调动各种能力来积极主动解决问题。提高分析问题和质疑归纳的能力。只有这样的提问才是有效的。

第二节　课堂提问有效性的理论分析框架

一、课堂提问有效性的理论分析框架示意图

课堂提问设计的有效性是保证课堂提问有效性的前提。课堂提问实施的有效性则是将课堂提问设计有效性转化为现实。因此，分析课堂提问有效性可依循下图所示的分析框架，由课堂提问的设计与实施两方面入手：

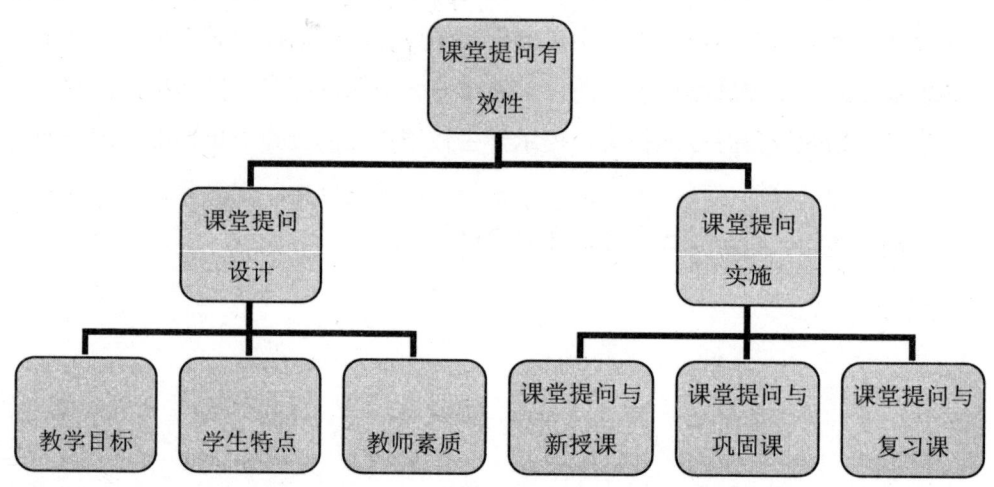

图 1-1　课堂提问有效性的理论分析框架示意图

二、课堂提问设计与课堂提问的有效性

课堂提问设计解决的是"为什么设置课堂提问"这一问题，即课堂提问从何而来——设计课堂提问的依据涵盖是否有必要设置该课堂提问，该课堂提问是否符合学生情况，能否激发学生参与课堂活动的积极性，以执教教师现有教学水平能否调控该课堂提问等。一切教学活动都应为教学目标服务。

课堂提问是否有必要设置首先由教学目标决定。如果课堂提问的难度水平不能与学生能力水平相适应，不但不能起到促进学生学习的作用，还可能打击学生自信心，减弱学习动机。有些课堂提问设计得很巧妙，对促进学生发展帮助较大，但这些课堂提问可能无法被教师自如掌控，如学生讨论偏题，教师凭借现有能力无法及时将讨论引回主题；教师现有知识储备无法做到在讨论过程中，为学生及时补充信息等。教师衡量自身素质客观与否，是衡量课堂提问设计有效性的另一指标。

从理论上讲，识记型课堂提问的有效性在于，回答该类问题所需知识是否代表了与教学任务相关的已学知识，并为下一步学习做好准备。理解型课堂提问的有效性在于能够给予学生必要提示，帮助学生正确、完整地用自己的语言表达认知结果。应用型课堂提问要求学生将知识用于近似真实世界的状况下，这一过程需要两个前提：通过识记型问题和理解型问题回忆所学知识并加以理解，以及将所学知识和规则运用于新环境。应用型问题的质量很大程度上决定于教师多大程度上改变了知识和规则的问题和语境或环境。如果改变太小，向更大环境的转换就不会发生；如果改变太大，新环境要求的回答可能会超出多数学生的能力水平。保证应用型课堂提问有效性的关键是，在所有与问题相关的知识和规则都被教学过后，才要求做出向新问题和新环境的转换。教师应当作到，起初较小地改变问题环境，然后逐渐过渡到陌生环境。综合型课堂提问的目的在于激发创新思维，其有效性的关键在于与创造相关的素材是否已充分提供。在分析这一层次上，课堂提问可引发学生各种范围广泛的回答。教师无法充分预测将会得到的各式回答，但至少在心理上有所准备。

对于评价型课堂提问，教师提供的评价标准越具体，学生对评价标准理解得越清楚，学生回答问题的积极性越高，评价型课堂提问的有效性也越高。

三、课堂提问实施与课堂提问的有效性

课堂提问实施解决的是"怎样进行课堂提问"这一问题。针对同一教学目标，同一教学内容，教师可以提出不同层次，不同开放度的问题，也可以按照不同方式安排课堂提问的顺序。不同层次水平，不同开放程度，不同序列的课堂提问系列在不同前提条件下——学生原有学习能力、教师教学水平等，可以相互转换。相较于课堂提问本身的特征，课堂提问与教学过程不同阶段是否相互适应，对有效课堂教学更有意义。加涅认为，每一个学习行动都可以分解成八个阶段：动机阶段、领会阶段、习得阶段、保持阶段、回忆阶段、概括阶段、作业阶段与反馈阶段。

动机阶段，学生形成动机或期望。这是整个学习过程的预备阶段。有了学习动机，学生必须注意与学习有关的刺激。这就进入到了学习的领会阶段。在这一阶段，学生把需要注意的刺激特征从其他刺激中区分出来，这些刺激特征被知觉编码，存在短时记忆中。接下来，学生进入习得阶段。习得阶段涉及对新获得的刺激进行知觉编码后，存在短时记忆中，然后再把它们进一步编码加工，转入长时记忆。

学习的第四阶段是保持阶段，即信息存于长时记忆的阶段。回忆阶段是学生提取存储在长时记忆中的信息。相对于其他阶段，回忆阶段最容易受到外部刺激影响。概括阶段即学习迁移的阶段，学生在各种类似情境中运用已习得的信息。作业阶段是学习中必不可少的阶段。对有些学生来说，作业的一个重要功能是为了获得反馈；而在另一些学生看来，通过作业，他们可以看到自己的学习结果，获得一种满足。加涅所说的反馈阶段相当于其他心理学家所说的强化。学生在这一阶段能意识到自己是否达到了预期目标。与学习过程相对应，实际教学事件包括：（1）激发动机；（2）把目标告诉学生；（3）指导注意；（4）刺激回忆；（5）提供学习指导；（6）增强保持；（7）促进学习迁移；（8）学生做作业，提供反馈。从教学工作的实际需要出发，上述八个教学事件可以归入三种主要的中小学课型中——新授课、巩固课和复习课。

第十四章 课堂提问有效性的案例分析

表 1.6 教学事件与课型关系

教学事件	课型
（1）激发动机	
（2）把目标告诉学生	新授课
（3）指导注意	
（4）刺激回忆	巩固课
（5）提供学习指导	
（6）增强保持	
（7）促进学习迁移	复习课
（8）让学生做作业，提供反馈	

这里需要说明的是，日常教学中，并不是每一个教学事件都能被观察到。有时，其中一些教学事件是组合在一起的，本研究为了便于揭示课堂教学中课堂提问的有效性，而将不同教学事件明确地归入不同课型中。不同层次、不同开放度、不同序列的课堂提问分别与新授课、巩固课、复习课存在不同适用程度。因此，笔者在研究中将课堂提问与新授课，课堂提问与巩固课，课堂提问与复习课间的相互关系分别讨论。

一些学者认为影响课堂提问有效性的因素还包括：一次课堂提问活动包含的问题数量，课堂提问与学生回答间停顿时间长度，学生回答与教师反馈间停顿时间长度，反馈学生回答的人选，课堂提问回答者的选择等。这些因素，笔者均未予以讨论。这是因为笔者经过研究前期的问卷调查发现，上述因素皆主要受到学生能力水平与心理发展特点的制约。比如，有些学者提出当课堂提问和学生反映之间，学生回答和教师反馈之间停顿 3~5 秒时，课堂提问的有效性最高。但是，许多一线教师在问卷调查中表示：出于各种现实原因，实际教学中做不到将停顿时间控制在 3~5 秒之间。

"教师提问时，才思敏捷的孩子一瞬间就可以（说出答案），而另一些孩子还未来得及反应。所以教师的提问应面向全体。"

"虽然有意识地为学生留出自主思考、提问的时间，但由于课堂时间有限，有时所给时间可能无法使学生的思维进入真正的思考状态。"

"提出问题和学生反应停顿3~5秒过于仓促,应尽可能延长时间。"

再比如,部分研究者提出课堂提问由全体学生一起回答,比指名让学生自愿回答更有效,但有不少一线教师反映:

"学生到高年级后自尊心增强,生怕回答问题时出错,不太积极发言。"

"高年级学生因胆怯或心理特点,存在不愿意表达的问题,因而无法做到全体学生一起回答问题。"

主动举手回答的个别学生越来越少,更不用说要求全班一起回答。这些因素与层次、开放度、序列相比,后三者对课堂提问有效性的影响更直接、更紧密。将这些因素排除在研究视野之外,能够使研究脉络更清晰,研究结论对实际课堂教的学应用更具参考价值。

第三节 语文课堂提问的理论依据

在课堂有效提问理论中，重点探讨了有效教学理论、学习理论、新课程理论、启发式理论作为本论文的理论支撑，下面分别加以阐述：

一、有效教学理论

有效教学理念可以溯源至 20 世纪的上半叶西方开展的教学科学化运动。赫斯特关于有效教学的研究，"教师需要经常考虑的是如何使教学的内容让学生容易接受，以便学生能真正去获得知识。教师需要充分合理的运用不同形式的教学策略，以便能够让学生可以获得更为广泛与更深刻的知识。"，戴安·蒙哥马利在对教师、学生与教学任务这三者之间进行了深入细致的分析之后，提出了解决课堂问题的三个原则，分别是"CBG 原则""PCI 原则"与"3MS 原则"，下面重点来简要介绍一下这三个原则。

（一）CBG 原则

CBG 原则是英文"Catch them Being Good"的首字母的缩写，其意思是保持学生良好状态或者是能捕捉好学生的良好状态。CBG 原则的基本要求是：

1.教师需要对学生所做出的所有的正确反映给予强化，比如说微笑，重复并且阐述学生正确答案，多说肯定与鼓励的话。

2.在上课期间，教师需要和每一位学生展开积极地交流，针对学生作业的内容与完成的方式等，说一些支持的话，教师还要做到倾听与接受学生针对教学的正确的观点。

3.教师应该努力防止师生之间出现隔阂的现象。

（二）PCI 原则

PCI 原则是英文"Positive Cognitive Intervention"的首字母的缩写，其大意是积极的认知干预，这一原则是建立在认知理论基础之上的开展的教学方式。其要求教师可以充分理解与关注学生学习的整个过程与学习的结果。也可以这样认为，理解与关注学生是怎样学习，以及学生真正想学到什么。很多教师对学生提出很多问题，但教师对学生提问，对学生的答问总是不得要领。为了能够创设有意义的学习条件，学生需要充分了解其所学到的内容，并能对其知识加以正确的运用，学生还可以通过积极或者是直接对材料来进行加工学习。从更高的层面上来讲，这一学习是特殊的心理过程。PCI 原则的基本要求是：

1.当学生完成相关任务之时，教师不能只是对任务进行简单的瞧一眼或者是打一个勾就算完事。

2.学生已经完成学习任务之时，教师应该多多鼓励学生提出独到的见解。

3.在对问题进行分析与解决，概念形成的过程中，教师应该积极要求学生使用有意义的思考方式来思考与运用所学的材料，以便强化学生学习动机。

4.除了较为简单的题目之外，教师应该根据实际需要，多提供一些值得辩论的问题。

（三）3MS 原则

3MS 原则是英文"Management、Monitoring、and Maintenance"的首字母的简写，其基本的意思是"管理、监控、维持"。

首先来看管理。管理主要包含了四个方面：

1.声音或者是信号。教师为了能够引起学生的充分注意，可以发出得到学生认可或者是相应的声音或者是信号。

2.简短指令。比如"请坐下！"是为了让混乱的班级出现好的秩序。

3.个别指令。比如教师在发出了"请坐下"的指令之后，需要稍微停顿一下，并环视课堂，假如还有同学没有安静下来，可以继续重复该指令。

4.当课堂已经安静下来之后,教师开始讲课。

其次来看监控。教师在给班级学生布置完作业之后,说明监控已经开始了。监控往往是非常关键的,但是并不是所有的学生都会去做作业,这是教师需要走到学生中间进行提醒,让其做作业。

最后来看维持。教师在布置完作业之后,学生便开始了做作业了,教师需要走到学生中间,关注学生怎样去完成作业,激发学生的学习动机,尤其是学习有困难的学生,需要帮助其克服困难,对于情绪比较低落的学生要及时进行鼓励。

二、学习理论

（一）认知学习论

认知心理学是西方现代心理学的一个重要流派,其核心内容是:"论述我们如何获得世界中的信息,这些信息如何作为知识得以再现和转换,他们如何被储存,以及如何用于指导我们的注意和行为"。加涅的认知学习论的基本观点认为,"语文课堂学习的过程是一个动态的信息加工的过程,强调学习过程是陈述性知识和程序性知识相互作用的过程。"

瑞士著名的心理学家皮亚杰（1896~1980）认为要调动学生学习的主动性,就得引起学生学习的动机,那就要引起学生认知上的冲突;这是激发学生求知欲和好奇心的重要方法之一。

心理学研究表明,学生的思维活动过程是从疑问开始的。教师的设疑和提问的策略,应该符合学生的心理需求和认知规律,能够激发学生的学习兴趣、锻炼思维能力。同时,设问和提问也可以让教师及时了解学生的心理认知水平和思维层次,及时协调教学行为,实现教学过程的优化重组。张志公先生在论及课堂提问时指出,"提问这种教法,可以使课堂教法生动活泼,可以提高学生的学习能力,使他学会怎样发现问题,使他具有勤于思考的习惯,使他增长解决问题的本领"。

根据认知学习论的基本观点,课堂有效性提问的要点就在于能够促进学生发展。文本往往比学生认知水平和思维层次要高难得多，因此，教师在教学行为中要精心设计提问，问题的梯度、问题的难易程度、问题的深度广度等关键性的内容要放在较为突出的地位，隐而不发，让学生去合作探讨、最终自己解决问题。

换句话说，就是学生对他所认知的事物始终有一种模糊感，这就需要教师从中开展导引的工作，以便发挥学生认知的能动性。

（二）人本主义学习理论

人本主义学习理论是建立在人本主义心理学的基础之上的。人本主义是20世纪50年代末60年代初在美国出现的一种重要的教育思潮，主要的代表人物是马斯洛（A.Maslow,1908～1970）、罗杰斯（C.R.Rogers,1902～1987）。

"人本主义学习理论从全人教育的视角阐释学习者整个人的成长历程，以发展人性；注重启发学习者的经验和创造潜能，引导其结合认知和经验，肯定自我，进而实现自我。人本主义学习理论重点研究如何为学习者创造一个良好的环境，让其从自己的角度感知世界，发展出对世界的理解，达到自我实现的最高境界"。

"人本主义教育主张人的全面发展。重视学生的认知、情感、兴趣、动机以及潜能的发挥，把学生看成是学习的主人，教师是激发学生学习的促进者、指导者。在教育教学方法上，人本主义教育主张坚持学生的主体地位，采用多样化的教育方法，如自我教育法、陶冶教育法、暗示教育法、活动教育法；从人本主义学习论可以得出：课堂提问应该是以'培养学生自主学习的意识和习惯，为学生创设良好的自主学习情境，积极倡导自主、合作、探究的学习方式'为宗旨的语文课堂提问。"

（三）建构主义学习理论

建构主义是认知主义继续发展的结果，建构主义者更加关注学习者怎样将原先的经验、信息与心理结构等作为基础来对知识进行重构，强调学习的社会性、主观性与情景性。建构主义的理论的代表人物是维特罗克,其提出人类学习的生成模式。他认为,"学习的整个过程是学习者在对原有知识经验和从环境中接受感觉信息相互之间发生作用,主动构建信息意义并生成的过程。"还认为,"学习信息加工的模式的主要因素是长时间的记忆贮存系统,其对学习起到基础性的作用,经过学习者长时间的记忆的知识经验与知觉也会影响到学习的整个过程"。

根据建构主义关于课堂教学的基本理论,在课堂提问中,教师要根据学生原有的知识经验和思维水平,不断地调整问题的深度和宽度,充分调动课堂中的一切行为要素,帮助学生构建知识体系,创设问题情境,引导学生自主提问与答疑,实现师生互动。

三、新课程理论

语文义务教学新课程标准指出:"语文课程的基本特点是工具性与人文性的统一"。新课程倡导自主、合作、探究的学习方式,教学内容的确定,教学方法的选择,设问提问的设计。都应该为这种新的学习方式服务。根据新课程的理念,课堂教学提问必须适应新课改的变化,转变教学方式,提问必须要尊重学生的主体地位,要能创设情景,引导学生讨论探究主动质疑并能自主提出问题,以达到提高思维层次的目的。

四、启发式教学理论

启发式教育模式,在我国有几千年的历史。大教育家孔子在几千年前就主张"不愤不启,不悱不发。举一隅不以三隅反,则不复也。"这就是"启发式"教学模式的萌芽。根据孔子的观点,必须在充分了解学生的心理状态和认知规律的基础上来调动学生的课堂积极性。孔子又有言论说:"可与言,而不与之言,失人;不可与言,而与之言,失言。知者不失人亦不失言"。这就要求教师提问要善于讲究策略和智慧,才能拓展学生思维。"古希腊教育家苏格拉底把提问法叫做'产婆术'。他说:'我不以知识授予别人',

而提问'是使知识自己产生的产婆'。即是说,借提问来启迪学生,是他们有所发现、有所觉悟、有所认识,使学生自己获得知识。"启发式作为一种行之有效的教学方式,在教育教学实践和理论研究中不断发展完善,利用这种教学理论,有利于培养学生在课堂学习中的探究合作能力,促进学生的创新思维和创新能力的发展。

第四节 新授课课堂提问有效性案例分析

一、新授课的功能及基本结构

新授课是教学体系中最基本的课型，是教学过程的中心环节。上好新授课，提高新授课的教学效率是提高教学质量，减轻学生负担的关键。新授课往往能集中反映教师的教育理念和教学能力。新授课的一般结构为"组织教学——导入新课——研讨新知识"。

组织教学：这一环节是保证师生课堂活动正常开展的基本条件。其目的在于使学生做好课堂学习的心理准备和物质准备，吸引学生注意力，创设一种有利于教学的课堂情境。通常，组织教学包括一堂课初始的组织教学和整个教学过程中的组织教学。例如，教师上课前站在教室门口2~3分钟，催促学生："快点回到自己的座位上去，要开始上课了！"上课铃响后，教师走上讲台说："上课！"班长喊道："起立！"老师道："同学们好！"学生们回应："老师好！"教师请学生们坐下，安定学生情绪。有的教师要求学生在每堂课都朗读课文或者诵读古诗词，由科代表或小组长领读。再如，上课过程中，学生们过分吵闹，有的教师故意停止讲课，严肃环视学生或者喊"一二"（这是教师和学生事先约定的暗语，教师语出，学生就会安静下来）等。这些都是教师们常用的组织教学方法。这个过程一般不占用太长时间，力求自然，不做过多事情，以免分散学生注意力。

导入新课：这一环节的起点是引发学生的学习兴趣，引入新的学习内容。教师用在导入上的时间不能太多，以免失去主题，影响教学活动的整体安排。直接导入法、情境导入法、复习迁移导入法、设疑导入法都是教师常用的导入方法，在实际运用中要根据教学内容和具体教学条件来选择。有时教师为节省教学时间而将这一环节省略。

研讨新知识：这一环节是新授课的主要部分，旨在使学生理解、掌握新知识与新技能。研讨新知识的具体实施常有以下方式：

1.定向阅读。定向阅读是有重点地读，体味钻研。教师让学生明确读什么，怎么读，要求把重点放在关键词句的理解上，提倡边读边思考，边问边答，边分析边讨论。教师帮助学生句句玩味，段段落实，环环紧扣，指导学生把逻辑思维的严密性和直觉思维的创造性相结合，引导学生把理解力发展为创造力。

2.精讲研讨。"精"就是要突出难点，教师着重讲解学生感到困难（达不到要求深度，理不出规律，出现错误而未察觉）的地方。教师可以结合学生暴露的问题，瞄准学习目标设疑，组织学生讨论。学生在一次次地解开思维矛盾的过程中，锻炼思维。

3.学法指导。比起现成知识，学习策略对学生的长远发展有更重要的意义。教师在教学过程中，引导学生逐步掌握阅读、观察、练习等学习方法，学会分析比较，归纳演绎，联想类比，概括推理等思维方法，注意培养学生严谨的科学态度和良好的学习习惯，发展学生的非智力因素。

二、新授课——《詹天佑》课堂教学案例基本情况

日期：2015年9月18日

学校：平凉市小学

学生：六年S班

任课教师：Y老师

课题：《詹天佑》

执教教师基本情况：

Y老师已有20年教龄，具备丰富的课堂教学经验，熟悉各册教科书内容。Y老师十分幽默，时常只用三言两语，就能打破发生在课堂上的"小尴尬"。课堂巡视时，发现个别学生没有完成预习作业，她并未直接在课堂上训斥没有完成作业的学生，而是用一句"有人中午放学又要留下来到办公室'保护'我了"，委婉地告诉没按时完成作业的学生，中午放学必须留下来把作业补

完。一句话既批评了学生，又避免了浪费其他学生的课堂学习时间。平时，她不介意使用学生之间的小昵称，和学生们感情融洽。Y老师对自己的学生要求十分严格。为了提高学生们的表达能力，Y老师不仅在课堂上鼓励学生发言，还经常指导学生进行写作练习。Y老师每学期要求S班学生完成的写作练习是其他班级的数倍。每一次批改写作练习，Y老师都会细心发觉学生的小优点，鼓励学生。

学生基本情况：

S班共有67名学生。大部分都是性格温和、听话的孩子。课堂上，当老师要求停止手边活动，大部分孩子都能立即停止。S班是一个腼腆的班级。和其他小学六年级的学生一样，他们也会因为害怕答错问题被其他同学笑话，而不敢主动举手发言。课堂上，每一次教师提出问题，有七八个学生总是积极举手，争取发言机会；其他不举手的学生，大部分能在座位上小声应和老师、其他同学。同时，S班是一个有较高学习自觉性的班级。他们总是追着老师要作业答案。作业有错，他们也会主动追问老师错在哪里。S班的学生已经具有较强的独立识字能力，一定的课文内容、字词意思理解能力。

教材情况：

《詹天佑》是人教版小学语文教科书（六年级上册）第二组的第一篇课文。编排本组课文的目的，一是让学生通过读书感受中华儿女报效祖国、为国争光的赤子情怀，激发学生热爱祖国的思想感情；二是为祖国的日新月异感到骄傲、自豪，立志指国；三是通过理解课文内容，体会关键词句在表情达意方面的作用。"抓住描写人物言行、心理活动的语句，体会詹天佑的爱国主义精神"是该课的教学重点。

教学目标：

（1）学会本课生字，积累词汇；继续训练联系上下文，查阅工具书理解词义，能用"阻挠""主持"造句；背诵课文第三、四自然段。

（2）注意当时当地情况，了解詹天佑主持修筑京张铁路的过程。

（3）认识詹天佑是我国杰出的爱国工程师；激发孩子们的爱国热情，增强民族自豪感，激励学生努力锻炼创造才能。

课前准备：

课前，Y 老师给 S 班布置了以下预习作业：

第一，朗读课文三遍；

第二，抄写生字词；

第三，叙述文章的主要内容；

第四，思考课后题目一与课后题目二（课后题目一："有感情地朗读课文"。和同学讨论：从课文的哪些描写中，可以看出詹天佑是一位杰出的爱国工程师"；课后题目二："默读课文，试画一个示意图，说明詹天佑开挖居庸关和八达岭两条隧道采用的不同方法，再借助'人'字形线路的插图，说说火车爬上陡坡的方法"，把答案写在预习本上；

第五，一边阅读课文，一边给文章做批注；

第六，收集詹天佑的生平资料，整理在预习本上。

教师相信班的学生依靠已有独立认识字词与阅读理解能力，足以达成教学目标（1）。因此，教学目标（1）的完成主要通过学生发挥自主学习能力完成预习与课后作业，发挥学生的自主学习能力来完成，Y 教师将课堂教学的重点放在完成，教学目标（1）与教学目标（3）上。

三、新授课——《詹天佑》课堂提问有效性分析

《詹天佑》是一节常态课，整个教学过程可以划分为"组织教学——导入新课——研讨新知识"三个主要环节。其中，"研讨新知"是教学过程的主要部分，具体包括"讨论课文主要内容→讨论课文中心词句→讨论课文写作顺序→品读词句→总结"五个小环节。

（一）新授课课堂提问的层次

观点 1：以分析、综合、评价三级复杂性层次课堂提问总结新授课，能够有效促进学生整合知识。

美国认知派心理学家奥苏贝尔提出，有效学习即是有意义学习。"有意

义学习过程的实质，就是符号所代表的新知识与学习者认知结构中已有的适当观念建立非人为的和实质性的联系。"学生在新授课上所获得的新知识只有经过主动建构，与认知结构中已有表象、有意义的符号、概念或命题建立联系，才能为学生所用，促进学生发展。从学习论的角度看，分析、综合、评价是学生主动建构知识意义联系的三种方式。

师：……詹天佑的事迹深深地感动了我们，他是当之无愧的感动中国世纪人物。那么，就让我们以自己的方式为他颁发迟到的感动中国人物大奖。（多媒体呈现中央电视台感动中国年度人物颁奖典礼颁奖词的同学们参考老师收集的这些领奖词，为我们心目中的英雄——詹天佑写一段颁奖词（问题）……

（学生自主撰写领奖词）

（教师指名宣读颁奖词）

——教学片段1

为詹天佑写一段颁奖词，学生需整合预习时收集的詹天佑事迹、课堂上理解的文句表达、头脑中已存储的词汇等，构造出新的文段。这也就是新知识与学生的认知结构建立联系的过程。老师在《詹天佑》一课的总结环节安排的问题是一个处于综合性层次的课堂提问，引发了学生积极思考。笔者在课堂上看到绝大多数学生都能聚精会神地参与颁奖词的撰写，有些学生遇到困难时能主动举手，请求老师帮助。这种新授课的总结方式比单纯由教师讲授的总结包含更多学生主动参与的成分，学生的自主性、创造性得到更大程度地锻炼，教学效果更好。这种课堂提问的运用方式比单一的教师总结要花费更多课堂教学时间，对学生能力水平要求较高，因此很容易导致教学任务不能按计划完成的情况。但着眼于学生的长远发展，这种"未完成"也未尝不可。学生在课堂上没能完成的学习任务，可以引领学生课后的拓展学习。学生在拓展学习中所获得的学习体验比学习结果本身具有更重要的价值。

（二）新授课课堂提问的开放度

观点 2：课堂提问要求教师的随机应变能力与课堂提问的开放度成正比；熟悉多元课堂教学情况的教师可选择开放性问题作为课堂提问的主要类型。

课堂提问的开放度越高，学生们给出的答案越是五花八门，课堂上可能出现的情况越复杂，教师备课时不可能预设到所有课堂生成情况，这就意味着教师需具备较强的应变能力，以随时回应学生。Y 老师是一个经验丰富的教师。多年的教学经验让 Y 老师对课堂上可能发生的各种情况了如指掌。她的教育教学素养能够帮助她灵活掌控开放性课堂提问引发的学生讨论。课堂教学中，Y 老师选择以开放性问题作为课堂提问的主要类型，希望能通过开放性问题引发学生的发散思维，从不同的角度进行思考。这里要特别说明的是，"以开放性问题作为课堂提问的主要类型"并不等同于"开放性问题与其他类型的课堂提问类型相比，在数量上占据绝对优势"。而是教师花在引导讨论开放性问题的时间应多于其他类型问题。以 Y 老师教学的《詹天佑》一课为例，课堂上，Y 老师重点引导学生们讨论了"（文中）哪些描写看出詹天佑的'杰出'？"和"哪些（语句）看出他的'爱国'？"两个开放性问题。围绕这两个问题的讨论，第一课时中用时 10 分 41 秒，第二课时中用时 33 分 5 秒，总计超过了总教学时间（两课时共计 80 分钟）的一半。在开放性问题上分配较多课堂教学时间，能够有效地突出课堂讨论重点，加深学生对学习重点的印象。

对一些不熟悉课堂生成的教师和能力水平较低的学生而言，教师可以适当采用一系列封闭性问题作为某一开放性问题的铺垫。这样同样能够将学生引导到教师预期的思考路径与结果上。但不可否认的是，如果教学在得出预期结论后戛然而止，教师就用自己的思考替代了学生的思考，这将不可避免地阻碍学生的思维发展。教师可以在引导后，增加思维转化的环节——学生用自己的语言概括并复述思考过程及结果，以弥补封闭性提问限制学生思维的不足。

观点 3：有效的开放性问题是对思维的适当约束，而不是任由学生思维天马行空。

思维不受到制约，就不可能有深度。当学生的回答在内容或过程方面，偏离了问题中心，思维存在不合理之处，教师要能够采取一定策略让学生的思考回到问题的核心部分。通常的做法是，教师复述学生回答，告诉或暗示学生回答在哪些方面不合理，然后再重新陈述原始问题；也有的教师将评价学生回答的权利交给班上其他学生，由学生自己发现回答不当或不充分之处。

师："接受任务——主持修筑——提前竣工"，（课文）是按照这样的顺序来写。那么，我们刚才讲了（课文）是围绕詹天佑的"杰出"和"爱国"两方面来写的，下面就请同学们带着任务，一边读课文，一边找（关键词句）。昨晚上已经让你们回家预习过了，你可以自己再找一找，也可以跟你的同桌交流一下。哪些描写看出詹天佑的"杰出"？（问题2）哪些看出他的"爱国"？（问题3）"爱国"就不用解释了，"杰出"你认为应该是什么意思？（问题）来，你来说"杰出"这个词你是怎么理解的。

学生：有才华。

师：有才华，还有没有补充？什么是"杰出"？（问题4.5）我们常说这个人是个杰出的……什么是"杰出"？（问题4.6）

（没有学生回应）

师：你看，你们回家从来不查字典吧？……什么是"杰出"？（问题7）她说是有才华，就没有了？"杰出"就是……好，你有。

生13：有毅力。

师："杰出"不是"有毅力"。你有。

生14：比一般人更优秀。

师：比一般人更优秀，更突出。应该是在某一领域，他有比别人更了不起的，超出一般的，特别优秀的才华、本领。比如说，我们说詹天佑是一个杰出的工程师。因为他是学什么的？（问题8）

生15：工程……

师：我们刚才说他是学什么专业的？土木工程，就是修路、修桥这个方面的。他在这个方面的本领超出常人。所以这是指他的"杰出"……

——教学片段2

上面的《詹天佑》教学片段中，Y老师意欲通过"哪些描写看出詹天佑的'杰出'？（问题2）哪些看出他的'爱国'？"（问题3）这两个开放性问题引领学生细品课文语句，体会课文作者的思想感情。进入具体交流讨论前，Y老师为明确学生的思考方向，首先引导学生理解"爱国"与"杰出"两个关键词，以免学生的思考偏离主题，答非所问。如果Y老师在学生进一步思考前未先让学生明确"杰出"的含义，学生就可能在后续学习活动中将寻找表现詹天佑"有毅力"的词句作为思考重点，这无疑偏离了准确的思考方向。

（三）新授课课堂提问的序列

观点4：有效课堂提问不止于获得一个简单的答案，而追求引发多种不同见解，并要求学生找出证明自己观点成立的依据，详细解释观点。

课堂提问最大的作用是引发学生的思维活动。广阔性与深刻性是思维的两个重要品质。广阔性指能从多个角度，多个方面揭示事物之间的联系，全面思考问题。课堂提问中的开放性问题本身具有引发不同观点的功能，是提高学生思维广阔性的最佳工具。深刻性指能深入地思考问题，善于透过事物的表象，抓住事物的本质，揭示事物之间的内在联系。复杂性水平错落有致的课堂提问序列可培养思维的深刻性，学生表现出来的学习行为是能准确地找到论证自己观点的依据，流畅地阐明各依据与结论之间的关系。

师：好，谁愿意先来说（哪些描写看出詹天佑的"杰出"，哪些看出他的"爱国"）？（问题9）先说哪一个方面都由你。但是，由哪个同学开了头完，我们就顺着这条线说下去。某某先说吧。

生8我说的是"爱国"。第四段第一句："詹天佑……毅然接受了任务，马上开始勘测线路。"说明詹天佑不怕任何危险，毅然接受任务，想都不想。

师：你是从"毅然"这个词，认为这个"毅然"写出了——（问题10）

生8：写出了詹天佑非常坚定。

师：非常坚定，有没有丝毫的犹豫？（问题11）

大部分生：没有。

师：没有，就接受了任务，开始勘测线路。你认为这是爱国的表现……

师：那我先问看看，为什么说他很坚定，没有动摇，接受任务，就是爱国表现呢？（问题12）我有点不明白。接受这个任务，修筑成京张铁路——中国第一条铁路可以名扬千古，这么光荣。要是我有这个机会，我也去参加，干嘛不去啊？可是为什么说他毅然接受任务，没有动摇，这就是爱国表现呢？（问题13）好，某某你认为？（问题14）

生16：他是为了增强民族的自信心。

师：我不满意这个回答。为什么？（问题15）为什么毅然接受任务就是爱国表现？（问题16）请大家联系上文来看一看。好，某某。

生17：因为这个任务是很艰巨的……

师：你从哪里看出任务艰巨的？（问题17）

生17：从南口往北过居庸关到八达岭，一路都是高山深涧、悬崖峭壁。外国著名的工程师也不敢轻易尝试。

——教学片段3

开放性问题，如上述片段中问题9，能够引发学生从不同角度进行思考。相比于简单地回忆单一的答案，开放性问题引发的思维投入程度更高，更能训练学生的思考能力。回答开放性问题时，学生不必担忧答案的正确性，学生需要考虑的是答案的合理性。考虑答案合理性的过程中，学生会将更多心思放在如何合乎逻辑地推理出自己的答案。Y老师在学生给出自己的答案后，并不是就此结束讨论，而是继续追问学生得出答案的理由——"你是从'毅然'这个词，认为这个'毅然'写出了——"（问题10）"为什么说他很坚定，没有动摇，接受任务，就是爱国表现呢？"（问题13）"你从哪里看出任务艰巨的？"（问题17）这一"播种收获"型问题是将隐藏在答案背后的理由一层一层地剥离出来，学生能从中体会到课文上下文之间的关系。学生的思维活动不仅做到了有理，也做到了有据。

观点5：教师想提高课堂提问的有效性，就必须构建一个完整的课堂提问体系，平衡高、中、低各层次的课堂提问。

课堂提问序列不同，每个问题的复杂性和难易不同，对学生学习的影响也不同。许多关于课堂提问的研究都发现，如果教师在课堂教学中经常提出复杂性层次较高的问题，那么对学生的学业成绩一般都会产生积极影响。但仅仅有高水平的课堂提问也不能达到有效引发学生思考的效果，学生们是发展中的人，无法做到一伸手就摘到"桃子"，很多时候都需要借助一定工具。此时，课堂提问体系可用作引导学生思考的工具。

课堂提问的体系首先体现在内容层次方面。针对"怎样让课堂提问的内容层次趋于合理"，笔者对 Y 老师进行了访谈，Y 老师认为：

每一节新（授）课的教学都应该是一个先概括后具体的过程。就好像去电影院看电影一样，人们都会先看看电影的简介，再决定要不要买电影票，具体看电影的情节。新（授）课的教学也应该先给学生一个总体印象，让学生知道这一节课主要学习什么内容，做到心中有数。在每节新（授）课的开头，要先让学生概括课文的主要内容，理清课文的行文思路；然后，教师再针对个别重难点问题提出范围稍小的问题。这些问题引导着学生有针对性地细品课文。

以《詹天佑》一课为例，老师的课堂提问呈现出了从整体到局部的顺序——"讨论课文主要内容、中心词句，理清课文写作顺序→品读词句"：

表 1.7　新授课课堂提问内容层次表

课堂提问内容层次		具体问题
概括	讨论课文主要内容	那么读完了全篇课文，你知道了课文主要讲了一件什么事情？谁来给大家介绍一下这篇文章写了什么事情？
	讨论课文中心词句	这个文章是要赞美詹天佑是他是一个怎样的工程师呢？你能从文章中找出一句话来吗？
	讨论课文写作顺序	那么我们再读课文，看一看课文是按照什么顺序来写的。先写什么，在写什么，最后写什么？来，谁读出来了？
具体		哪些描写看出詹天佑的"杰出"？ 哪些看出他的"爱国"？

第十四章 课堂提问有效性的案例分析

课堂提问的体系还体现在解决问题所需思维复杂程度方面。不同思维复杂性的问题可以按不同序列排列。不同序列的课堂提问只要适时而用，都可以引发预期的学生学习活动，达到有效的标准，例如《詹天佑》一课中的"概括课文主要内容"环节：

师：好，那么读完了全篇课文，你知道课文主要讲了一件什么事情？（问题18）谁来给大家介绍一下这篇课文写了什么事情？（问题19）好，某某。

生3：课文重点记述了詹天佑主持修筑我国第一条完全由中国人设计、建造的铁路干线，赞美了……

师：哪一条铁路干线，把它说出来？（问题20）

生从北京到张……

师：京张铁路，"京"指的是？（问题21）

（大部分）生：北京。

师：北京，"张"指的是？（问题22）

大部分）生：张家口。

师：张家口，所以叫京张铁路。

生3：赞美了詹天佑是一个杰出的爱国工程师。

——教学片段4

为了帮助学生更准确、更全面地理解课文内容，老师继"你知道课文主要讲了一件什么事情？"（问题18）和"谁来给大家介绍一下这篇课文写了什么事情？"（问题19）两个开放性问题之后，提出三个开放度较小的问题："哪一条铁路干线，把它说出来"，"京张铁路，'京'指的是'北京'，'张'指的是'张家口'"，构成"漏斗型"课堂提问序列。"漏斗型"课堂提问序列能够将学生的思维从概括引向具体，从文字中获得更加贴近生活实际的印象。又如教学片段7中问题28至问题51共23个课堂提问构成了"播种收获型"课堂提问序列。其中，复杂性程度分为由高至低的三个层次：第一层次包括问题28、问题29、问题30、问题31、问题33；第二层次包含问题35、问题38、问题40、问题48、问题51；第三层次包括问题32、问题34、问题36、问题37、问题39、问题41、问题42、问题43、问题44、问题 45、问题 46、问题 47、问题 49、问题 50。"课文的写作顺序"这一问题，借由一系列问题逐步具体化。不管是哪一种课堂提问序列都沟通了学生的低水平思维与高水平思维，建立了高低水平思维之间的联系，使学生的思维活动成为一个系统，而不是零碎的思维片段。

（四）新授课有效课堂提问与教学设计

观点 6：学生课前准备的充分程度是影响新授课课堂提问有效性的重要因素。

教师提出高水平问题，但学生并不一定运用高水平思维解答问题，学生的实际回答依赖于学生已有背景知识和其他所需信息。学生的课前准备情况是教师组织课堂教学的基础。课堂提问，尤其是识记型课堂提问，能够帮助教师了解学生的课前准备情况。如果学生在课前并未充分准备——认真完成预习作业，查阅相关资料，面对教师提出的识记型课堂提问，他们就只能保持沉默，被动地接收教师或者其他同学的陈述，不得不担当"录音机"或者"抄写员"。在被动学习的情况下，学生往往对教学内容没有兴趣，参与课堂教学讨论的积极性也不高。

师：今天，我们要学习第五课——《詹天佑》。拿出预习本，先跟大家交流一下你对詹天佑的认识。（问题 23）好，某某先来，他今天第一个举手的。

生 1：詹天佑，字眷诚，号达朝，汉族，广州南海人……

——教学片段 5

加州大学的维特罗克曾指出人类生成学习过程的前提：（1）人们生成对所知觉事物的意义，总是与他以前的经验相结合，即理解总是涉及学习者的认知过程及其认知结构，包括：①原来记忆中的语义和抽象的过程，如图式、规则、算法；②突出的某种特殊的表象或言语的记忆；③注意；④动机。（2）人脑并不是被动地学习和记录输入的信息，它总是建构对输入信息的解释，主动选择一些信息，忽视一些信息，并从中得出推论。在缺乏这两个前提的情况下，学生没有用以解释新材料的基础，便很难进入主动学习。由此可见，有效的识记型课堂提问必须与学生认知结构中已有的观念紧密相连。"导入新课"环节中，Y老师首先用"拿出预习本，先跟大家交流一下你对詹天佑的认识"这一命令式课堂提问引发学生分享"詹天佑生平"相关资料。从思维复杂性层次来说，该问题属于识记型课堂提问。Y老师布置的预习作业已要求学生"收集詹天佑的生平资料，整理在预习本上"。这样保证了学生们在课堂提问引发的课堂讨论中都能有话可说，他们是主动的参与者，而不是被动的旁观者。

观点7：有效课堂提问能让学生准确领会教师的提问意图。

日常课堂教学中，教师并不特别设计教学导入活动，而是直接以简短的命令式课堂提问让学生停下手边的与课堂学习无关的活动，转而从事一定的课堂活动，如下列课堂教学片段中的问题24、问题25、问题26、问题27，便是直截了当地告诉学生他们应该做什么，而不是模棱两可的态度，这样可以更有效地阻止学生与课堂学习无关的行为，更快进入学习状态。

师：每学习一组新课，我们都要了解它的学习目标。翻到第十七页，读一读课前导言。（问题24）

（大部分）生：每一次仰望飘扬的五星红旗，每一次唱起庄严的国歌，爱国之情便在我们的胸怀激荡……

（学生的朗读声参差不齐）

师：重新读，我们为……（问题25）

（大部分）生：我们为自己是中国人感到自豪……

师：我没发觉你的自豪，再读。（问题26）

（大部分）生：我们为自己是中国人感到自豪，我们为祖国的日益强盛感到骄傲。让我们随着本组课文的学习，去感受中华儿女的爱国情怀。在读懂课文内容的基础上，体会关键词句在表达情意……

师：在表情达意方面的作用，再来，体会——（问题27）

（大部分）生：体会关键词句在表情达意方面的作用；并围绕"祖国在我心中"这个专题进行综合性学习，增强对祖国的热爱之情。

——教学片段6

命令式课堂提问的有效性在于教师是否对学生活动给出了明确规则。上述片段中可以看到，Y老师采用了要求明确的命令式课堂提问组织教学。Y老师并没有跟学生纠缠上课铃响后，他们在做哪些与学习无关的事情，而是直接告诉学生应该做什么。案例中，Y老师三次打断学生朗读。第一次——"重新读，我们为……"：这一次老师打断学生朗读是因为刚上课，有些学生还未进入学习状态。Y老师要求学生重读，以达到吸引学生注意力的目的。第二次——"我没发觉你的自豪，再读"：《义务教育语文课程标准》要求"各个学段的阅读教学都要重视朗读……能用普通话正确、流利、有感情地朗读课文"。学生朗读语气冷淡，没有任何感情色彩，未达到教学目标要求时，于是教师打断了学生的朗读，并让学生们重新朗读。Y老师点出应该读出"自豪"这一情感，继而让学生再读。第三次——"在表情达意方面的作用，再来，体会——"：学生朗读时将"表情达意"，误读成"表达情意"。为了训练学生正确地朗读，Y老师没有轻易放过学生的这一小失误，而是范读后，要求学生再读。Y老师的三次"打断"从朗读的参与度、情感、准确性三个方面的具体活动要求，保证了课堂提问的有效性。

观点8：有效课堂提问具有较强的目的性，提问从整体目标出发，考虑教学的整体效应。

教学中，一定的教学目标可为教学活动指明方向，激发学生的学习动机，还可作为评价教学效果的标准。教师那种想什么时候问就什么时候问，想在哪问就在哪问的做法是不恰当的。教师应以问导学，让每一个问题都着眼于教学需求；以问促思，让每一个问题都有助于学生发展。课堂提问的设计要做到有的放矢。设计课堂提问的根据大到相应学科的课程标准，小到一节课的教学目标。

Y老师设计的《詹天佑》一课的教学目标中并未明确将"梳理课文的写作顺序"作为目标之一列出，但实际教学中，Y老师考虑到《义务教育语文课程标准（2011年版》要求第三学段的学生做到"在阅读中了解文章的表达顺序"就将"理清写作顺序"作为训练点之一，抛出课堂提问"先写什么，再写什么，最后写什么？"（问题28）。

师：……整篇文章都是围绕詹天佑的杰出和爱国这两个方面来写的。那

第十四章 课堂提问有效性的案例分析

我们再读课文，看一看课文是按照什么顺序来写的。先写什么，再写什么，最后写什么？（问题28）来，谁读出来了？（问题29）

师：课文按照什么样的顺序来写的？（问题30）先写什么，再写什么，最后写什么，谁读出来了？（问题31）（教师等待学生再一次阅读课文）

（过了大约秒的时间，学生仍没有回应）

师：刚才我们讲了这是一篇写什么的文章？（问题32）

（三两个）学生：写人的。

师：这是一篇写人的文章……题目叫《詹天佑》。那写詹天佑的什么事？（问题33）

（小部分）学生：修筑铁路……

师：修筑京张铁路这件事，对不对？（问题34）

（大部分）学生：对。

师：那来看看课文先写的是什么？（问题35）好，某某，你说。

生9：先写社会环境。

师：先写社会环境。没讲明白，什么叫社会环境？（问:36）

生9：就日本人要求中国人……

师：日本人，哪里来的日本人？（问题37）

（小部分）学生：帝国主义。

师：嗯。

生9：帝国主义要挟……要他们自己的工程师来修筑……

师：也就是说，那些帝国主义者不想让中国人自己来修筑这条铁路是不是？

那接着讲什么？（问题38）

生9：就是讲詹天佑带领工人们修筑的经过。

师：哦，修铁路的经过。

生9：最后是写他们勘测……

师：这是不是修铁路的经过啊？（问:39）

（小部分）学生：是。

师：是不是修铁路的经过？（学生们纷纷点头）然后写什么？（问题40）

生9：……

师：坐下，再想想。还有谁已经看出来了？（问：41）

生这是对帝国主义有力的回击。

师：为什么是有力的回击？（问题42）

生10：因为他们之前不相信我们……

师：你告诉我为什么会给一个回击？（问：43）你找一找看，找到了没有？（问题44）

（学生没有回应）

师：来，大家都找最后一段，为什么会给帝国主义者一个有力的打击？（问题45）找到了没？（问题46）好，你自己说。

生京张铁路不满四年就全线竣工了，比计划提早两年。

师：本来老外说我们修不成，结果我们不但修成了，还——（问题47）

（大部分）生：提早两年。

师：……那就是提前完成了任务，所以给了帝国主义者一个有力的回击……因为文章是以"詹天佑"来命名，都围绕"詹天佑"来说。那么你们说应该先写了什么？（问题48）说是写了当时的环境，我觉得不够准确。好，某某你来说。

生11：介绍詹天佑爱国。

师：介绍詹天佑，对。还有呢？（问：49）在修筑京张铁路这件事中应该先写什么？（问题50）……刚才讲了去修筑铁路的经过以及最后它提早竣工了。那首先他要干什么？（问题51）

（部分）生：接受任务。

师：他得接受任务，对不对？所以，课文就是按照这样的顺序来写的。先写詹天佑接受了修筑京张铁路的任务，再写他怎么主持修筑的。（教师板书写作顺序）

——教学片段7

教学片段 7 中呈现的一系列问题既落实了课程标准中提出的学段目

标，也落实了《詹天佑》这一课的教学目标——"了解詹天佑主持修筑京张铁路的过程"。其中的 23 个问题构成了一个层次分明的系统，这一系统奠定了后续课堂教学的分析框架，在学生的大脑中建立了这一节课的基本认知结构，成为接下来吸收一系列新信息的联系点。

观点 9：以讨论回答为主，合理搭配集体回答、讨论回答、个体回答的比例，是有效开放性课堂提问的解答方式。

讨论回答，是指学生以小组为单位讨论课堂提问，由学生代表汇报讨论结果的回答方式。学生代表的回答代表小组意见。虽然讨论学习不免一部分学生掌握"话语霸权"，而另一部分学生"搭便车"，但在班级授课制下，具有不可替代的优越性。与集体回答相比，首先，讨论回答的小组规模较小，学生参与小组发言的机会增加；第二，由于小组成绩与个人成绩有关，每个人都对小组总体成绩承担相应责任，组内成员之间易形成相互督促的学习机制，在一定程度上避免了集体回答的随意性和无责任性。与个体回答相比，讨论回答在处理复杂问题时，学生个体更易获得小组其他成员帮助；个体回答一般反映个人看法，存在很大个体差异性，讨论回答则更具集体代表性，教师更易了解学生思考的普遍状况。

师：……把自己在预习过程中找到的（表现詹天佑"爱国"和"杰出"的）语句，和同桌交流一下，互相补充，把它找得尽量完整。用不同的符号来表示，比如说"杰出"的用横线来表示，"爱国"的用波浪线……开始，给你们几分钟交流一下你们的感受。

（教师在班级里来回走动，检查预习情况）

师：我希望看到同学们之间的交流，不要跟你的参考书交流……阅读能力不是看参考书提高的。

（学生相互交流大约 4 分钟）

——教学片段 8

教学片段呈现的是为解决教学片段中问题与问题所采用的解决方式。问题与问题都属于开放性问题，其自身性质决定了学生的思维可能沿着不同路径推进。其中可能出现有的学生因问题较复杂，产生害怕心理；有的学生思维不够严密，得出结论不完整等情况。老师鼓励学生在认真自学的基础上，进行小范围讨论。一方面，学生在小范围交流中心理压力较小。老师指出："有些学生因为害羞，会不愿意在全班面前表达自己，让他们跟同桌交流时，他们会愿意开口说话，对他们而言，也是一个锻炼的机会。"学生因此有机会进行个别讨论，这是让学生自觉参与课堂学习的方式之一。另一方面，学生彼此知道对方的观点，全班交流时，能自觉避免发表相同意见，节约课堂讨论时间；或相互补充，从同伴身上取长补短，完善各自的思考成果；或另辟蹊径，从另外的角度进行思考，这也有益于扩展思维。这里需要注意的是 Y 老师强调在小组讨论之前，学生必须先自学。

只有经过了自学，学生才能在讨论中拿出有含金量的观点，否则讨论学习就可能沦为一种形式，学生可能因为无话可说而只是随意闲聊。

观点 10：减少选择型课堂提问，增加表述型课堂提问，能够增强课堂提问的有效性。

当教师提出"……是……还是……"（如教学片段 9 中的"这是正面描写，还是侧面描写？"）时，很多学生习惯性地认为"还是……"之后的叙述是老师期待的答案。这很可能使得教室中的"语脉创造"变成"生存游戏"，致使这一课堂提问失去意义。为防止发生这类问题，教师可尽量避免使用选择型课堂提问，以防课堂问题被转换成单一的语词序列游戏，或者在选择型课堂提问后追加表述型课堂提问。

师：……为什么（外国报纸）认为中国工程师不能在这个地方（南口以北）修铁路啊？（问题 52）……某某。

生 20：从南口以北过居庸关到八达岭，一路都是高山深涧、悬崖峭壁。

师："高山深涧、悬崖峭壁"说明这里的——（问题 4.53）

（小部分）学生：地理环境恶劣。

师：地理环境恶劣，这里修铁路不好修。最好是在平地上修，是最好修的对不对？这里是"高山深涧、悬崖峭壁"，说明它的地理环境恶劣。……还有没有？……我们来看，后面一句"连外国工程师也不敢轻易尝试"。这

第十四章 课堂提问有效性的案例分析

是正面描写,还是侧面描写?(问题 54)

(小部分)学生:侧面。

师:从侧面告诉我们什么?(问题 55)

(没有学生回应)

师:外国工程师都不敢轻易尝试,至于中国工程师无论如何也完成不了,从侧面告诉我们什么?(问题 56)

生 21:任务很艰巨。

师:很艰巨。是的,从侧面告诉我们修筑这条铁路是十分艰巨的。在当时,外国修筑铁路的技术比中国要强。我们连一条自己修筑的铁路都没有……所以,从侧面也反映了修筑这条铁路是十分艰巨的,连外国工程师也不敢轻易尝试,我们中国人敢尝试。好,先下课。

——教学片段 9

上述教学片段中,如果 Y 老师的教学止步于"这是正面描写,还是侧面描写?"(问题 54)这一选择型课堂提问,那么这一选择型课堂提问则只能是低效或者无效的。因为,学生整齐划一地选择了"还是"后的"侧面描写"。这一正确选择中包含了甚至更多的猜测成分,实际情况可能是学生并不理解什么是"正面描写",什么是"侧面描写"。Y 老师在选择型课堂提问后,追加了"从侧面告诉我们什么?"(问题 55 与问题 56)的表述型课堂提问,引导学生进一步澄清自己对课文内容的理解。学生的思维由单纯做选择,向抽象、概括迈进了一步。

第五节 巩固课课堂提问有效性案例分析

一、巩固课的功能与基本结构

巩固课是学生在掌握知识的基础上,通过习题练评,完成由知识向能力迁移的一种课型,旨在对学生所学知识加以巩固、丰富、深化和提高。实际课堂教学中,由于教学时间有限,教师通常以讲评家庭作业的形式展开教学,根据大多数学生的作业完成情况,提供相应学习指导。巩固课的主要功能包括:(1)巩固知识,加深理解,促进迁移,使学习效果由低层次向高层次转化;(2)训练学生养成科学严谨的态度,把握解决问题的策略,增强规范解题的意识;(3)促进学生思维发展,如分析、综合、抽象、概括、判断、推理等逻辑思维能力,求异思维能力,逆向思维能力,举一反三的迁移能力等,提高口头及书面表达能力;(4)及时获得反馈信息,查缺补漏,使不同层次的学习都有所提高。巩固课通常包括三个环节:"明确目标——剖析范例——强化提高"。

明确目标:明确目标即师生要解决好巩固课巩固什么,为什么巩固,如何巩固的问题。巩固强度要依据学科特点、教材特点、学生年龄特征而定。学段有别,年级有别,巩固内容要抓住重点、难点、弱点、易混点、考点等。巩固过程中辅以思想教育,指导方法,提高学生巩固知识、技能的积极性、自觉性。

剖析范例:范例剖析的目的在于通过演示典型题目解题过程和分析解题思路,让学生从中受到启发,学会方法,积累经验,锻炼举一反三,触类旁通的能力。剖析范例要分析题目的知识结构、训练角度、变式方向,列举考查相关知识点常用的题型,留心类似题目常出现的错误等。

强化提高:这一环节的目的是对练习结果进行反馈,揭示规律,巩固升华练习效果。教师给出的反馈信息要具有共性、代表性,以便学生自己进行对照，发现问题，及时彻底纠正。强化提高的方式有"学生自评自改"，"生生互评互改"，"师评生改"等。强化提高要做到动静搭配，评练结合，师生配合。对于学生掌握情况较差的关键点，教师可安排重复练习，反复巩固。

二、巩固课——《六年级（上册）第一单元巩固》课堂教学案例基本情况

日期：2014年9月17日
学校：平凉市C小学
学生：六年S班
任课教师：Y老师
课题：六年级（上册）第一单元巩固

三、巩固课——《六年级（上册）第一单元巩固》课堂提问有效性分析

Y老师执教的这一节巩固课包括：讲评"综合训练—课内阅读"；讲评"读拼音，写词语"；讲评诗词积累题；讲评"判断下面的说法是否正确，对的画√，错的画×"四个主要环节。

（一）巩固课课堂提问的层次

观点1：巩固课课堂提问引发的思维水平要求不低于新授课要求。

巩固课通常以讲评各类教科书配套练习为主要教学形式。练习上的问题在一定程度上等同于教师的课堂提问。巩固课是新授课的延伸，要发挥其"强化提高"的作用，讲评练习题就必须让学生"知其然"的同时"知其所以然"，对思维水平的要求不能低于新授课的要求。巩固课课堂提问的有效性主要体现在教师的追问水平上。

练习题目：体会文中画横线句子——"这山中的一切，哪个不是我的朋

友？"的表达作用。

师：体会一下文章中划线句子的作用……

生33：作者把山中的一切当作朋友，说明作者很喜爱它们。

师：既然它问你表达作用，你首先要讲什么？（问题1）

（学生没有回应）

师：我们首先要来看划横线的句子是一个什么句？（问题2）

（部分）学生：反问句。

师：……所以你首先要讲"划横线的句子是一个反问句"，然后你再说作者在这里用上一个反问句，他的表达作用是什么。你说。

（学生举手，被指名回答，没有说话）

师：我们说反问句起了什么作用？（问题3）

（三四个）生：强调。

师：是的，你首先要懂得这一点。为什么要反问呢？"哪个不是我的朋友"，其实就是说"山中的一切个个都是我的朋友"。可是他说"哪个不是我的朋友"，强调什么？（问题4）

（七八个）生：都是我的朋友。

师：他……非常肯定地强调"山中的一切都是我的朋友"。所以它是起了个强调的作用，强调"山中的一切都是我的好朋友"。……回答这样的问题要这样写。如果是个比喻句，你要写"答：这个句子采取了比喻的写法"，比喻的手法能够怎么样，能够更生动地描述什么，能够更好地表达什么……你要懂得回答问题，要从哪些方面来回答。

——教学片段1

巩固阶段，Y老师的课堂提问紧扣学生反应。教学片段1中，学生回答——"作者把山中的一切当作朋友，说明作者很喜爱它们"未能直击要点。从学生的回答可以看出，学生的思维处于直觉思维水平，仅凭语感感知知识间的联系，无法依靠严谨的逻辑思维具体阐明其中缘由。练习原题为"体会文中画横线句子（这山中的一切，哪个不是我的朋友？）的表达作用"。这一应用层次问题的解答需要两个相关认知过程：（1）回忆问题所包含的知识点；(2)将各个知识点组成一个合理的序列，快速而自动地做出回答。当学生不能准确解答问题，Y老师首先转换问题，以"既然它问你表达作用，你首先要讲什么？"（问题1）替换练习问题，暗示学生回忆已学过的答题方法与相关知识点，让学生再次尝试解答。学生仍不能正确回应时，Y老师将其分解为复杂性层次较低的几个理解型课堂提问——"我们首先要来看划横线的句子是一个什么句？"（问题2）"我们说反问句起了个什么作用？"（问题3）"可是他说'哪个不是我的朋友'，强调什么？"（问题4）这个过程中，Y老师为学生们示范了解答类似问题的方法。解决练习上的题目后，Y老师总结了同类问题的解答思路，并举了其他例子，将解答某一练习题的具体方法上升为规则，以促进迁移。Y老师在巩固课上所提问题的思维水平要求与新授课相同，同样要求学生的思维活动必须做到有理有据，达到一定深度。

（二）巩固课课堂提问的开放度

观点2：巩固课中，教师讲评习题时应配合使用开放性课堂提问，引发学生联想，扩展积累，鼓励分享。

练习题目：课文向我们展示了多姿多彩的大自然景色。例如，汩汩的溪流，飞流的瀑布，陡峭的悬崖……请运用积累的古诗句表达对某一种大自然景色的赞美。

师：第四题——

生9：日照香炉生紫烟，遥看瀑布挂前川……

师：……这首诗是不是对某一种大自然景物的赞美？（问题5）

（小部分）生：是。

师：哪一种？（问题6）

（小部分）生：瀑布。

师：是的……除了这句之外，还有哪句古诗？（问题7）

生10：千里莺啼绿映红，水村山郭酒旗风。

师：好，（这里写的是）哪一种大自然景色？（问题8）

生11：春天。

师：春天里的鸟鸣。还有没有？某某。（问题5.9）

生12：日出江花红胜火，春来江水绿如蓝。

师：……写什么的？（问题10）

生13：春天的江水。

师：江水……还有没有？（问题：11）

生14：空山新雨后，天气晚来秋。明月松间照，清泉石上流。

师：……还有吗？（问题12）好，你说。

生15：停车坐爱枫林晚，霜叶红于二月花。

师：……还有没有？好，你来。（问题13）

生16：绿树村边合，青山郭外斜。

师：嗯，没错。还有吗？某某。（问题14）

生17：小荷才露尖尖角，早有蜻蜓立上头。

师：是的，《小池》里的。古人写诗的时候也是经常取材于大自然。大自然确实能给人带来非常多美好的想象，非常多的灵感……

——教学片段2

Y老师认为巩固课的教学重点应放在教学内容的拓展。有效评讲"诗词积累题"关键在于拓宽学生的积累面。Y老师采用了"扩展型"课堂提问序列——"除了这句之外，还有哪句古诗？"（问题7）、"还有没有？"（问题9）、"还有没有？"（问题11）、"还有吗？"（问题12）、"还有没有？"（问题13）、"还有吗？"（问题14）。这一系列开放性问题引导学生说出同一复杂性水平的不同答案。学生声音太小或者不清晰时，Y老师都以"大声一点""清晰一点"等话语鼓励学生将自己的答案与全班同学共享，而不局限于与教师进行个别交流。学生的积累不仅局限在自身已知的一两句诗词，他们从其他同学处获得了更丰富的知识。此外，学生在教师的激励下把握了与他人交流的契机，有利于在班级成员间营造出"乐于分享"的学习氛围。

第十四章 课堂提问有效性的案例分析

（三）巩固课有效课堂提问与学生特点的关系

观点 3：有效的巩固课课堂提问能使学生暴露知识、技能的掌握情况，从而有针对性地填补知识结构空缺。

巩固课课堂提问的提出以"查缺补漏"为主要出发点。教师不论提出何种水平的课堂提问，都不应让学生单纯重历与第一次学习时相同的思维过程，而应引导学生检查自己原先思考时的逻辑推理过程是否合理，亦即斟酌第一次得出结论时，理由是否充分。这一过程中，有些学生就会发现，尽管自己得出的答案正确，但他们用所依循的理由并不充分。Y老师讲评判断题的教学片段3做了较好示范：

师：……"判断下面说法是否正确，对的画错的画"……我们一起读。

（全体）生："沙啦啦""丁冬丁冬""一阵阵"，这些词语都是拟声词，错。

师：为什么"错"？（问题15）

（大部分）生："一阵阵"不是拟声词。

师：知道什么是"拟声词"吧？（问题16）

（部分）生：懂得。

师：……好，那你再说一些模拟声音的词给我听一听，既然你说"一阵阵"不是，还有什么是？（问题17）你说。

生34：哗啦啦。

师："哗啦啦"，还有没有？（问题18）再说两个……还有没有？（问题19）好，你说。

生35：叮铃铃。

师："叮铃铃"上课铃声。你说。

生36：滴答滴答。

师："滴答滴答"下雨了。你说。

生37：吱吱吱。

师：什么声音？（问题20:）

生37：老鼠的声音。

——教学片段3

"判断下面说法是否正确，对的画√，错的画×"是一道评价水平的练习题。学生在做这道题时，有时会依靠猜测解答这类题目，并不真正经历"评价"所需经历的思维过程。为了了解学生是不是真正掌握解答评价型问题所需知识点，老师追问了分析型问题"为什么'错'？"（问题15），要求学生阐明自己的理解。这一课堂提问有效地将学生的思维过程外化，教师能够尽可能获取学生思维活动的相关资料，有针对性地为学生补充知识。

第六节　复习课课堂提问有效性案例分析

一、复习课的功能与基本结构

复习课是帮助学生增强前期已学知识的保持，促进知识迁移的课型。复习课的主要功能有：

（1）加强记忆：极少学生学习时能做到过目不忘。复习课的作用之一即帮助学生将既往学习内容在短时间内回忆起来。

（2）整合知识：日常教学是分内容、分模块、分阶段逐步推进的。学生单独学会某项内容，学好某一模块，掌握某阶段知识，而不将各内容、模块、阶段进行交叉、渗透、整合，其学习品质很难全面、健康地发展。除平时教师有意识的渗透和学生的自我感悟以外，认知结构的建构及整合很大程度上要通过复习课这一课型有目的、有计划地进行。这要求组织复习的教师帮助学生提纲挈领地弄清教学内容的基本内容和重难点，理清前后知识、技能间的内在联系，进一步区分易混淆的概念，防范运用知识时易犯的错误。

（3）拓展训练：复习不是单纯的复述知识，学生应有新收获，增强知识与学习兴趣的迁移。师生须通过读、写、听、算、说、议、看、想等多种途径着眼于重难点，积极认真地进行拓展训练，建立知识之间的相互关系，提高已形成的技能。

实际课堂教学情境中，复习课的结构与巩固课相似，但巩固课的教学思路主要依据学生实际的知识掌握情况而定，而复习课的教学思路则由教师掌控，各环节间层次感更强。教师通常根据知识与技能的复杂程度安排复习内容，先易后难，逐层深入。巩固课以夯实知识基础为主要任务，复习课是在巩固课的基础上，以综合运用知识，总结规律为主要任务。教师在组织复习课时，要密切关注学生思维的变化，及时补充新内容，将知识系统化、网络化，还要注意学生学习习惯的训练及学习态度的养成。

二、复习课课堂提问有效性案例分析

（一）复习课——《小数加减法整理和复习》课堂教学案例的基本情况

下面笔者将以在平凉市F小学四年F班旁听的一堂复习课为例，具体说明复习课中课堂提问的有效性情况。

日期：2015年5月12日

学校：平凉市F小学

学生：四年F班

任课教师：Z老师

课题：小数加减法整理和复习

教师基本情况：

Z老师是一名有近五年教学经验的老师。在学生眼里，她是一个极有威信的老师。学生们只要远远地在楼道口看见她的身影，或者远远地听见她的声音，或者有人在班级门口高喊一声："Z老师来了！"全班同学就会瞬间安静下来，立刻回到自己的座位上。Z老师威信一方面源于四年F班班主任的身份，另一方面源于学生对她的喜爱。学生评价她是一个"理性的老师"。学生犯错时，她能够耐心倾听学生行为背后的原因。在学生心中，Z老师还是一个"会心疼人的老师"。她从不无理地在放学后长时间留学生。偶尔以课后留堂来小惩学生，简短教育学生之后，Z老师便允许学生回家，从不耽误学生午休用餐；老师总是只留"有错"的学生，从不迁怒其余学生。学生们觉得，Z老师是他们的榜样，他们愿意服从Z老师的指导。绝大部分学生都愿意在课堂活动中配合Z老师，积极回应Z老师的课堂提问。

学生基本情况：

四年F班是一个充满朝气的班级。不少学生都乐于在课堂上表现自己。在他们喜欢的老师的课上，他们总是争着回答问题。即使班里学习成绩较差的学生，也经常在Z老师的数学课上主动举手，回答课堂问题。班上的其他同学并不因某个同学回答有误就嘲笑他/她。比起羡慕他人的成长，他们更关注自己在每一个学习阶段中是否有所进步。如果学习成绩稍有退步，他们都会感到沮丧。

（二）复习课一《小数加减法整理和复习》课堂提问有效性分析

《小数加减法整理和复习》一课由 Z 老师设计的四个主要环节构成：

（1）回顾小数加减法笔算法则；

（2）完成课堂练习，复习小数加减法计算法则的运用；

（3）以作业练习为材料，巩固小数加减法计算法则的运用；

（4）拓展练习，巩固小数加减法相关运算法则。

1.复习课课堂提问的序列

观点 1：并联式课堂提问比串联式课堂提问更能省时、高效、多方位地帮助教师收集学生信息。

复习课的主要任务是采取一系列策略加深知识在学生大脑中的印象。复习课的课时数通常比新授课与巩固课的课时数少得多。这经常造成一节复习课中师生需要复习的内容既多且杂。"一问一答"的串联式课堂提问收获的信息量小且费时。运用串联式提问收集学生信息，教师一次只能获得一条信息，大量宝贵的教学时间使用效率较低，可能导致教学任务不必要无法按时按量完成。针对这一情况，教师可采用并联式课堂提问替代串联式课堂提问，即教师可一次性抛出多个相关问题，予以学生一整块完整时间进行思考。学生展开自学活动时，教师巡视课堂并有意识地收集、归纳学生的不同思考结果。教师从中选取学生发表有代表性的观点。师生再对观点的正确性与合理性进行讨论，共同完善问题解决过程。学生的学习情况可得以同时呈现，信息面较广，且集中的思考时间更有利于训练学生的思维能力。

（教师板书题目：4.78+2.22，8.68-6,14.8+20）

师：每个人做三题……请同学们笔算……

（教师请三位学生在黑板上做题）

师：请问在笔算时这里的 0（笔算 4.78+2.22 时，竖式里小数点后面的可以省吗？（问题 1）

（全体）生：不能。

师：那得数的0（4.78+2.22=7.00中的0）要怎么样？（问题2）

（全体）生：去掉。

师：这里的0（笔算"14.8+20"时，竖式中20.00小数点后0的要怎么样？（问题3）

（大部分）生：保留。

师：整数的运算定律对小数而言怎么样？（问题4）

（大部分）生：一样能用。

——教学片段1

该节复习课的教学重点在于训练学生的计算技能，有效的技能学习是学生能在不同情境中熟练运用技能解决问题。Z老师设计了三道应用型问题："4.78+2.22"，"8.68-6"，"14.8+20"考查学生小数加减法计算技能的掌握情况。为进一步强化小数加减法的计算要点，Z老师专门设计了与易错计算要点——"得数末尾有0可以去掉"对应的评价层次问题——"请问在笔算时这里的0笔算（'4.78+2.22'时，竖式里小数点后面的可以省吗？"（问题1）"那得数的0（'4.78+2.22=7.00'）中的要怎么样？"（问题2）"这里的0（笔算'14.8+20'时，竖式中小数点后的0）要怎么样？"（问题3）。Z老师将三道练习题同时呈现于学生面前，而不是分批，一一布置学生完成相应习题。Z老师采用的方法让学生有机会将三个重要知识点放在一起进行比较，强化效果较好。

2.复习课有效课堂提问与课堂提问的设计

观点2：课堂提问"变式"能够提高复习课课堂教学的有效性。

所谓"变式"，是指教师有目的、有计划进行的对命题的合理转化，即教师从不同角度更换命题的非本质特征，变换问题的条件或结论，配置实际应用的各种环境，保留命题的本质因素，使学生掌握对象的本质属性。在课堂提问中引进"变式"，一个提问多种设计，一题多用，多题重组，形成问题系统，既渗透思想和方法，又进行纵向和横向的联系，可以给学生新鲜感，唤起学生的好奇心和求知欲，催生主动参与学习的动力，维持学生参与学习活动的兴趣和热情。

教师通过多媒体课件呈现题目："0.384+0.36+2.64,5.26+3.43+0.74，1.29+3.7+0.71+6.3，3.9+4.08+3.92.+1.1"。

师：昨天的作业要求笔算，其实这道题还可以怎么样？（问题5）

（部分）学生：口算。

师：第一道题——

（全体）学生：3.384。

师：第二题——

生1：9.43。

师：对的。

（教师手指第三道题）

师：怎么算？

生2：先算："1.29+0.71"和"3.7+6.3"，等于12。

师：（教师手指第四道题）等于整数——

生3:13。

师：……刚刚的这四道题运用了哪些运算定律？（问题6）

师：第一道题运用了——

（部分）生：加法结合律。

师：第二题呢？

（部分）生：加法结合律。

师：第三题呢？

（部分）生：加法结合律。

师：第四题

（全体）生：加法结合律。

师：全班说一遍（加法结合律），三个数——起。

（全班）生：三个数相加，先把前两个数相加，再同第三个数相加，或者先把后两个数相加，再同第一个数相加，它们的和不变。

——教学片段2

教学片段2中，老师借助多媒体课件呈现的四道应用型问题：

"0.384+0.36+2.64，5.26+3.43+0.74，1.29,+3.7+0.71+6.3，3.9+4.08+3.92+1.1"是前一日学生们的家庭作业题。围绕这四道习题，老师设计第一种的问题变式是要求学生运用笔算方式解答家庭作业。其次，老师改变问题的解答形式，形成第二种问题变式，即课堂提问——"其实这道题还可以怎么样（算）？"（问题5），让学生们口算同样的四道习题，强化学生的计算技能。最后，Z老师改换问题角度，从方法层面提出"刚才这四道题运用了哪些运算定律？"（问题6），引发学生回顾重要运算定律。从上述案例可知，围绕相同材料设计课堂提问变式，执教教师可以在解答方式与设问角度、层面多下工夫。

第十五章　课堂提问有效性研究的反思

第一节　有效课堂提问的教学论解读

第五章中，笔者选取了教学实践中具有较高代表性的三节常态课作为分析对象。这三堂课中出现的课堂提问，都是教师日常教学中经常使用的问题。Y老师与Z老师设计与实施课堂提问的方式，以及她们处理后续课堂活动的方式，其他教师都可以仿效。正如不可能要求课堂上的每一分钟都是有效教学一样，教师的每一次课堂提问也不可能都做到有效。如果教师能够借助三两课堂提问，让学生们一课一得，那么就可以判定某一课时的课堂提问是有效的。总结教师的课堂提问实践经验，课堂提问的有效性与教师所持有的学生观、知识观及相应的教学观有着密切联系。

一、有效课堂提问的学生观

教师如何认识学生是其选择教育教学方式方法的重要依据之一。在设计、运用课堂提问的过程中，教师不可避免地要对其执教班级的学生情况做出判断。

（一）教师对学生持积极定向

以人性善恶问题的相关认识为依据，人性可有消极与积极两种定向方式。面对同一个人，对人性持消极定向的人，习惯首先或主要关注其身上潜在的及现实的罪恶倾向；而对人性持积极定向的人，总是首先或主要关注其身上潜在的或现实的美好倾向。教育教学中,教师看待学生的定向不同,可能导致其采取不同教育教学行动方式。持消极定向的教师在教学中首先关注的是学生在知识、技能、情感等方面的缺陷,视学生为各种缺陷的总和,将学生等同于一个待解决的问题,因而把全部精力放在如何通过外在干预,强行抵制或消灭学生身上的不良倾向,或者一厢情愿地通过外在灌输,在学生身上铸造自己所希望的美好品质。持积极定向的教师则与之相反。他们能敏锐地发现,至少是相信那些所谓"生性顽劣""先天不足"的学生身上具有潜在的积极倾向。他们会努力创造条件,使学生天性中被湮没或力量微弱的良性倾向得以生长、扩充,最终达到消解消极倾向的目的。堂上,教师借由课堂提问制造的认知冲突,即是促使学生潜能外化、发展的条件之一。开放性课堂提问在课堂教学中的使用,能够大幅为学生良性倾向的发展提供机会。

（二）学生是具有自由意志的人

关于人到底是自主的、自觉的,还是机械受动的,一直是人性论内部争论的主要问题之一。人的自主性与受动性这对关系范畴对教育教学的意义在于对学生具有自由意志的肯定,以及学生的自由意志是一个变量的认识。这里所说的自由意志包含两种理解:首先,将自由意志理解成选择的自由,理解成学会选择。许多学者认为,关于人类本性是否具有自由意志的讨论,焦点在责任问题。没有自由,就不可能有责任。责任必须以选择为基础。学生学会选择,学会运用自由,应成为教育的一个基本目的。正如人本主义者罗杰斯所说:"个人在其生活的世界中,通过对决定命运的事件自愿承担责任来抉择如何实现他自己,这本身就是自由"。其次,自由意志还包含人对内外世界说"不"的能力。学生应不笃信任何权威,在群体压力面前,不轻易放弃自己的立场,拥有保持思维独立性的自信心与证明自身观点正确性的能力。这里必须强调的是人与生俱来的心灵的自主、自动倾向,如果没有适当的培植,完全有可能逐渐泯灭殆尽。学生的自由意志是学生问题意识的根源。保护学生的自由意志,引导学生的自由意志能够进一步发展学生问题意识。在问题意识的激发下,学生能够主动从学习材料中发现问题,提出自己的假设，验证假设。这正是学生探究能力形成、发展的动力所在。

二、有效课堂提问的知识观

鉴于课堂教学时间的有限性，教师应选择最有益于学生成长的知识进入课堂。这就关系到教师怎样看待知识的问题。

（一）知识的来源具有多元性

知识总是主体用人类主观化的概念形式或符号规整后，客观世界在主体头脑中的反映形式。主体面对同样的客观对象可能获得不同内容的知识。对于相同的客观对象，不同主体可能具有完全不同性质的反应形式和内容。知识既指已经创造出来并具有客观存在形式的知识，也指主客体相互作用所产生的关于对象的直接知识。课堂上，前者通常表现为学生通过阅读书本，聆听教师讲授所获得的间接知识。后者则表现为学生在教师、同伴的启发下，将个人从课内外所得经验相结合所产生的新观点、新体验。这印证了知识的来源具有多元性。课堂上的知识可以来自教师，可以来自教科书，也可以来自学生。教师应摒弃知识只来源于确定的教科书及教学参考的观念。在对待学生观点时，教师保持宽容的态度，充分利用其中能帮助学生更准确，更透彻理解教学重难点的要素。学生个人及集体于课堂中生成的观念、体验等都可以成为通过教师以课堂提问的形式进行传递，成为其他学生的学习资源。

（二）教师注重知识的发展价值

知识对于人的价值是直接的。从个人角度讲，知识对于人的价值主要表现在生存、认知和发展三方面。当前，知识毫无疑问是人们获得物质生存资料的必要手段，也是改善其物质生活质量和获得幸福的根本保障。所谓知识的认知价值，是指知识对于人具有提高认识能力的价值。知识的认知价值主要表现在两个方面：第一，知识总量的增加本身就是人们的精神财富。掌握知识越多的人越是自信，越可能在外部世界中获得肯定性情感体验。第二，知识的积累使人在面临对象时能够创造新知识。知识的发展价值则表现在人能通过对知识的不断追求,不断完善人生,实现终身发展。只有获得了相应的知识,才可能获得不断发展的能力。没有对自我的知识,没有对自我生存的环境的知识,人就无法发展自我。知识的发展价值以知识的生存价值、认知价值为基础。知识的发展价值是知识的最高价值。终身教育的倡导者保罗朗格朗在《终身教育引论》中指出,现代社会科学技术的迅猛发展及其在社会生活领域的广泛应用,使得社会生产与社会生活的各个方面发生了巨大变化,一个人接受一次学校教育就可以一生应付自如的观点已经过时。一个人的教育训练和学习不应随学校教育的结束而结束,而应是从出生到死亡的持续不断的终身化过程。学校教育以外的教育训练和学习更多时候要依靠学生的自学能力来完成。因此,教师应着眼于知识发展价值的实现,帮助学生获得终身学习的能力。课堂提问既是传递知识的手段,也是引发知识生成的手段。前者表现为以问答检查学生知识掌握情况,后者表现为创设问题情境启发学生智慧。二者的有机结合即是课堂提问促进学生学习能力发展作用的达成。

三、有效课堂提问的教学观

"学生怎样学习"即"学生如何获得知识",是教学观首要回答的问题。建构主义认为,学习不是由教师向学生的头脑注入知识的过程,而是学生自己建构知识的过程;学生不是被动的信息吸收者,而是主动的信息建构者——学生综合、重组、转换、改造头脑中已有的知识经验,用以解释新信息、新事物或者解决新问题,最终生成个人的意义。学生的学习总是在一定的社会文化环境下进行,通过一个学习共同体的合作互动来完成。知识不可能脱离活动情境而抽象地存在,学习应该与情境化的实践活动相结合。课堂提问是教师创设问题情境的极佳工具。教师以课堂提问的方式可以引发学生主动建构知识的活动。在学生建构知识的过程中,课堂提问可以"脚手架"的姿态出现,适时为学生补充思考所需的信息。

基于上述认识,非指导性教学理论关于"如何促进学生学习"的主张值得教师借鉴。在人本主义心理学家看来，真正的学习经验能够使学习者发现自己的独特品质，发现自己作为一个人的特征。教学的本质是促进学生成长为一个完善的人。美国人本主义心理学家罗杰斯的非指导性教学是这一流派的代表。非指导性教学假设：每个人都有健康发展的自然倾向，有积极处理多方面生活的可能性；充满真诚、信任和理解的人际关系能促成学生健康发展潜能的实现。非指导性学习倡导学生进行意义学习。这种意义学习主要包括四个要素：第一，学生的亲身参与；第二，学习由自我发起，即使推动力或刺激来自外界，但要求发现、获得、掌握和领会的感觉来自个体内部；第三，学习是渗透性的；第四，学习由学生自我评价。

教师作为"学习促进者"，主要发挥以下四个方面作用：

（1）帮助学生澄清自己想学什么；

（2）帮助学生安排适宜的学习活动与材料；

（3）帮助学生发现所学材料的个人意义；

（4）维持某种滋育学习的心理气氛。教师的态度是其发挥促进者作用的关键因素之一。

教师的态度包括真诚、接受、理解三方面要素。教师与学生坦诚相见、畅所欲言是第一要素。此外，教师要信任学生，站在学生的角度认识学生所思、所言、所为，不用自己的标准及主观臆断来束缚学生。

第二节 关于"有效课堂提问"向"高校课堂提问"转化的思考

　　Y 老师与 Z 老师的课堂教学案例说明在课堂上做到有效提问并不难,关键在于教师是否具有有效课堂提问的意识。作为一种教学方式,课堂提问可以服务于有效教学,也应该能够服务于高效教学。"课堂提问如何服务于高效教学"是值得进一步思考、解答的问题。"有效教学"相对"低效或无效教学"而言,而"高效教学"是相对于"有效教学"而言的。教学的有效性最终要落到学生的学习的有效性上。

　　考量教学的有效性有三个指标——"学习速度""学习结果""学习体验"。"学习速度"指"学习效率",学习特定内容所花费的时间越少,说明学习效率越高。"学习结果"表现为学生通过教学获得发展。按照发展的内在机制,学生的发展可以分为预设性的发展和生成性的发展。预设性的发展是教师可以预计到的,而生成性的发展在师生的意料之外"学习体验"是伴随着学生学习的一种状态,包含学生的学习兴趣和学习愿望。"高效教学"以"有效教学"为基础,追求更高的学习质量,强调学习体验与生成性发展的生发。

一、高效课堂提问着眼于学生的学习体验

　　前苏联教育理论家苏霍姆林斯基说过:热烈的学习愿望、明确的学习目的,是学生学习时最重要的动因。培养这种愿望的工作,与学校的全部教学和教育工作紧密联系,并且首先是在课堂教学中实现的。教师应该在课堂教学中为学生创造提出问题的机会,并以学生的问题为起点展开教学。"指导—自主学习"教学模式提供了高效使用课堂提问的示范,Z 老师的教学围绕

学生提出的问题展开，做到了教学与学生的学习愿望相结合。课堂提问源于学生的个性化生成，更贴近学生的学习需要。学生的学习在内部动机的驱动下不再是被动学习，而转变为主动学习。同时，学生在相互学习、合作学习中获得积极学习体验。先学会的学生在帮助他人的过程中收获成功感，后学会的学生在接受帮助的过程中体验同伴之间的相互关爱。这些积极学习体验有助于学生间接兴趣、学习愿望的进一步形成。

二、高效课堂提问催生课堂教学智慧

具有独立思维、创造精神的学生在课堂上能够积极思考，敢于对预设的教学内容提出质疑。教师如能把学生的质疑转化为课堂提问，将有助于学生获得生成性发展。

第三节　课堂有效提问的基本理论

一、课堂有效提问的含义

有效"即能实现预期目标,有效果。有效性提问是指教师所提出的问题能够引起学生的回应或回答,且这种回应或回答能让学生更积极地参与到学习过程中。最终达到教学的目标,取得明显的教学效果。

语文课堂提问的有效性是指在课堂教学中,教师为使学生实现获取语文知识、形成语文技能、提高语文素养、训练逻辑思维等目标,结合学生的认知水平设计问题、引导学生开展思维、探索正确答案时学生的接受度与效率。

在教学中,有效的课堂提问能诱发学生思维的兴趣,增强学生思维的严密性、深刻性和批判性,也能使学生在接受新知识的过程中向更高更远的层面飞跃。因而对课堂提问的精心设计以及对课堂提问的有效性的思考是当前教学中值得探究的重要课题。

二、课堂提问有效性的标准

课堂有效提问是教学有效性的具体体现,课堂教学中,课堂行为者——师生的活动效果应当是最主要的参照尺度,如果从师生活动效果来看,课堂提问有效性标准应当从两个角度个方面加以衡量。

（一）学生学习效果

第一,能引起学生的学习兴趣,激发其求知欲和探求欲;
第二,促进了学生的思考,提高了思维水平;
第三,就某问题的相关内容与教师和同学交流后,知识得以丰富,技能得以提高;

第四,培养了学生的口语表达能力;

第五,乐于参与交流,提高了信息交流效益。

以上个方面是以学生的发展为核心的,具体体现为知识的丰富、情感的陶冶、智能的提高、人际关系的和谐,课堂中,学生是学习的主人,也是发展的主体,通过课堂提问的方式,这些方面得以完成,课堂提问也就达到了教学的效率和效益的双提高。

(二)教师教学效果

第一,能及时了解学情,相机调整教学环节与教学方法;

第二,能掌握预设目标的完成情况,引导生成目标的完成;

第三,增进了学生的参与度,体现出教学的公平公正;

第四,课堂教学能力得以提升,教师专业素养得以提高。

以上 4 个方面是以教学任务的完成和教师的专业发展为主要参照的,任何时期任何理念指导下的一堂课都不可能回避教学任务这一问题,尽管教学任务完成的多少有别,预设目标实现的程度有异,但一堂好课都需先"胸有成竹",然后才会"势如破竹",毫无目的、随波逐流的课堂是无效的。同时,在完成教学任务的同时,通过课堂提问的方式促进师生交流,教学相长,教师的授课能力得以提高,也是课堂提问有效的应有之义。

第十六章 课堂提问中教师的角色

第一节 教师是提问的主导者

在课堂教学中，教师是课堂提问的主导。德国教育家第斯多惠认为，"一个真正的教师指点给他们的学生们的，不是现成的高楼大厦，而是教他建筑。"这肯定了教师的主导作用和地位。在教学过程中，只有信奉这一教学理论"以教师为主导"，才能取得卓越的成效，实现既定的目标。教与学相辅相成，课堂教学效率的提高是教与学双赢的体现。新课程标准反对那种单向的灌输式的教学模式，要求在课堂教学中发挥教师的主导的作用，也突出学生的主体地位。处理好课堂教学中课堂提问的教师主导者地位是教师讨论和研究的课题。

实施新课程以来，课堂提问的要求日益重要，标准日益提高，在长期的教学活动中，教师的主导作用日益不可忽视。教师的爱对激发学生学习动力起十分重要的主导作用。热爱学生是教师职业道德的核心，教师的爱可以成为学生学习的原动力。教育学家托尔斯泰曾说过："如果一个教师仅仅热爱事业，那么他只能是一个好教师。如果一个教师仅仅像父母一样爱学生，那么他将比那种读过许多书，但却不热爱事业，也不爱学生的教师好。如果一个教师把热爱事业和热爱学生结合起来，他就是一个完美的教师。"热爱学生就是要把自己的爱全部倾注到每一个学生身上，并贯穿于整个教学过程。一旦爱主导了学生的情感，爱的河流总是双向流动的，学生一旦感受到教师的爱，就会激起对教师的亲近感和信赖感，也就能"亲其师，信其道"。

在课堂提问之前，教师的主导作用还体现在备课和授课这两个环节上。

在备课中，教师的主导作用十分重要。古人云："师者，所以传道、授业、解惑也。"这一点就是明确了教师的主导地位。教学是十分复杂的艺术工作，能否上好一节课，能否在课堂提问上收获良好的成果，取决于教师事先的备课。因此，教师在上课前要反复认真地钻研教材，明确教材的教学目标和要求，教师在备课时，不仅要把握教学内容的要点、难点，还要准备如何导入课文。课堂教学导课的功能体现在启发和引导学生的思维，使学生在较短的时间进入到课堂教学最佳状态中。因此，教师应尽力运用导入法，引领学生主动参与到教学过程中，为学习课文做好开路先锋。

"教师中心论"是德国的赫尔巴特提出来的，他的教育思想对当时乃至之后百年来的学校教育实践和教育理论的发展产生了非常巨大、广泛而又深远的影响。赫尔巴特强调教学应该是一个统一完成的过程，提出形式教学阶段理论。他将教学过程分为清楚、联想、系统和方法四个阶段。其中"清楚"是指清楚、明确地感知新教材；"联想"是指学生通过一定形式的练习与作业，把系统化了得知识运用于实际，检查是否正确理解和掌握了所学的新知识。后来，赫然巴特的学生齐勒尔和赖因又发展为五阶段，即准备、提示、联想、概括和运用，为广大第一线的教师提供了一个更为容易理解、掌握和运用的教学模式。前苏联教育学家凯洛夫又将其演变为五步法，即复习、引入、讲解、总结和练习。在20世纪50年代，中国中小学曾广泛采用这一教学模式。

赫尔巴特的管理措施首先是威胁，但一定要绕过可能遇到的两种暗礁，即对置威胁不顾的本性顽强的学生要及早教育防患于未然，本性软弱的学生应给予适当监督，但不能妨碍学生自身探索能力的培养。为弥补威胁与监督的弊端，应辅以权威与爱的补救措施，他认为权威能约束学生的超常活动，培养心智的服从，爱则依靠师生情感的和谐使管理更为有效。赫尔巴特的管理手段还有学生活动，即给他们布置适量的作业，以促其勤谨，防止不受管束，当这些措施都不能奏效时，应果断采用命令、禁止、惩罚等手段。

不能否认赫尔巴特所取得的巨大成就，但必须承认他存在的局限性。他对教育过程的理解是把学生置于可塑的受动地位，强调教师对学生观念的引导而忽视了学生自身的活力，消解了人的个性与自由，这种主知主义倾向割裂了生动饱满的教育生活。

"学生中心论"的代表性人物是美国教育家杜威。他把赫尔巴特作为传统教育的主要代表，给予了激烈的批评，他抨击赫尔巴特主义剥夺了学生自我活动的余地，实施的是强制的、非民主的、有抽象主义倾向的教育。

杜威认为，"传统教育"就是一种"静听"的教育，学校里的一切都是为"静听"准备的，消极的对待学生，机械地使学生在一起，课程和教学方法的划一，概括地说，重心是在学生以外，重心是在教师、在教科书以及你所喜欢的任何地方和一切地方，唯独不在学生自己的直接的本能和活动。

针对传统课程编制的弊端，他提出要改造课程，使之能真正适于学生的生活，并特别强调了两个观点：第一，学生和课程之间不是互相对立，而是互相关联的，"学生和课程仅仅是构成一个单一过程的两极，"学生是起点，课程是终点。只要把教材引入学生的生活，让学生直接去体验，就能把两点连接起来，使学生从起点走向终点。第二，"学校科目相互联系的中心点，不是科学，不是文学，不是历史，不是地理，而是学生本身的社会活动。"

不能对立地看待"学生中心论"，杜威从未拒绝教师发挥其作用。只不过这个作用是"引导"，而不是"主导"，当然更不是替代和包办。杜威是从更广阔的视野对教师角色进行了更高层次、更有建设性的审视建构赋予教师形象以全新的内涵和价值。

杜威认为：

（一）教师应是学生思维能力的领导者。为最能使教师展现出领导才能的地方，当属教师对学生思维方法的培养。教师是培养学生思维的领路人。杜威将学生掌握思维的方法置于教育的中心地位。杜威说："教育在理智方面的任务是形成清醒的、细心的、透彻的思维习惯"。

（二）教师应该是教学活动的发起者和组织者。杜威认为"学校科目互相联系的真正中心，不是科学、文学、地理、历史，而是学生本身的社会活动。"而教师是学生这种"社会活动"的发起者和组织者。杜威反对传统教育以单纯传授知识为目的。那种学生静听讲解和记诵书本的做法，只能使学生全然处于消极被动状态,抑制学生的理智活力,扼杀学生的创造才能。学习知识不应当从生活中孤立出来而脱离生活,教学也不是直截了当地注入知识。教师的作用是诱导学生在活动中得到经验和知识,让学生在做中学,教师要根据学生的特点来决定学生需要做什么和怎样做。学生"做"的内容是经过教师精心选择和安排的,学生"做"的过程是在教师悉心指导下进行的,这与前面提到的教师是领导者的思想是一致的。

(三)教师应是学生心智的研究者。杜威提出,教师应当"成为学生心智的研究者"。作为教师,要了解学生已达到的身心发展水平,要研究"学生先前的经验和已经学过的知识,有什么可以利用的?怎样帮助他们形成新就知识之间的联系?需要采用什么方法来激起他们学习的动机?怎样才能把教材讲清楚,并使学生记牢教材?怎样才能使课题个别化,也就是说,使它既具有某些显著的特征,而教材又能适合于每个人的特殊需要和个别爱好。"

(四)教师应是师生互动中的交往者。杜威认为所有的学习都产生于相互作用。学习从来就不是教师向学生单向传授知识的过程,而是一种相互参与的结果,是学生——教师——生活经验之间的相互作用。学习不是直接从他人那里接受所传授的东西,而是进入到两者共同的生活中而获得的。学习的过程是师生共同学习、相互质疑、听取意见从而达到相互帮助、共同发展的过程。在这一过程中,教师扮演着交往者的角色。在师生交往、互动过程中,达到相互理解与沟通。师生交往的过程更能体现出教师是师生共同活动的参加者和伙伴,更能体现出师与生平等的关系。杜威曾用父母对婴儿喂食的例子来解释师生应怎样发生交互作用。教师应通过与学生的交往,既要了解学生在学习过程中的内心感受和思想状态,又要优化与学生学习有关的一切外部客观条件,使学生的兴趣及参与教育过程的积极性、主动性与外部客观条件达到和谐的状态,从而发生良好的交互作用,完成经验的改造。"传统教育的问题,不在于它着重控制经验发展的条件,而在于对能决定有什么样的经验的内在因素太少注意"。

由此而知,在整个教学活动中,教师是主导者,那么在课堂提问中,教师的主导地位应发挥在善于控制课堂氛围与把握课堂提问方向上。

1.忌偏食

不少教师只喜欢向成绩好的学生提问,不愿意向成绩中差的学生提问——既担心答不出影响教学进度,又害怕他们不愿意答问。

2.忌惩罚

个别老师特别是个别班主任,将提问作为惩罚手段,专门收拾心目中的"差生",对回答不正确的学生予以惩罚。

3.忌讥讽提问

亲切的语言、热情的态度、轻松的气氛将消除学生的紧张和压抑感。对成绩差的学生,适宜以鼓励的语气提问,用赞许或肯定的口吻评价。

4.忌齐答

当教师提出一个较简单的问题时,学生习惯齐答,这样看似活跃了课堂气氛,但长此以往,不能促使学生独立思维,反使学生养成不假思索脱口而出的坏习惯。

第二节　教师对学生回答的评判

课堂教学本身是一个动态过程，它不仅是知识的传授、能力的培养、提高、思维碰撞的过程，同时它也是老师和学生之间进行心灵沟通交流的过程。因为学生是主体，他们的一切都需要教师一定的评价和指导。新时代的教师要学会欣赏学生，评价学生。

在课堂提问中，教师对学生的评价对于学生能够产生很大的影响和作用，每位教师都应该意识到教师评价的作用不仅会影响学生的行为，而且会影响学生的内心，不仅会影响学生的一时，有的甚至会影响他们的一生。为了对学生负责，教师应谨慎使用手中的评价权。

一、评判的语言

课堂提问具有具体性和多样性，教师对学生的回答要做到公正、公平、鼓励这几点。当学生回答出教师提出的问题后，首先，对学生回答的评判可以不只停留在口头语言上，还可以运用手势，表情等肢体语言，这样可以让不善于被别人表扬的学生感觉舒适，也会得到更多的鼓励。其次，对学生的评价也不能简单地说一声"好"或者"不错"等等这些笼统的简短的评价，而应该具体说明哪一点回答的不错，适当的时候也可以指出学生回答的不足之处，哪里需要加以完善，这样能让学生知道你在注意他，是在认真地倾听，得到了老师的重视，学生会信心。

二、评判的适当性

当前，很多教师都较注意在课堂提问后学生的回答上对学生进行表扬、鼓励，借此来调动学生的学习积极性，这一点是正确的，但是过犹不及，有的教师却对学生的表扬或鼓励过高了些,或者是说对学生的评价不切合实际,这就是我们要注意的问题。比如有的学生平时表现较差,学习上反应较迟钝,如果教师对他们的表现进行过高的评价,大力的表扬学生,那么学生反而会接受不了。因为一个学生的行为表现不可能在短时间之内能转变过来,所以教师应该一步步来。这样,学生能真正体会到自己的成功之处是值得肯定和鼓励的。学生获得的表扬,不是教师随口应付的,而是自己成绩的肯定,这才是恰当的评价,才会对学生有真正的激励性和鞭策性。

三、评判的积极参与性和互动性

教学的评价一般只局限于教师对学生的评价,其实还应参与学生与学生之间进行评价,以及学生的自我评价。评价不只是教师一个人的事,应适当的让学生参与进来,比如学生回答完一个问题之后,其他学生及时的鼓掌,使他们被重视的感觉。有时,学生之间相互了解可能比老师对学生的了解更彻底更透彻,教师不能唱独角戏,要想方法让学生参与进来,让他们来评价他人,或作自我评价,这三种方法如果能有机结合起来,对于课堂教学一定会起到更好的促进作用。

四、评判的"度"

在课堂提问中正确地评价学生,有助于学生的健康成长。在课堂教学中,教师能做到正确客观地评价是对学生可持续发展的关注,是对学生独立个性和健全人格的关注,是对学生生命的关爱。新时代的教师要学会欣赏学生,评价学生。评价学生是教师的责任,也是教师的权力。当学生回答问题后,教师说出一句话,甩出一个眼神,做出一个动作,表示一种态度,对教师来说都是很容易的事,但是当决定说这些话,做这些事之前,是否想过带给学生的将会是什么,如果是赞扬,那么学生会欣喜,充满自信,如果是批评,那么学生可能会气馁、自卑。教师应针对学生的性格与学习成绩来向学生提出难易不同的问题,当得到学生的回答之后,要先思量,再给予评判。

五、评判要全面客观

评价要做到全面客观,首先要有一个正确的人才观和质量观看,一个学生不能只看他的学习成绩,还要看他的学习态度;不仅要看他的学习态度,而且要看他的学习方法、学习习惯和心理状态。教师应全面客观的看待学生。

六、评判要以鼓励为主

对学生进行评价的目的是为帮助他们更好的发展。因此,评价方式必须服从评价目的,通过教师的评价,要能够增强学生的自尊心、自信心,激发学生发展主动性与自觉性,鼓励他们不断上进。当鼓励学生后,学生的学习热情会被激发起来,学习方式也会发生变化,由被动学习变成主动学习。

七、评判要有发展性

教师要用发展的观点和标准来评价学生,要看到学生正处在成长发展的过程中,每个人都有着巨大发展潜力,现在的丑小鸭可能会变成以后的白天鹅。相反,如果教师对一个学生进行讽刺、挖苦,可能会影响这个学生的一生。因此,在对学生进行评价时,切忌用僵化、固定的眼光来看待他们。要看到他们的努力、看到他们每点的进步和变化,要及时肯定他们的进步,在评价标准掌握上,要有一定的相对性。

课堂教学中科学合理地评价学生是每个教师的基本功,在课堂提问中,教师对于学生回答问题后的反馈更为重要。教师能否正确运用评价手段促进学生全面发展,取决于教师是否具有正确的评价观。教师要适应素质教育的要求,就必须能正确运用科学的评价手段,使学生在科学评价的引导下,全面素质得到均衡协调发展,走向成熟,迈向成功。

第三节　应鼓励学生多多质疑

据有关报道，有著名大学的教育研究院做了一项调查研究：从一些中学生身上收集了 2 万多份调查样本，对中国的中学生和美国的中学生做了一番比较。调查数据表明，在"课上提问或参与讨论"选项上，有超过 20%的中学生选择"从未"，而选择这一选项的美国中学生只有 3%；只有 10%的中国学生选择"经常提问"或"很经常提问"，而选择这一选项的美国学生约为 63%。

近日发布的这个调查研究报告认为，在中国的教育中，教师依然是课堂的主导者，"不会提问"会成为中国学生的短板。为什么同样是中学生，中国学生与美国学生在提问上会有这么大的差别？据说中国"有些同学怕自己的问题愚蠢，不好意思问"，但美国学生又为什么不怕或者不觉得自己的问题愚蠢？

这显然无涉作为个体的人，而与教育和社会有关。我们的应试教育体制更多地要求学生学习背诵，而非质疑提问。从小学开始，学生的头脑就被作为记忆软件来训练，背得越多，分数越高；分数越高，考取的学校越好；考取的学校越好，获得好工作的机会也就越多。这种环环相扣的功利关系逼使学生只顾学习而不求甚解，只顾存储而不管纠错。同时在我们社会中，只要拥有某种权力，无论是领导还是父母、长辈、校长、老师等，都似乎拥有不可置疑不容挑战的权威。在我们的价值观念中，听话与服从是"好孩子"的重要评判指标。提问如果是求知求解尚可被接受，但如果是质疑，那就不符"好孩子"的特质了。我们还有许多思想观念从面世起就获得了"真理"的尊贵身份。这些"真理"不是由严密的逻辑推导出来的，因而也就不能用逻辑求证，摆明了是不容置疑不许设问的。这样一来，学生还能有多大的提问空间？

所谓"学问"，是"学"与"问"的组合产物。古书早就告诉我们："君子学以聚之,问以辩之。"只学不问,永远都是前人的追随者,旧知的复印机;永远只能"长江后浪随前浪,前浪都是好榜样"。学生没有提问的兴趣,没有质疑的精神,恰恰反映了教育的弊病和社会的僵化。因此,通过调查研究发现中学生"不会提问"的短板是远远不够的,更要去寻查这一短板的制造者。

古语云:"学起于思,思起于疑。"主动学习的核心是探究,探究活动始于提出问题,让学生敢于提问和善于提问是培养学生探究能力的突破口。因此,在课堂提问中,不仅仅是教师提问,学生也应用于提问。让学生质疑提问,才能培养学生主动探究的能力。在课堂教学中,可以让学生尝试提出一些问题,让教师来解答。"学贵在疑,小疑则小进,大疑则大进。"教师在教学中,要善于引导学生质疑。引导学生质疑能从根本上消除学生等待教师传授知识的依赖心理,变被动吸收为主动探索,是发挥学生主体作用的好方法,容易激发学生探讨的兴趣、欲望,点燃发现问题的导火索。那么,如何培养学生的质疑能力呢?

一、鼓励学生大胆质疑

在教学中怕的是学生无疑,或不动脑筋,不善于思考,不能发现可疑之处,或害怕提错,被讥笑遭到批评,导致有疑不敢提,关键在于教师要鼓励学生放胆质疑——提错了不指责,敢于肯定其积极动脑的一面;疑对了,疑好了,给予鼓励和表扬。这样,学生的质疑得到了很好的回答,更激励学生积极思考,大胆质疑,学生自然会产生求疑的积极性,形成活跃的课堂气氛。

二、创设质疑时空,培养质疑意识

教师要通过自身的言行举止,激发学生,让学生敢问、善问,消除他们的自卑和紧张心理,让他们以轻松的心态投入到学习中,使他们思维活跃。平时的班级活动、课外活动等活动都应该看成是课堂教育。教学活动的延伸,要有意识地创设质疑的机会,逐渐形成氛围。让学生自由讨论,提出问题,想出办法,自解难题,自我教育,增强他们的主体意识,这些都会成为课堂教学指导质疑的铺垫。

三、引导学生质疑到位

当学生质疑的积极性被调动起来,他们的思维处于兴奋状态时,教师要因势利导,鼓励学生要围绕中心,从多角度、有顺序地提问,从而提高质疑的质量。当学生对一个问题质疑到位,而教师解疑有序,学生质疑问题的积极性会更高,教学效果也就不言而喻了。

四、教给方法,让学生有"疑"可质

学生有胆量问并有了一定的兴趣后,并不等于就能问到重点、问到点子、问得恰到好处。关键在于让学生掌握基本方法,学会把学习过程中有价值的疑难问题提出来,如在语文课上,可让学生这样想到书本里的句子:为什么这样表达?能否增加或删改一些字词?通过让学生质疑,让学生更深地悟出作者的写作手法和这样叙述的原因,以及作者所表达的思想感情。

在教学时要鼓励学生对任何一个问题都去"钻牛角尖",或提出与众不同的看法,甚至提出其他学生或老师一时也想不到的问题。这是学会质疑的关键。有时学生质疑的涉及面广,显得"多而杂",这时教师可组织学生讨论,哪些问题问得好,哪些问题不着边际,不是教材的内容和重点,引导学生逐步由"多而杂"变为"少而精"。只要引导得法,学生就能有所发现,逐渐学会质疑。

五、发挥主导作用,做好质疑有效控制

要使学生做到非"疑"不质,是"难"才问,要注意如下控制:

(1)时间控制。首先要把握质疑的时机,特别在讲授新课时和新课结束后,让学生质疑。其次,质疑时,要留给学生充分的思考时间,才能有所发

现。三是准许学生有疑就问，不懂就问，不要怕打乱原来的教学程序，做到"骤然临之而不惊，无故加之不乱。"四是要防止时间不够。学生"问"无所得，或尚未"解惑"草率收兵，流于形式走过场。

（2）对象控制、质疑问难要向全体学生，"好、中、差"兼顾，尤其要鼓励差生质疑。差生有自卑感，即使不懂，一般也不敢问，这样得不到及时补救，以后问题越积越多，更无从问起了。

（3）范围控制。要保证质疑问难的质量，既要拓宽内容、范围，又要进行范围控制，不能漫无边际，要做些思维方面的引导，让学生的思考集中在要学的知识点上，做好有效控制才能使学生提出有效的问题，这是培养学生质疑能力的重要措施。

六、新知提问，培养学生探究能力

一堂课，出现了一些概念，一些新知识。同时，学生的头脑中总会有一些疑问，而这些疑问正是他们求知的目标和方向。通过这些问题可以把新知内化为自己的知识体系，或许他们头脑中的这些问题也正是新课的教学目标，所以教师可以鼓励他们提出对新概念，新知识的疑问。

七、操作提问，提高学生解决问题能力

课堂中的操作并非是机械地动手，而是要在操作中通过动脑，思考，指导操作，所以在操作的过程中必然有问题产生，操作时产生的问题也可以让学生提出来，让大家一起思考，讨论，解决，共同提高。通过操作，提出问题，共同解决，学生对学习的自信油然而生，对解决问题的能力又有了提高。

以上七点是培养学生质疑的良好习惯，但培养学生质疑并不仅限于这几点。在一堂课的任何时候，学生有问题都可以提问，甚至鼓励他们提出一些书本上没有给出答案的问题，从而养成良好的质疑能力，学会科学的学习方法。学生在学习的过程中，碰到了疑问并且大胆的提出来，一般来说，这时全班的同学都会积极动起脑筋。老师适时引导，学生共同研究探讨，课堂氛

围会非常好，学习效果事半功倍。

总而言之，教师要充分发挥引导作用，发挥教学设计中的创新能力，为学生更好地学习服务，要通过巧妙的设计来培养学生的探究能力、质疑能力。而学生则一定要基于主动的基础上思考问题，质疑是学习永恒的动力，培养质疑能力，有助于培养学生主动探究的能力。

在课堂教学中重视质疑，鼓励学生质疑，激发学生的学习兴趣，启迪和发展学生的发散思维，培养他们积极主动的探索精神，提高自学能力。

第四节　钻研教材提高提问质量

在课堂提问中，教师提出的问题有无深度和内涵，及其对于学生是否有收获，很大程度上是由课前教师备课时钻研教材的深度决定的。备课是上课的前提，备好课是上好课的必要条件。备课过程中教师要认真钻研教材、了解学情、书写教案。在这个过程中，钻研教材是重要的环节。

有的教师习惯于书写教案，却不善于深入钻研教材，对教材的整体把握没有引起足够的重视，这主要有三方面的原因：

第一，教师自身的知识缺乏系统性。由于部分教师的学科知识背景不够深厚，或者从教经验少，所以对教材钻研没有深入的经验。

第二，教师习惯于备知识点，缺少一种用较高的观点来处理教材和驾驭教材的能力，不善于从历史的纵向维度和学科的横向维度去思考钻研。

第三，新课改革提出教材仅仅是个例子，教师要创造性地使用教材。有的老师认为主要转变教学方式就够了，不需要认真钻研教材，所以教师对教材的理解和掌握比较肤浅，上课时师生忙于互动和表演，课堂提问也往往不能激发学生思考的兴趣，课堂效果往往也不理想。

在课堂教学中，无论是课堂提问，还是课堂讲课，钻研教材和把握教材是教师永远的基本功。教师首先应把握教材的基本含义，曾有一位执教多年的老教师问一个刚参加工作的青年教师：你能把握教材吗？青年教师很自信地说："没问题！你说课本中哪个数学题我不会做？哪道题我不会讲？"其实，把握教材不仅是指理解教材中的每个知识点，更是对教材的整体把握。要求教师熟悉本学科的课程标准，了解教材编者的意图，清楚整个学段教材的逻辑线索，能够把前后相关的知识整合起来。

如同数学中的点、线、面、体一样，知识的掌握也分为四个层次。有的人只能掌握一个个的知识点，但不能把这些知识点连成一条线，这是掌握知识的第一个层次；有的人能够把同类的知识前后联系起来，形成一条线，但不能把不同类型的各条线的知识横向并联起来，形成一个面，这是第二次层次；有的人能够把同一年级的知识纵向、横向联系起来形成一个面，但不能把不同年级一个学段的知识联系起来，形成一个知识的立方体，这是第三个层次。高水平的教师要能随心所欲的驾驭教材。只有把整个学段的知识纵向、横向联系起来，才能形成一个知识体，这是第四个层次。一个教师如果达到了第四个层次，就会成为一个教学专家，在教学中不管从哪个知识点切入，都能把各种知识连接起来。一些特级教师之所以能随心所欲的驾驭教材，就在于他们达到了第四个层次。

"吃透教材"意味着教师对教材通过反复钻研，查阅资料，深入研究，达到了如指掌。教材在教师心中清晰明朗，而不是"伸手不见五指""抬头漆黑一团"。如果教师不能"吃透教材"，教师的教学就缺乏灵感，就做不到举一反三，就不能利用教材、整合教材，将教材中的各个知识点综合起来，相互照应，融为新的知识。也谈不上在与时代精神相通的教育理念下，深挖、调整、补充教材，成为具有相应的实际教学能力与教育智慧的老师，更无法培养学生的学习能力、逻辑思维能力和创新精神。

一般而言，各门课程都是以教材为载体来展示自己的。因此，要有效地实现课程目标，必须通过教材这个中介物才能达到，前边谈到的以《课标》和学情为依据，正是为着备好教材这一核心工作的。因此，备教材是全部备课的重要工程，其他课前准备都要围绕这个核心而展开。备教材要做到以下几个方面：

一、钻研教材

钻研教材是整个备课工作的基础，只有把教材吃准吃透，烂熟于心，才能为备好课提供一切必要条件。一些有几十年教学经验的老教师都深感钻研教材的重要性，因而每教一遍都要重新认真钻研一遍，做到常备常新。钻研教材有四个层次：

首先，从总体上了解整套教材的概貌。全套教材是一个整体，它系统地反映一门课程的知识结构和逻辑体系。掌握了整体，才能以全局观照局部，看清知识的来龙去脉，备课才能瞻前顾后，把握课程目标的总要求与局部要求的关系及其程度，讲授前面时注意为后面作铺垫和准备，讲授后面时又能有意识地与前面沟通和照应，掌握教材的阶段性和连续性，既有利进行及时而必要的强化，又可以避免重复讲解。

其次，通览所教的一册教材。了解全册教材的课程目标及内容体系、各章节各单元的重点要求及其相互关系。这样，既为制订学期教学计划提供了基础，又为单元教学设计提供了根据。

以上两个层次的工作，应该在领到一册书或一套教材之后，利用假日或其他整块时间较集中地去浏览一遍或几遍，同时结合《课程标准》的学习，加以认识和把握，并做好笔记。当然，备局部具体的教材时也可以翻阅浏览一下。

第三，研读一遍某一单元的教材。一个单元是个相对立的整体，是全册教材中的较大组块，它总有个主题或中心，把几个课题组合起来。如语文教材中的单元往往都是围绕某一个读写训练重点来安排一、二、三类课文，配合基础训练的有关内容，有的放矢地培养学生读写能力的。只有弄清了各类课文的特点及作用，才能作好轻重主次的安排并采取不同教学方法，做到既有侧重又有统一，既有连续性又有阶段性。

最后，才进入钻研教材的核心地段——准备要教的具体教材。"钻研"的本色要在这里得到充分体现，那就是要深钻、细研、熟读、精思。深钻，就是要深入到教材内容的内部和里层，探索知识对象的本质属性和内在联系，把握规律性的东西。细研，就是细心地研究每一个细节，甚至逐字逐句地推敲和品味。比如拿数学教材来说，不仅对概念、定义、公式、法则等结论要咬文嚼字地研究，而且要对教材所揭示的这些结论的发生过程加以分析，还要对题下的小字说明、插图、方框内所示的论理过程、所列注意点等等，都弄得明明白白，清清楚楚，不能含糊。

熟读才能生思，才能发现问题。但限于备课时间，又必须讲究效率和方法。一般说来，遵循"总——分——总"的读书思路是科学有效的，即大体上阅读三遍教材，第一遍粗读速读，整体感知，得其概貌；第二遍精读细读，深入分析，察其具体；第三遍略读跳读，综合概括，获其真知。钻研教材，要钻得进去，走得出来，先把教材读厚，再把教材读薄。"总——分——总"既是熟读的过程，也是精思的过程。

二、精通教材

钻研教材的目的在于能够比较地精通教材、牢固地把握教材。那么，所谓精通教材的标准是什么呢?简言之，就是懂、通、用、法四个字。

懂，就理解、领会教材的意义。所谓意义，包括：1.内涵的意义；2.联想的意义；3.推测的意义；4.功用的意义。如对教材中的事实就要了解它本身蕴含的意义，又要了解它的使用价值；对教材中的概念，就要理解它的内涵和外延；对于教材中的原理，就要理解它的内在联系及其规律性、它的应用功能等。

通，就是能把知识对象的上下左右前后联系都贯通起来，形成多层次多侧面的立体化理解。譬如一个重要的概念，就要知道它的上位概念、下位概念、同位概念是些什么，一个重要的原理或规则，就要知识它的前提、过程和发展、结论以及应用范围和条件等等。

通，是一种透彻的理解，一种彻里彻外的理解，一种能做到举一反三、闻一知十的理解。通的本质是广泛的联系：如表象与本质的联系、事物内在因素的联系、此知识点与彼知识点的联系、知识对象与其背景的联系、原理知识与使用范围的联系、知识发生发展与结论的联系、新知识与旧知识的联系等等。

用，就是用原理、法则、公式等理性知识解决，实际问题或解答有关习题。用的前提是理解，用的结果是更深刻更富有意义的理解。对教材中的例题和习题，备课时必须做到能熟练而准确地解答；对教材中的原理性知识要能以其为依据解释相关的对象或现象；对教材中的规则性知识要能依其要求作出规范性动作或行为。

法，就是对方法或规律的概括或揭示。如果仅仅是就题论心，就事论事地解决课本中的问题，那还不算精通教材。真正的精通，应就一类问题或典型事例的解决，概括出规律性的知识即方法来，那才能使学生的认识力通达到更广阔的领域，获得更大的学习自由。

三、驾驭教材

在表述教师备教材的能力时，常用到"驾驭教材"这个说法。如果说精通教材是对教材内容理解的熟与透的话，那么驾驭教材就是对教材整体把握的高与活，备课者面对教材整体有一种居高临下，驾轻就熟，运用自如的感觉。仿佛高明的驭手精通驾驭之道统御着他的车马快速驰骋一样。那么，怎样才能驾驭教材呢？正如驭手骑马或驾车必须居于马或车的高处才能灵活而有效地施控一样，驾驭教材也必须居高临下，以大气视小物，把握教材才能如"玩于股掌之中"。

第一，要站在课程论的高度去驾驭教材。教材是课程的表现形式，必须符合课程的本质要求，必须体现课程的功能效用，必须为课程目标的实现服务。如果教材中某些内容不能体现上述精神，教师就理所应当予以调整。也就是要发挥教学大纲的教学大法作用。

第二，要站在教育学的高度去驾驭教材。教育的本质属性有二，一是社会性，即教育要为社会进步服务，要体现社会需要；二是个体性，即教育要为个体成长服务，要体现个体需求。前者要求个体的社会化，后者要求教育的个性化。二者是辩证统一的，偏废不得。任何教材都必须为教育这个根本宗旨服务。反之，施教者必须用这种深邃的眼光去审视、评价和处理教材。教育的另一个重要特征是适应性与超前性的统一，它要求教材必须适应社会的发展进步，体现时代精神，跟上快速发展的科学技术步伐。而事实上教材总是滞后的，这就需要施教者尽可能地去弥补这种差距，使教材具有开放性信息化的特点。这是驾驭教材的一个重要表现。

第三，站在心理学的高度去驾驭教材。心理学向人们揭示，人的心理系统可以区分为智力因素和非智力因素两大方面，人的心理发展正是这两大因素辩证统一地发挥作用的结果。一个人能否成才，智商固然重要，但情商更为关键。以这一认识高度出发，分析和使用教材时，就要努力开掘它的思考性和情绪性因素，并加以有效利用。当然，心理学所揭示的心理发展的具体原理、规律还有很多，如果教师能很好地理解并用于指导教材分析，无疑会使教师更好地驾驭教材。

第四，站在教学法的高度去驾驭教材。教学法的精髓可以概括为：为学而教，或教会学生学。而不是为教而教；体现在备课上：就不应是为教而备，而主要是为学而备。为教而备只体现了，教师一个人的愿望和意志；为学而备则将体现几十个人的愿望和意志。站在学生的角度去审视教材，等于扩大了教师的眼界，增强了教师的眼力，如同几十盏聚光灯一齐投射到教材上。在这巨大的智力背景下，教材的效能如何发挥将会被看得更加清楚。

四、处理教材

钻研、精通、驾驭教材，最终是为着合理地处理教材。如果说前三个层次教者的注意力主要地集中在教材本身的话，那么处理教材阶段则要更多地从教学的角度和使用的角度去实施具体的处理技术了。处理教材的实质是备课者通过对教材进行教学法加工，使之发生一系列的转化。

1.把教材内容转化为教学内容

教材内容是教学内容的基本源泉，但教学内容并不等于教材内容。应该说，教学内容是对教材内容进行精选、调整和加工的结果。

关于精选教材内容，前苏联著名教育家巴班斯基提出了六条主要准则：

（1）教育内容的完整性，它必须充分反映，现代社会对全面、和谐发展的共产主义类型的个性的要求，现代科学、生产、社会生活和文化的基本方针。

（2）教育内容的科学性和实践性，这一准则保证了如下一点，即突出主要的最本质的教材内容。

（3）教育内容要符合学生年龄可能性。

（4）教育内容要符合学习该教材所限定的时间。

（5）教育内容要符合此领域的国际经验。

（6）教育内容要符合学校近期发展前景，并考虑到现代学校的教学物质基础的可能性。

巴班斯基的这些准则对教师优选教学内容很有借鉴意义，但有些笼统，精选教材内容的核心问题是选择重点和判断难点。

什么教材内容应成为教学内容的重点？其选择标准是：

（1）最基本的。如基本观念，基本原理、基本方法等。基本性知识有以下四个属性：A、生发性，由它能生发出许多枝叶性知识，并可以不断地生长壮大；B、渗透性，即它的内含很深，可以开掘出多层次的内在本质来；C、涵盖性，即它的概括度很高，可以包容很大范围的知识内容；D、适应性，即它的适用领域比较宽广。

（2）最核心的。即它在知识的整体结构中居于核心的层次或地位，因而能支配或影响知识的其他方面或部分。也可以说是最本质的知识。如一篇课文的主题思想，一句问话的真实含义等等。

（3）最主要的。教材内容总有主次之分，如主要章节、主要段落、主要问题、主要结论等，应作为重点对待。

（4）最有用的。虽在教材内容体系中不是主要的或基本的，但对学生的心智发展却有着重要作用，也可重点对待之。

（5）最关键的。即对实现教学目标起到举足轻重作用的，牵一发而动全身的那"一发"要重点处理之。

以上五条标准有时是一致的，有时是不一致的，要具体问题具体分析，以便作出合理选择。由于教材系统的上下左右相互交错的从属结构具有等级性和层次性，因而在这个系统中，教学重点也必然有它的等级性和层次性，而重点与非重点也就具有相对性。

在钻研教材时，不能把教学重点单纯地理解为教学内容上，即知识、技能上的重点，它同时还应作为训练学生智力活动方法的重点。因此教学重点的实质是概括程度最高或较高一级的内容,而同时又必然蕴藏着较为广阔的智力活动领域,教学难点不同于教学重点。教学重点主要是由它在知识结构中的特定地位和作用决定的,教材难点则与学生的认知能力相关,具有很大的相对性。对此学生是难点,对彼学生未必是难点。因此对教材难点的判断取决于教师对学情的把握是否准确。所谓教学难点是学生学习上阻力较大或难度较高的关节点。要判断是否为学生学习的难点,就要分析一下难点形成的一般原因,主要有四:(1)学生缺乏掌握新教材某一点上相应的感性知识,因而难以开展抽象思维活动,不能较快地理解。(2)在学习新的概念原理时,缺少相应的已知概念、原理作基础,或已知概念、原理不准确、不清晰、不灵活,因而把注意力常常集中到对过去概念、原理的回忆上,一步跟不上步步都被动,遂成难点。(3)已知对新知的负迁移作用(干扰作用)压倒了正迁移作用,因而在已知向新知的转化中,学生失去了异中求同或同中求异辨析力而导致困境。(4)教材的推理过程有较大的综合性或推理程序比较复杂,使学生一时难以接受和理解。备课时要根据教材特点及学生学情对可能出现的教学难点作出预判并采取有效措施。教学难点具有双重性,一方面可能成为学生学习的绊脚石,另一方面也可能成为发展智力的试金石,因此应予以高度重视。

精选教材内容必须为学生着想,它要求所选内容必须:

(1)有利于引起学生的学习动机;

(2)有利于学生接受和理解;

(3)有利于促使学生积极思考发展智力;

(4)有利于学生领会解决问题的思路与方法;

(5)有利于学生借助教材实例领会观察、实验和社会调查的重要意义,培养实事求是的科学精神。

关于调整教材内容,包括以下具体做法:

(1)取舍,即对符合课程目标的内容取而用之,不符合者则弃而舍之;

(2)增补,即对有利于完成课程目标但教材中欠缺的内容予以适当补充;

(3)校正,即对教材中有用同时有误的内容予以修正或改进;

（4）拓展，即对教材重点表述不充分的部分或材料不充足者加以充实展开；

（5）变通，即将教材中的例子加以适当改造，使之一题多做或多解；

（6）调序，即对教材的原有陈述顺序予以调整，使之顺应教学程序，等等。

关于对教材内容的加工，主要体现在以下几个方面：

（1）深化，即对蕴含在教材中的思想、精神和本质等予以深入开掘，并视学生可能接受的程度作为揭示的尺度。因为过深则适得其反。

（2）提炼，即对优选的教材内容或教材重点进行比较分析，把最精粹最有价值的内容展示给学生或用以作为学生探索和思考的目标。也可以理解为从重点内容中提炼出若干要点来。

（3）概括，越是概括程度高的知识越具有迁移力，越是高度概括化的语言越便于记忆。因此。应对每堂课的教学内容都予以概括，加以总结。高度概括即简化。

（4）归类。即把知识对象归属到一定类别中去，从而把知识的范围放大，实际上是构成较为广泛的知识体系。

2.把教材系统转化为教学系统

确切点说，是把教材系统纳入教学系统。教材系统在没进入教学系统以前，它是一个自在的独立的和静止的系统。在备课阶段，它只与教师发生了联系，尚未同其他教学要素发生联系。它以教师为中介与其他诸教学要素如学生、教学手段、方法乃至环境等组成一个交互作用的整体方案时，才算是转化为教学系统了。当教材系统进入教学系统特别是进入教学系统的运作阶段时，它又成了联结教师与学生的中介物了。

由此可见，教材系统转化为教学系统有三个显著标志或特征：一是自在的变成他用的；二是独立的变成依附的；三是静态的变成动态的。只有教师认真钻研教材，把教材弄懂、弄透，在课堂教学中才会游刃有余，在课堂提问中才会提出能使学生得到收获的好问题。

第五节　教师应作学生回答的倾听者

倾听是教师实施有效教育的基础和前提。人的内心深处，都有一种渴望别人尊重的愿望，在对学生进行教育的过程中，教师要尊重学生，倾听他们的呼声，了解他们的内心想法，教师只有对学生存在的问题有了比较清楚的认识，才能对症下药。所以，教师在了解学生的时候，一定要放下架子，抛弃教师的角色形象，以至爱的情感、平等的视角、交友的心态与学生交流。只有这样，教师才能与学生形成一种朋友关系，赢得学生信赖。

家长和教师经常教育学生要学会倾听，可作为老师，同样要学会倾听学生，如何做一个真正的倾听者？书中是这样说的："一个真正的倾听者会在深沉的静默中，坚持不懈地进入学生心灵深处去倾听他们的呼喊和需求。当学生的见解、行为出现错误时，教师不能打断、制止学生的话语，更不能取消学生，把自己的观点强加于学生，而要从学生的内心深处捕捉到他们的情感体验、知识能力的细微变化，鼓励他'再想一想，再说一次'。"

在课堂上，由于时间的关系，教师有时候可能会对于那些回答问题不是很流畅的学生比较排斥，没有足够的耐心听学生说，更有甚者，教师有时会生气地说"你能不能快点说！"。有些学生欲言又止，可能是对自己的答案没有信心，这时，如果不因势利导，就会让他们失去发表自己意见的机会，可能也让学生失去了对自己的信心。

作为教师，不但要听，还要会听。有几种有效倾听学生回答的方法，其中有一条是倾听要真诚，目视对方，精力集中，带着欣赏的目光注视着学生，向对方传递这样的信息：我在认真地听你说。没有不出错的学生，孩子接受知识的能力也是有差异的，学生的表达能力也有强有弱。我们作为教师要有足够的耐心包容学生，不厌其烦地与学生交流，引导学生多想多说，在不经意间巧妙加以引导，给予纠正，让学生在轻松愉快的氛围中树立自信。

教师在课堂上学会倾听，才能全面地了解学生，从而做出正确的判断，给予学生准确的帮助和指导。只有以学生为中心,构建多层次的全面立体的信息反馈网络,倾听所有学生的声音,从而才能真正了解他们的内在需求,教师的工作与学生分不开,倾听学生的想法与回答能使教师的工作得到行之有效的开展。

一、教师的倾听的意义

首先,教师的倾听是医治学生心理疾病的有效手段。戈尔曼在研究中发现,许多问题学生的形成,其根源在于他们的痛苦、愤怒、忧伤和希望因无法被老师和家长倾听而受到压抑,教师的倾听在一定程度上能有效缓解这些疾病,维护学生的心理健康。

其次,教师在倾听中可以获得大量的信息。一位研究者是这样分析的:当一个学生向教师诉说:"老师,他们又议论我了。"教师可以从中听出些什么呢?里面包括的内容是及其丰富的:他的欲望和需求——需要教师的帮助和保护;他的情感——焦虑、愤怒和不满——他们怎么可以随便议论人呢?他的个性——孤独、内向、自我保护能力弱;与他人的关系——紧张、对立……学生作为生命的个体,有着丰富的内心世界,关键在于教师是否愿意做一个静静的倾听者,以爱心和耐心去迎接来自学生的求助、倾听甚至抱怨。

教育过程是教育者和受教育者相互应答的过程。善于倾听使教师更平易近人、更受学生信赖,倾听使教育更有针对性。当教师成为倾听者,把话语权还给学生以后,教师可以从中听到什么呢?

首先,在课堂上倾听学生的思想。学生的思想很可能是些零碎的、简单的、幼稚的观念和看法,但却是他们未来发展的基础。一个具有倾听意识和习惯的教师往往善于倾听学生的某种思想和观念的萌芽。倾听使教师发现了学生非同一般的创造力。一位老师在论文中说到,每次上数学课她都鼓励学生提出不同于他人的解题方法,并且每次她都非常认真地听学生说完自己的想法,就这样,他们班已经有不少同学获得了以自己名字命名解题法的殊荣。可以想象,当学生发现教师不但能耐心倾听自己解题的独特思路,并且给予热情鼓励时,他们感受到的是受宠若惊的喜悦。教师的倾听意味着对学生的尊重和接纳,他是对学生最好的鼓励和奖赏。学生在教师的倾听中发现了自己的思维价值,找到了自己存在的意义。在这里,教师的倾听不仅仅给了学生一个表达的机会,更重要的是点燃了学生思维的火花。

其次,在课堂外倾听学生成长的声音。成长是身心裂变的过程,成长的过程充满着困惑和疑虑。随着年龄的增长,学生慢慢学会了故作深沉,学会了将心事偷偷写进日记,学会了一个人默默承受。教师要成为学生成长的引路人,要有包容的心态,要学会在真诚的倾听中赢得学生的信任,走进学生的内心世界,去抚慰成长中敏感的心灵。教师要善于把握合适的时机与学生进行倾心交谈,同时放弃成人固有的思维方式和刻板眼光,对学生的喜怒哀乐感同身受。当然倾听不是最终目的,倾听是为了给提供帮助。在倾听中,教师应该持有的基本态度是:

1.对学生自行解决问题的能力深具信赖感;

2.能够由衷地接受学生所表现的情感;

3.帮助学生从感受中转移,使全部情感化解、散发并发泄;

4.肯付出一定的时间;

5.引导学生理智地对待自我感情地漩涡;

6.对学生透露的有关生活隐私或秘密予以尊重。

这时,教师不再是讲台上高高在上的说教者,而且成了学生最亲密的朋友,这就是倾听的神奇的力量。做一个真正的倾听者,需要爱心和耐心。拥有爱心使教师不会拒绝学生的求助、呼喊和抱怨;拥有耐心使教师不会因一时难以听到学生真实的想法而沮丧放弃,持之以恒的忠诚必将换来学生真心的回报。倾听的实质使教师放下教师的架子,用温暖的笑脸去面对学生,加强彼此的沟通和交流。对教师与学生这两个特殊的群体而言,心与心的对话必然由真诚的倾听开始。

二、教师主动倾听的背景

有人说，中国教师不善于倾听，其实，中国文化一直关注"听"。孔子对学生的教育，就是先听，后循循善诱。但是，不知何时，教师开始不听了，不屑听了，不会听了。究其根源，在于长期的"师道尊严"，居于"神坛"的教师板着"夫子"脸，拒学生于千里之外，消解了学生倾诉、表达的欲望，堵塞了了解学生、与学生沟通的渠道，导致师生关系失调。这是教师的悲哀，教育的失败。

教师在与孩子的交流中，习惯于自己肆意地言说和要求，孩子顺从地倾听，只有命令与服从，只有授予与接受，只有安排与执行，只有言说者对倾听者的高压，而没有理解，没有宽容，没有平等，没有自由。在这种教育环境下长大的孩子，便永远也无法获得言说者的主动。于是，创新与锐气便在教师的惊诧中远离了孩子，木讷的不仅是学生的语言，甚至会慢慢侵蚀他们的思想与灵魂。

很多时候，教师不能责怪学生游离于课堂之外，而是老师没有养成倾听的习惯，从而挫伤了孩子学习的热情。比如，学生的话还没有说完，教师就抢口强说；学生的话还没有听清，教师就迫不及待的发表自己的见解和意见；学生兴致勃勃地发言，教师却心荡魂游。学生还会全神贯注地投入到课堂中去吗？

三、教师倾听存在的问题

在传统的教学模式中，教师是课堂中的绝对主宰者，有着神圣不可侵犯的权威。教师在课堂教学中往往只专注于如何将自己的知识传输给学生，如何让学生能符合自己的要求、给出自己想要的答案。在现代教育观念中，这种教学模式是有危害的。

教学是教师教与学生学相结合的双边活动，如果教师在教学中没有把握好两者的关系，把课堂教学变成教师的独角戏，教师将自己变成教学主角的同时也将学生推向了学习的边缘，久而久之，学生和教师的距离将越来越远，这样不但降低了学生的学习兴趣而且不利于学生的健康成长。在当今的教育教学实践中，我们有些教师缺乏主动倾听的意识，表现出来的现状及因素也是多种多样。教师要认识到主动倾听的价值不仅是教师的道德责任，更重要的是这是教师与学生之间的平等与尊重。

随着现代科技的迅猛发展，用声音来传播、保留信息的渠道越来越多，倾听已成为社会生活中主要的信息交流途径。如今的课堂是一个师生共同"享受"知识能量与信息传递的空间，是一个心灵交汇、情感碰撞的磁场，作为课堂的主导，教师要做善于倾听的人，从倾听开始学会教育，这不仅仅是对年轻教师的要求，也应成为所有教师的共同追求。目前学校课堂上倾听意识的严重缺失不能不重视，在学校里，总会有一些课堂上存在教师不倾听学生表达的现象，主要体现以下几点：

1. 任意打断学生的发言

教师往往缺乏一些耐心，当学生回答问题时，如果说出的答案与教师预期的标准不相符，教师会习惯性地打断学生的发言，很少有老师会认真聆听学生的"错误"答案，也很少有老师会勉强听完学生错误的发言，更不要说对学生的发言予以肯定了。

2. 缺少换位思考的意识

在教学中，总是认为自己的意愿就是学生的意愿，自己的标准就是学生必须达到的目标，很少放下身段融入学生，认真听取学生的意愿，认真考虑学生的需求。

3. 拒绝倾听

在课堂上，有的学生肯动脑筋，"鬼点子"多，提出的问题却会被教师"正常"的思维当作"怪异"而不屑一顾，而学生的想法本来是可以被视作创新的。教师如果全然不顾学生的想法，迫不及待打断学生的发言，将目光投向另外的同学，根本就拒绝倾听下去，不仅将学生的创新思维扼杀在"摇篮"之中，还严重伤害了学生自尊心。

4.虚应其事

当教师提出课堂问题后，有学生回答，但教师不满意回答时，会以"嗯""哦""好"等无实质性意义的话语来应答，这是一种听而不闻的态度。打开了一只耳朵，接纳学生的声音，但却让它从另一只耳朵悄然流出，未能让这声音在自己的内心之湖激起任何涟漪，未能使教师的言行和态度发生任何与这倾听有关的改变。

5.个人偏见

人们习惯按照自己的尺度看待别人，这样就会出现偏见。对那些听话的，或是具有很强自理能力，或是具有某种特长的学生，老师会不可避免地表现出个人喜好。与之相反的学生，则有可能得不到老师的青睐，这种喜好必然会导致教师倾听态度的不同。

6.时间不足

时间不足是教师与学生沟通障碍之一，一节课大多只有45分钟，又有预设的教学任务，有时提出的问题学生不能在这么短的时间内说清楚，教师一着急担心完不成教学任务，就可能容易在学生还未说完的时候，迫不及待地打断，或者心里早已不耐烦了，往往不可能把学生的意思听懂、听全，就草草地做出回应。

7.恶劣情绪

有时教师有一些个人的事情感到焦躁不安，也会成为倾听的障碍，于是不注意倾听学生的发言。在学生发言的时候，他们可能四处环顾、心不在焉。

由此可见，造成教师不能成为主动的倾听者的原因是很多的，甚至还包括一定的社会文化制度，教育教学管理制度等等。但是，不能因为这些教师就可以不去倾听，因为主动的倾听已经是教师作为教育者的道德责任，是老师基本素养的体现，它既是一种人文关怀，更是教育观念的转变。

在课堂上出现这样的现象，归根到底，是因为教师没有将学生视为平等的个体，并予以相应的尊重。新课标中提倡以教师为主导学生为主体的教学模式，要求教师在教学中要充分尊重学生在学习中的主体地位。

四、课堂上教师如何倾听学生的话

要使课堂效果良好，要成为一个合格的倾听者，教师应该做到以下几点：

1.充分尊重学生在学习中的主体地位，将学生视为与自己平等的且有思想有情感的生命个体，而非学习的机器或者是迎合自己意愿的木偶。

2.放下架子，走下"神坛"，以往的教师往往将自己定死在教师的权威中，认为教师就是威严的，教师的威严是神圣不可侵犯的，殊不知这样的错误认知在不知不觉中已成为学生创造力的杀手。教师想要成为学生心声的倾听者，应抛弃这些固有的错误认知，放下所谓的架子，走进学生的内心，认真听取学生的心声。

教师应该认识到只有成为一名合格的聆听者才能真正走进学生的内心，才能成为学生心灵的导师，才能称之为真正意义上一名合格的教师。

五、倾听时需要注意的几点

1.态度热情

用微笑的目光注视着说话的学生，全神贯注的去倾听学生表达的每一句话，避免思维遨游，并且手中不做其他的事情。

2.善于等待

在学生说话中途教师因为自己想强调一些细枝末节、想修正学生话中一些无关紧要的部分、想突然转变话题，或者想说完一句刚刚没说完的话，而去打断学生的思路，是对学生的不尊重。学生一般不会直接提出"请你让我把话说完"类似的请求，而是会变得一下子没有了讲话的兴致。如果学生由于某种原因中断了发言，我们要善于等待，给学生一点信心。

3.准确理解

理解学生要表达的意思是倾听的主要目的，同时也是使沟通能够进行下去的条件。教师在倾听过程中捕捉到一些有用信息时，为了更多了解有用细节，应当在学生讲完后，请学生有针对性的多介绍一些情况，或者就学生表达中不清楚的部分请求解释，以此来避免沟通过程中的误解。

4.积极回应

要善于通过体态语言、话语或其他方式给予倾诉者必要的反馈，做一个积极的"听话者"。比如自然的微笑，不要交叉双臂，手不要放在脸上，身体稍微前倾，柔和看着对方的眼睛，点头，等等。

5.巧妙提问

在学生说话时，教师可以适时地提出许多切中要点的问题或发表一些意见感想，来响应对方的说法。如巧妙地加一句："你能不能再说说对某个问题的想法呢？"这样会拓宽他的思路，激发他的思考，有时还会使学生产生智慧的火花和新的创意。

6.委婉表达

如果学生对事情的看法与感受，甚至所得到的结论都和教师不同，教师还是要尊重说话者的观点，可以让学生了解，教师一直在听，而且也听懂了他所说的话，虽然教师不一定会同意他的观点，但是很尊重他的想法。其次要巧妙委婉地表达自己的意见，如："我同意你的做法，不过我认为，换种方式可能会更好"或"我完全赞成你的看法"等。

六、教师倾听学生具有重要价值

1.尊重生命个体

孩子是真正意义上的人，具有独立的存在价值，教育不能把他们当作"一块白板"或"一张白纸"而随心所欲在上面"做成什么样式"、画上什么图画，而应顺其势而引导之、培养之。现代教育强调学生的"自主性""主体性"，教学改革中教师必须首先了解学生，了解他们已有的经验和基础，了解他们的兴趣和需要，了解他们的个性特点和认知风格。了解是教育的第一环节，而倾听则是了解的重要途径和方式。一旦教师转向学生开始倾听，就意味着一种迎接和承纳：不是把学生作为学生来接纳，而是把学生作为一个独立的个体来接纳。这种接纳也表明了一种真诚的平等和尊重，这是生命与生命之间的平等，是一个生命对一个生命的尊重。反之，不善于倾听，甚至拒绝倾听，就会失去了解学生的机会，失去教育教学的前提和根基，教育就会变得虚无缥缈，成为无的放矢的无意义行为。倾听是对学生的把握，是对学生生命个体的尊重，是对教育教学要义的领悟。

2.走向对话教育

人类社会正逐渐步入一个对话的时代。作为对时代精神的回应，教育领域里正孕育着全新的"对话"与"倾听"的意识。有这样一句话："教育的过程是教育者与受教育者相互倾听与应答的过程。"所谓对话，不仅仅是对话者双方的言谈，而是指双方内心世界的敞开，是对对方的真诚的倾听和接纳，在相互接受和倾听过程中实现智慧的共享和情感的交融。由此可见，对话教学，应该是指师生基于相互尊重、信任和平等的立场，通过言谈和倾听而进行的双向沟通的教学方式。而要达到对话的目的，就必须学会倾听，没有倾听，对话就失去了意义。因此教师要做一个真正的倾听者，倾听学生话语中的深层含义，方能走进他们的世界，与他们进行心灵相通的对话，真正形成双向的、互动的、平等的关系。对话是从倾听开始的，倾听是对话的前奏，没有倾听就无法对话，也就无所谓教育，无所谓教学。

3.折射教育品质

毋庸置疑，倾听首先是一种教育行为和教育方式。它不是教学的某一个环节，而是自始至终贯穿于教学的全过程。在某种意义上说，教学的过程就是倾听和探究的过程，而在这个过程中也折射出的教师的教学水准与教育品质。

一是尊重。以学生发展为本，首要的就是尊重学生。尊重不妨从倾听学生的倾诉开始，教师的倾听，就能给学生以尊重、鼓励、赞许。

二是期待。尽管学生发言时结结巴巴不够不流畅，或表述的意义不够明确，甚至会有错误，教师总是耐心地、专注地倾听，用期待的目光和神情去感染学生、感动学生。这是一种乐观的期待。

三是互动。倾听是接收和输出相融合、相交替的过程，倾诉者在倾听者情绪感染下也会成为倾听者。这种倾听、倾诉的互置，形成了互动的平台，这个平台是用民主、平等的砖石搭建的，它使教师更像学生的知心朋友、可信赖的伙伴、值得尊敬的长者。

4.凸显教师智慧

脑海里是不平静的，在最短的时间内，甚至在瞬间必须做出教育的决定，或是肯定后的点拨，或是以此展开的议论，或是片刻沉静中的回味、思索，或是借景抒情，或是借题发挥，总之，无不闪现着教师的教育敏感、教育机智和教育艺术的光彩。我们经常在强调教师的教学机制，在努力创设我们的教学艺术，其实，倾听本身就是处理教育事件的艺术和智慧的源泉。缺乏思维的倾听，何来良好的教学机制，教学艺术也就失去了意义，失去了活力，最终成了空壳和形式。

教师应该认识到只有成为一名合格的倾听者才能真正走进学生的内心，才能成为学生心灵的导师，才能称之为真正意义上的一名合格的教师。在课堂提问中，尤应注意如此，这样能激发学生肯思考、积极思考的兴趣，激发学生答题的兴趣，从而创造良好的课堂氛围，收获良好的课堂效果。

第十七章 课堂提问中学生的角色

第一节 学生使课堂提问中的被动者

在当今课堂教学中,依然是教师是主导者学生的被动者的课堂教育模式,并且大部分课堂是如此状况。传统课堂教学是以教师讲和学生被动听为主,在备课时,教师只注重备知识和教的方法,很少考虑学生学习的方法和获取知识的过程,从而忽视了学生的个体差异。在教学过程中,教师往往是"满堂问"或者"满堂灌",很少给学生提供自我展示的机会,最终抹杀了学生的思维活力和创造能力。在新课程理念指导下的课堂教学体现了以学为本、因学论教的理念,在备课时,教师不仅要考虑知识的系统性,还要把知识转化为具有趣味性和探究价值的问题,教师注重了学生学习方法的培养,才能让学生体验获取知识的过程。在教学过程中,学生是学习的主体,教师是一个组织者、引导者和点拨者。当教师在课堂提问中提出问题,学生发言,得到了充分展示自我的空间和平台,也就体验到了获取成功的快乐,也得到了个性的发展,学生的创造能力也得到了培养,学生的素质也得到了全面提升。

对传统课堂,有这样一种说法:"传统课堂造就了传统的师生关系。在教学中,教师是主动的,是支配者,学生是被动者,是服从者。教师、学生、家长以至全社会都有一种潜意识:学生应该听从教师,听话的学生才是好学生;教师应该管住学生,不能管住学生的教师不是好教师。师生之间不能在平等的水平上交流意见,甚至不能在平等的水平上探讨科学知识。"

传统课堂主要是以教师的主动讲授和以学生的被动反应为主要特征,教师往往注重通过语言的讲述和行为的灌输来实现知识的传授,在教学过程中教师的主导地位倾向突出，而学生的主体地位却被习惯性地忽视，在课堂提问中，学生也处于相当被动的位置。在这种教学模式下，课堂教学往往过于死板，教师搞"一言堂"，学生的学习地位得不到充分的体现和尊重，即使他们在学习过程中有自己的看法，也往往不敢表达，或者羞于表达。因此，传统的教学模式严重忽视了教学中的情感因素，无视青少年学生心理发展的正常需求，严重束缚了学生学习的积极性、主动性和创造性的发挥。

传统的课堂和师生关系是以知识为本位的师生关系，这种师生关系的价值取向存在着极强的功利性。这种教学的功利性使教学中的师生关系发生异化，师生关系建立在利益的基础上，师生之间成为彼此占有、控制的对象，师生关系的不和谐严重地阻碍着课堂教学的有效性的提高。正如联合国教科文组织报告所指出的："这种统治与被统治的关系，由于一方年龄、知识和无上权威等方面的有利条件和另一方的低下与顺从的地位变得根深蒂固了。"因此课程实施过程中最重要的是转变教学理念，变革师生关系。以知识为本位的师生关系存在着体验的缺失。新基础教育课程改革倡导关注生活、关爱学生、关照生命等教学理念，这些理念呼唤着建立理解型的师生关系。

第二节 学生回答问题的积极性

　　许多一线的教师都有这样的体会：学生在低年级时，上课回答问题非常积极，即使答错了，也毫不在乎，一遇到问题，一如既往的举手、抢答，再举手、再抢答；到了高年级，学生那种回答问题的积极性却大大地降低了，有时只有老师提问，学生才能起来偶尔回答一下，有的学生即使能回答，也是迫不得已，比如自己是课代表，或是班干部。遇到这种情况，教师应认真思考自己的教学过程与提问的问题。在实际课堂教学提问中，是否存在学生回答不上问题时，教师大发雷霆的情况呢？在上课时学生遇到难题，教师有没有耐心与细心激励学生勇敢地起来回答问题呢？在正常的课堂教学中，教师有没有始终注意与学生加强心灵的沟通呢？所以，教师要时时调整自己的心态适应学生的要求，给学生创造一个良好的课堂学习氛围，给学生创造一个学习的舒适环境。遇到问题要做到心平气和，不要发脾气，避免给学生留下不好的印象。在教学过程中的提问环节时，要注意带动课堂的活跃氛围，时时给学生以鼓励，给学生以信心。课堂上要加强与学生的心灵交流，古语道："亲其师，才能信其道。"所以教师要与学生打成一片，做到心有灵犀一点就通。当教师提出问题，学生回答不出，教师应再三启发，给予一定的提示，帮助学生完成回答。

　　在课堂教学中，当教师提出问题后，学生举手回答问题，是学生参与学习、主动学习的积极表现。但是，如果学生在课堂中，面对老师的提问不敢举手发言，课堂中死气沉沉，那么教师的课堂教学任务就会难以完成。

　　出现这种情况，究其原因，主要是学生胆小，性格内向。同时，大多数教师习惯采用集体回答问题或指名回答问题，久而久之，学生举手回答问题的学风就荡然无存了。那么，如何调动学生自觉举手回答问题呢？可以从以下几个方面入手：

一、调动学生主动回答问题的积极性的措施

(一) 正确对待学生的回答

学生见识不广,知识面不多,经验有限,对许多问题都是一知半解。因此,教师要遵循学生的认识规律和心理特征,同时还应看到学生之间也存在着一些差异。作为教师,要了解每个学生的特点,用宽大的胸怀去对待他们,当学生回答问题不全面或错误时,切不可讽刺挖苦学生。

(二) 弄清让学生回答问题的目的

学生举手回答问题,是学生思考问题、参与学习的表现,也是锻炼学生语言表达能力的一种方式。对教师而言,是检验自己教学效果的方法和手段之一,所以,只要学生肯回答,教师就应鼓励,学生也会有收获。

(三) 创造良好的心理环境

在课堂上,教师是主导,教师要给学生创造一个心里自由和心理安全的环境,消除他们身上存在的害羞怯懦、担惊受怕的情绪,使学生在说话时无拘无束、无忧无虑。因此教师要有良好的教态,给人以和蔼可亲的感觉,让学生在愉快的心态下参与学习。

(四) 用表扬的语气激励学生

人人都有喜欢受表扬的心理,特别是孩子。我们要让学生举起手来,就应该少给予批评,多给予激励,让学生在愉快的情绪中举起手来。对回答正确的学生,教师要给予充分的肯定,予以表扬;对回答不完整的或部分正确的,教师要先肯定其成绩,再指出其不足;对学习差和平时少举手的同学,不管回答正确与否,教师都应表扬,他们能主动回答问题,已经是很大的进步了。

再者,教师要善于提问,精于提问,提出的问题好,激发了学生思考和回答的欲望,学生才会踊跃发言。

二、教师科学提问的方法

（一）要全面了解学生，针对不同的学生提出不同的问题

一般来说，学生比较喜欢回答老师提出的问题，这能使自己活得老师的关注，加深自己在老师心中的印象，但有时教师提出的问题过难或新旧知识衔接缺乏逻辑性，可能会使学生失去答题的兴趣。在教学中，教师就要根据所设问题的难度，结合学生原有学习状况及课堂反应，分层次、因人而异地进行提问。

（二）在表述问题时，力求语言简明，通俗易懂

向学生提问时，不宜搞突然袭击，应先提出问题，并留给学生适当的思考时间，再让学生回答。

（三）要抓住提问时机，只有恰逢其时的提问，才能启发学生的思维，才能引导和促进学生有效地掌握知识。

（四）要预见答案的多样性和可能出现的错误，并做好应变准备

当学生回答不正确时，教师不应立刻公布正确答案，可以重新设置若干个小问题，以降低原问题的难度，并加以启发和引导，达到预期的效果，这样同时还能避免学生因经常答不上来而失去学习的兴趣。

（五）教师要在全面了解学生的情况下设计提问的问题，避免提出没有价值的问题。另外教师要有灵活掌控课堂的能力。

除了上述五点，教师还应讲究提问的方式。课堂上教师要不断改变提问的方式，使问题提得新颖，能发人深思。一般可采用下列方式：

（1）引趣式

学生对新鲜事物都具有敏感性和好奇心，教师可针对这一特点通过一些新奇的、学生乐于思考的问题，促使他们积极思维，产生强烈的求知欲和探究心理。

（2）置疑式

我们常说"思维自疑问和惊奇而始"。学习中如果有疑问，就会引起学生的求知欲望，因此教学中要有意识地设置一些与本节内容有关的悬念，激起他们强烈的探求问题奥妙的积极性。高明的教师善于选取新颖奇特的角度提出问题，去揭示矛盾，引起学生的认知冲突，使学生产生疑虑，以促其思考，探索新知。

（3）直观式

如果能把抽象的内容通过直观教具演示出来后，教师借助直观演示进行提问，让学生把从直观上得到的感性认识与认知相联系，教师及时提问引导、启发学生正确掌握知识的实质，使之对新知识印象深刻。

第三节 学生是"老师",老师是"助教"

在课堂上,对于老师的提问,一般来说学生们都会踊跃的回答并参与讨论,但事实上一些课堂上的现象并不如此。在有的课堂上,只有少数学生积极回答老师提出的问题,更多时候,要由老师指名回答或是干脆自己回答问题。绝大多数学生只是洗耳恭听。现如今在教学中这类现象比较普遍。曾经有一个调查,以一个 60 人的班级为例,课堂上能积极参与思考、讨论并回答老师提问的:低年段为 75%~80%,中年段为 25%~45%,高年段为 11%~20%。为什么越到中、高年级,学生就越不愿回答问题呢?是学生没有答案吗?显然不是。究其原因,是旧的"一言堂""满堂灌""保姆式"的教学方法,使学生习惯于坐享其成地听权威答案;是教师的绝对权威地位使他们习惯了当"配角"。法国著名教育学家斯普朗格说:"教育的最终目的不是传授已有的东西,而是要把人的创造力量诱导出来,将生命感、价值感唤醒,一直到精神生活运动的根。"德国著名教育家第斯多卡也曾说:"教育的艺术不在于传授知识,而在于唤醒、激发、鼓励。"什么样的师生角色才能把课堂还给学生呢?有教育家曾建议:"加强教学中师生的双边关系,既重视教师的教,也重视学生的学。要确立学生的主体地位,改变教师是课堂教学的唯一主角的现象,应提倡师生间的情感交流和平等关系。"

在课堂教学中,学生应是学习的主体,教师应做学生的"助教"。教师应指导学生学会学习体现学生的主体地位。古人云:"授之以鱼"不如"授之以渔",学生具备会学的能力,才有学习的主动性和创造性,提高生物教学质量才有可靠的基础。在教学过程中,教师应该特别注重对学生学习能力的培养,每教一个新的知识点前老师都应该加强指导,如怎样找出书中的重点和难点,同时指导他们对所学知识及时回忆串联,触类旁通,举一反三。在老师的帮助下,学生才会学会归纳课后练习中的重点。学生一旦学会学习,学习就有了积极性和主动性,教与学的活动就会更加和谐,教学效果也就会提高。

激励学生的兴趣能发挥学生的主体作用。兴趣是学习的源泉和原动力，学生一旦对某一学科产生兴趣，就会对这门学科的学习产生巨大的热情。而学生对学习的兴趣不会自发产生，需要经过教师的引导和鼓励。在教学过程中，尊重学生，时时处处重视学生学习的积极性，促进学生学习的成功，并激发学生进一步学习的愿望。

教师在教学实践中，应该始终坚持"以学生为主体，以教师为主导"的原则，要对教学倾注全部的责任与爱心，认真备课，不断更新教学方法，注重学生学习能力的培养，激发学生的学习兴趣，充分发挥学生的主体作用，才能收到良好的教学效果。

第四节 学生应主动纠正错误

古人云:"人非圣贤,孰能无过。"即便是"圣贤",也有犯错误的时候,更何况是未走向社会涉世甚浅,各方面都很不成熟的在校学生呢!他们可塑性强,受社会的不良影响,犯这样或那样的错误是难免的。在学校里,学生犯的错误大多是学习上的,因为校园环境单纯,学生不太可能发生生活上或其他方面的错误,当学生在课堂上回答错了老师提出的问题,或者做错了作业,教师应指出错误,帮助他们改正错误,引导他们吸取教训,在学习上奋力前进。

有的学生的家庭作业错了一题,老师批改时画了叉,或者老师在课堂上提问学生没有回答对或回答得不全面,老师指出了错误之处,因而受到影响,在精神上缺乏信心。因此,老师对教育好他们要有充分的信心,要相信他们,在老师和家长的科学管理和正确引导下,通过自己主观努力,积极进取。老师对待学生在学习上的困难,应循循善诱,启发疏导,还要善于观察,及时发现他们身上的闪光点,调动起他们的积极因素,使之努力前进。

家长普遍反映,学生最听老师的话。既然学生最听老师的话,那么就没有教不好的学生。即使在学习、纪律、思想意识方面很不好的学生,只要老师能及时捕捉到他们身上的闪光点,并给予肯定,表扬或鼓励,学生就会很高兴,都愿意进步。

在教学过程中,一直有着这样的难题困扰着教师,如何使学生少犯错误和不重犯以前的错误,这一点是至关重要的。很多教师都深有体会:虽然自己每天忙于在各种练习中认真地为学生纠错,而对于学生来说,所起的效果并不大,经常考试后分析试题时,都能听到学生抱怨:"这个题目明明做过类似的,怎么就没想到呢?"教师改试卷时也经常有这样的感觉,上课反复强调的,仍然有很多学生不会做。的确,反思教师的教学实际,发现教师在课堂上一味强调如何解题,然后让学生课后做大量的习题,而且这些习题重复性很高，学生都注重完成作业的量，而无暇顾及做错了的题目，更不用说还去思考错误的原因，做错的等待着老师上课的正确讲解，这样久而久之，学生就丧失了反思能力，完全形成接受式的学习方法。完全被动的学习方式也会使得课程学起来枯燥无味。布鲁纳曾指出：学习不是把学生当成图书馆，而要培养学生参与学习过程。可见教师在教学中如何激发学生主动探索的积极性，如何指导学生自主纠错是非常必要的。

学习是一个长期的、持续的犯错误又不断地纠正错误的过程。它是学习过程的构成部分，是达到学习目标的不可避免的过程。而纠正错误的行为主体应是学生本人而不是别人，纠错本身是一个从思考错误到解决错误的过程，它绝对不同于教师包办的就事论事的纠错行为，教师的主要作用应该是发现、引导和帮助。教师发现学生的错误后不必逢错必纠，而应视具体情况，通过提示学生纠错、互相纠错和诱导纠错等方式培养学生的自主纠错能力。结合教学实践，可以从以下几个方面来提高学生的自主纠错能力。

一、暗示需要注意的解题过程，尽量让学生自己发现错因

学生经常在解题过程中或课堂提问中出现这样那样的错误，这是学习过程中难以避免的，为了尽量减少不必要的错误，同时使得学生能在今后的过程中不再重复发生这种错误，教师应改变过去直接给学生纠错的教学方式，应该把学习的主动权让给学生，让他们自己发现错误，在学生纠错有困难时，加以暗示指引。让学生自己发现错因，要比教师直接将错误勾画出来，然后把正确答案告诉大家，效果要好上几倍。然而，在我们如今的教学中，很多教师辛苦的去总结学生出错的题目，课堂上有耐心的一遍遍的讲述这些题目，学生也很仔细的听课，整节课教师辛苦地讲授，学生被动地接受，使学生失去了许多自我纠错的机会，大大弱化了学生独立思考的能力，其结果只会是增强学生的依赖性，不利于学生的发展。因为，犯错误的主体是学生而不是教师。俗话说：解铃还需系铃人。只有让犯错误的人通过自己的反复思考，找到问题所在，自己动脑改正错误，这才是真正意义上的"纠错"。反之，如果教师只把错误勾画出来，仅在旁边提示错误类型，使学生能根据提示自

己动脑思考，找到原因并加以改正，那么，学生这种主动探究的过程才会给他们留下更深刻的印象，以后同样犯错的可能性则会大大减少。

当学生做错题目后，课后教师可要求全体同学将做错的题目抄到"纠错本"上，认认真真地分析错误原因，并把它纠正过来，这样久而久之，形成习惯，自然就养成了自主纠错的能力，那么，在今后的学习中遇到类似的问题，会有很深的印象：曾经这道题我在纠错本中做过。然而在平时的学习中，很少有学生愿意花时间在整理"纠错本"上，他们往往觉得，做错的题目弄懂了就行，没有必要整理起来。其实整理这些做错的题目，看似浪费了不少时间，但这个过程培养了学生归纳问题的过程，也培养了学生自主发现错误并且解决错误的过程，能很好的总结经验，提高学习效率。

二、让学生互相讨论，互相纠正错误

教师应将学生常犯的错误进行归纳，对于大多数学生常犯的错误，教师应在课堂上进行专门的讲解，但并不是直接指出错误给出正确解题方法，可以通过让学生积极主动地发表自己的观点和解题思路，这正是体现新课改中强调的以学生为主题的教学。对于敢于发表自己观点的学生要给予鼓励，哪怕说错了，教师也不应该直接批评和指责，应当循循善诱，让学生悟出说错的原因。这样，再加以肯定，学生会备受鼓舞，在掌握知识的同时，还能培养学生对学习的兴趣。教师也可以在课后让学生互相讨论做错的题目，互相进行纠错，因为学习是探索的过程，只有体验过程后的知识，才能更深刻的被学生理解和掌握，从而留下更深刻的印象，而且，当自己对他人改正的错误无法赞同或无法理解时，也会去和他人进行商量甚至争论。这是很好的再学习再巩固的过程，其结果必然使学生对正确的答案铭记在心。

三、结合实际问题，自主发现错误原因

课堂学习有时候会让学生感到很乏味，但如果能将课堂所学知识与实际生活中的实际问题联系在一起来讲述的话，很容易提起学生的学习兴趣，在

这种氛围里，如果能让学生发现错误，能起到事半功倍的效果。当教师提出问题，学生回答后，如果回答得不是很全面，或者是错误的，教师让学生再想一想，有没有更好的答案，这时学生自己会思考自己的答案是否是正确的，然后总结出解题方法或思路中需要注意的方面，从而发现问题回答得不全面。这样不仅使得这堂课上得轻松有意义，更重要的是教会了学生自己发现错误、解决错误的方法。

四、教师归纳题型，让学生进行对比，自主发现错误原因

教师为防止学生对某些知识点的混淆，可设计一些对比型题目让学生通过观察比较，激起内在"观点"的矛盾，使学生在不断产生错误与纠正错误的过程中，真正领悟和掌握所学知识，从而促进思维能力的提高。

其实，学生在学习过程中出现错误是很正常的现象，关键是教师如何正确对待学生的错误。苏霍姆林斯基曾经说过："上课并不像把预先量好、剪裁好的衣服版样摆到布上去，问题的全部在于，我们的工作对象不是布，而是有血有肉的、有着敏感而娇弱心灵和精神的孩子。"学生对待问题有着自己的分析和见解，如果对他们的错误进行简单否定后，就把正确的答案或方法传授给他，这种不经过学生头脑思维的答案并不能真正融入其自身的知识体系，所以常会出现案例中那样的情况：教师苦口婆心，学生并不领情。其实，我们不妨先听听学生的"错理"，让学生在叙述过程中意识到自己的错误。对于不同的认识，还可以组织学生讨论，甚至辩论。大量的学生学习中的问题使得我们体会到：如果简单地告诉学生正确的解题方法，大多数学生在以后遇到同类型的题目时，对于部分学困生来说可能没有印象或是无法理解和接受。这一部分学生尤其需要教师积极对待，耐心引导他们从自己的认识角度纠正错误，形成正确的认识。

在了解学生的"错理"后，就可以因势利导，给学生提供充分的时间和空间自主纠错，从而真正实现以学生为本，因材施教。让理解学生的错误成为我们理解学生、宽容学生的起点，让学生在自主纠正错误的过程中，享受收获知识的快感。